# ボランティア・市民活動実践論

岡本榮一［監修］
ボランティアセンター支援機構おおさか［編］

ミネルヴァ書房

# 序

阿部　志郎

一九五六年という六十三年前に遡る昔のこと。日本国際基督教奉仕団の奨学金を受けた学生の一人が同志社の大学院生の岡本さんだった。

この時の学生は、太田義弘（関西学院大）、市瀬幸平（関東学院大）、小島容子（日本女子大）、松本栄二（上智大）、荒川義子（関西学院大）、三和治（明治学院大）、井岡勉（同志社大）と教授になった人々、平本善一（バット博士記念ホーム園長）と斯界をリードした今からみれば錚々たるメンバーではないか。

それだけに早くから学外の仲間と、岡本さんは親しくする機会があったに違いない。ちなみに、私は奨学金の責任者だったので、この人たちより多少年長者ということになる。

一九五六年九月、御殿場東山荘で「社会事業奨学生第1回協議会」を開催した。嶋田啓一郎教授が「基督教社会事業の発展方向」と題して主題講演を行った時の司会者が岡本さんだった。予定時間をはるかにオーバーする程、参加者の意見、質問を引き出したことを懐かしく思い出す。

最近まで、ユニベール財団の理事会で岡本さんの元気な姿にお会いするのが楽しみだったが、数年前に私は身を引いている。

この間、同業の大阪キリスト教社会館時代に顔を合わせたが、流通科学大学教授の頃は、交流が途絶えていた。

その後、日本キリスト教社会福祉学会で旧交を温める。学会のミッションの検討委員長として、岡本さんはその方向を明確にして大きな貢献をされたのを高く評価している。私の後任として学会会長を快く引き受けてくれた。キリスト教社会福祉の独自性を打ち出した背後に、母校同志社が存在したと推測する。

同志社の輝かしい建学の精神と伝統が、時とともに風化し、特徴が希薄になっているのを嘆き、キリスト教社会福祉を中核として位置づけるべきと主張する。母校愛の発露というほかはない。

さらに、民間社会福祉が行政依存体制によって「脱民間性」が進んでいるとの批判は、現業にいた私にとって耳の痛い指摘であった。

ロゴスとパトスに支えられた福祉的人材を育てるのが緊急事と認識したのか、大学教授を引受ける心情であったと思われる。

けれど、なんといっても、岡本榮一といえば、その真骨頂が、ボランティアにあることを否定する人はいないだろう。

ボランティアの特色を主体性、連帯性、無償性と規定したが、それを「やる気」、「世直し」、「手弁当」と説明を加えるのが、彼らしい。ここに、ボランティア活動を普及させた庶民的社会観にコツもあるのではあるまいか。勿論、快活で、あの明るい笑顔に若者たちが魅せられ包み込まれた彼の人柄をぬきに語ることはできない。

大阪ボランティア協会を「市民活動型」と基礎づけ、市民文化を向上させるのに、老人、障害者、こどもの発達障害という問題を重視し、これに応えるべきとする岡本さんの思想は、当時としては、先駆的で先見の明があるが、特に、老人、障害者自身もボランティアであると「共育」の大切さを問題提起し、その延長線上に「なぎさ理論」を編み出した功績は、特筆に値する。

さらに、ひとつの課題が解決すれば、次の課題を追求する柔軟な姿勢をボランティアに求める。

すなわち、ボランティアの性格は運動的であることに生命があると、身をもって証し、ボランティア協会の活動を飛躍的に強め、広め、全国のボランティア活動に大きな影響を及ぼしたのを忘れてはならない。

岡本さんほど、ボランティアを生涯の使命感とした人を、私は他に知らない。

日本社会福祉の歴史の中で、岡本榮一は、珍しい人だと思う。

# 目次

## 第Ⅱ部　ボランティア・市民活動論――思想・価値・歴史――

## 第Ⅲ部　参加・学び・実践

# 第Ⅰ部

# 岡本榮一
# ボランティア人生を語る

# 1　ボランティアのゆくえを問う

ボランティアセンター支援機構おおさか連続講座　第一講（二〇一七年一〇月七日）より

上野谷　皆さまこんにちは。ようこそお越しくださいました。このセミナーは、ボランタリーな活動に参加し、より深めていきたい方、あるいはボランティア活動を何らかの形でけん引する立場の方々のトップセミナーとして位置付けました。主催は、「ボランティアセンター支援機構おおさか」（一般社団法人・理事長上野谷加代子）です。社会福祉協議会や民間のボランティア支援の中間支援組織がある中で、なぜ、新たな組織を立ち上げ、ボランティア推進に取り組むのかについて説明しておきましょう。直接の動機は、T・Hさんが、大阪府知事になられて、そのあと市長にもなられるわけですが、首長の意向によって、ボランティア・市民活動予算の変動を受けることを改めて実感したわけです。ボランティア・市民活動は、市民の自主的な運動であることはもちろん、私は民間派ですので、〝ボランティア活動〟そのものは行政からの金銭給付の対象にはならないと考えていますが、ボランティア・コーディネーターによる活動支援や活動拠点の整備等継続的支援の事務局機能が必要なことは、とりわけ現在の日本の状況から考えてもだれの目から見ても明らかです。

大阪は実は、日本の中で、大阪ボランティア協会が設立五十周年をすでに迎えておりますように、ボランティア活動が早くから活発に、先駆的に、必要な面白い活動をしてきた地であります。民生委員の前身の方面委員制度発祥の地でもあります（制度創設百年を迎えました）。そういった大阪の良さが、残念ながら、活動費や人件費を減らされることによって停滞を余儀なくされてしまうことになりかねない。

そこで、万一に備えて岡本榮一先生のご助言もあり、先生を顧問に一般社団法人「ボランティアセンター支援機構おおさか」を立ち上げたわけです。そして、日本全体を視野に入れるのは力不足でありますが、少なくともこの大阪の地に、ボランティアの灯を消さないように、媒介的な中間支援的な役割ができたらいいなということで、きょうお越しの新崎（国広）先生や石田（易司）先生やら、とりわけ大阪市社協でずっと頑張ってこられた竹村（安子）さんや社協職員の協力を得て一緒に、二〇一四年に登記をしたわけであります。

そういう意味では、いろいろな方々のお力を得て、「ボランティアセンター支援機構おおさか」は、少なくとも大阪市内二四区のボランティアセンターを含めて、別に社協だけを元気付けようとは思っておりませんが、象徴的にそういうセンターを支援しようと、将来的には、人的・金銭的支援もできたらいいなという夢を語っています。会計士の先生ももちろんボランティアで参加してくださっています。しかし、志は高いのですが、私たちも忙しいもので、活動が不十分であったことを反省し、今回この連続講座を企画させていただきました。会場を提供くださった区社協の局長様には心よりお礼申し上げます。

さて、今日は、私たちを取り巻く状況の変化の中で、ボランティア、市民活動はいったいどうなっているのか、そしてどこへ行くのだろうと、皆さん方も心配されていることだと思います。ボランティア活動はいつごろから始まったのでしょうか。ボランティアの定義をどう捉えるかということもあります。私は、ボランティアはいろいろな権力機構とは距離を置いて、自由、尊厳、共感などをキーワードに、各人の意志に基づき展開されるものだと考えます。

しかし、私的な部分である人と人とのつながり、助け合いなど、私たちが人として、人間として関わり合うところに国家・自治体権力が介入せざるを得ない生活状況が、一方ではあるわけです。それほど、個人、地域も家族も壊れつつある。その中でボランティア活動というのは、いったい何だったのかという原点・本質を探るということで、岡本先生を除いてこの話ができる人はいらっしゃいませんので、ご無理をお願いしました。

進め方ですが、まず岡本先生にお話いただいて、参加者からの質問に答えるという形でテーマに接近していただきましょう。では、先生どうぞ。

## 1　福祉に生きようと志した三つの職場
### ――大阪水上隣保館・大阪キリスト教社会館・大阪ボランティア協会

私自身は、家が真言宗です。高野山につながっている、仏教の信仰の家に生まれました。真言や、仏教というのがよく分からない。難しいです。お経を上げるだけです、一つの言い方をすれば。それをもっと砕いて説くことを怠っていたということでしょうか。そういう経験の中で宗教的な学びをしたということだと思います。

日本人はそうだったと思いますが、仏壇が右側にありまして、左側は神社神道です。二つあるわけです。皆さんのおうちはどうか知りませんが。左側がお宮さんで、右側に仏壇があってと、農村の家もそういう仕組みになっておりました。それを別に不思議に思いませんでした。ただ、私が大きくなる過程の中では、世界大戦が始まっていくというか、真珠湾攻撃から始まって第二次大戦へ突入していく。私がちょうど中学生ぐらいのころです。アジアを、フィリピンからずっと南を占領して、それはオイル、油の利権を獲得しよう、それでなかったら世界を制覇できないからです。

戦争が始まると、学校では、田舎は工場がありませんので、山に行くわけです。何をしに行ったかというと、炭焼きをやっていました。ゲートルを巻いて、朝、山に弁当を持って行きます。炭には黒炭と白炭があるわけです。黒炭というのは黒くてがさがさした炭です。白炭というのは、真っ赤な、焼けたままといいますか、火のまま出すわけです。この位の木でしたら、この三分の一位の火の玉になって、真っ赤なまま出すわけです。そして、灰をかぶせて火を消していく。

私は中学生ぐらいですからそんなことはできません。だから、黒炭を焼きました。黒炭は、中へ入れて火をつけて、密閉して火を消していくわけです。そして、火を消したまま、木の形をしたまま出すわけです。こう開けたら、それをそろそろ出して、俵に入れやすいように切って、それを車が来る所まで背負って出すということを、毎日やっていました。

戦時体制の中で、一年位は勉強しておりません。今もそれを引っ張っているかというと、そうでもありません。一年位は大したことないなという感じはしています。そのように、勉強をせず炭焼きばかり行っていました。先生も一緒でした。

学校に行ったときは、学校のグラウンドはみんな作物を作るように開墾して、そこを走り回ることができないようになっておりました。どの学校もそうだったと思います。

そういう戦争体験みたいなことをしました。田舎は、姫路からずっと北に位置する津山との間のところです。農業高校しかないから、戦後は農業の勉強をずっとしていました。豚を飼ったりヤギを飼ったりいろいろしながら、一方で農業の勉強をして、こんなことをしていたらというので大阪に来て、大阪の高校を出たという人生でした。

## 2　水上隣保館・中村遙先生との出会いと家庭養護促進協会のこと

そういうときに、私自身が福祉に出会っていくのは、一つはお金がなかったということもあります。大学生になったときに、水上隣保館という児童養護施設でワークキャンプがありました。水上隣保館に泊まり込んで、十日位ワークをしました。今はちょうど、ＪＲ「山崎」駅から山手にあるサントリーウイスキーの上のところに施設がありますが、そこのところの竹を切って、このくらいの孟宗竹ですが、それが広がっているのを切り開いて、それを掘り起こして道をつくってということから始めたわけです。

▶水上隣保館が山崎に移転した際のワークキャンプ参加者（左端が岡本先生）
『美しき幻を見ながら——大阪水上隣保館50年の歩み』より。

それが縁になって、中村遙という先生がいて、私に来てくれないかと。僕はちょうど、大阪市内の南にある粉浜から京都の同志社大学に通っていましたので、大阪の南のほうから京都まで通学するのも大変だし、ここに泊めてもらって、ただにしてもらったら良いなぁと、幾らですかと言ったら、千円もらえたらいいと。それで一つ部屋をもらって、そこで生活しながら、大学から帰ったら一緒に外の作業です。草刈りや道づくりをやりながら。実に楽しい。大学より楽しい。ですから、全然苦にならない。そういう思い出があります。それで、福祉にだんだん入り込みました。

同志社大学に嶋田啓一郎という先生がいらっしゃいました。非常に難しい話をする人でしたが、嶋田先生のゼミに入って、いろいろ勉強しました。人助けをするという意味では、福祉というのは面白いものです。それを科学的にどうするかということもありますが、思想的にどう、そういう運動が始まったかというようなこと。

そのころは賀川豊彦先生もまだいらしたから、中村遙さんが呼んでですよ、それで、山崎の町の人に向けて福祉講座をしたりしていました。賀川さんなんていったら昔の人だと思うけど、僕らは、そうでもありません。晩年の賀川先生は私どももよく知っていて、一緒に撮った写真もあります。そういう経験があります。

それから、伊藤友宣さんや神戸大学の関係の人だとか、施設解体論みたいなのが出てきて、施設はもう駄目なのだというような研究が、どんどんなされるようになりました。養護施設みたいなものはできるだけ小舎制にするのだということで。それで、大阪で家庭養護寮をやらないかというので、伊藤友宣さんや小笠原平八郎さんたちと一緒に、家庭養護寮運動を大阪と神戸で展開する、そういうことから入っていきました。家庭養護寮で五人ぐらい、自分の子どもが二人おりましたから、七人をファミリーとして育てて、十年ぐらいの間に十何人かの子どもたちを大きくしました。

ところが、私のところは大阪の家庭養護寮の第一号ですが、大阪というのは第二号が出てこない。いろいろ宣伝してくれるけれども、広がらない。今はその運動を継承して、家庭養護促進協会が、岩崎（美枝子）さんという人が中心になってやっています。その火を消さないで、よくやってきていると思います。

## 3　大阪キリスト教社会館での活動

そういうことはありましたが、私自身は、そういう家庭養護寮ともう一つ、それだけでは食べていけないからというので、当時暮らしていた住吉区（現在は住之江区）の隣の西成区にあった大阪キリスト教社会館というセツルメントで、牧師で館長の益谷（寿）先生が同和問題をやるというので、来てくれということで、それで行こうかと、自転車で通いました。

社会館は同和地区にあって、東部に釜ケ崎があり、同じ日本キリスト教団傘下の愛染橋病院とか愛染橋隣保館の系列に属していて、診療所や保育園、それから児童館を中心にした地域活動などをしていました。社会館があった土地は元々、愛染橋病院の看護婦さんの寮を建てるために病院が教団に売った土地なんですが、そこを、当時島之内教会の牧師だった竹内信という牧師さんが何とかしようということで、最初は刑余者の社会復帰を支援する事業に取り組もうとしたんですが、それがうまく行かなくて、診療所ができたり保育園ができたりして、社会福祉の仕事が充実してくるわけです。竹内信さんという方は、竹内愛二さんという、関学の社会福祉学の有名な先生のご兄弟です。その社会館で私は、診療所のケースワーカーをしながら児童館の館長もしていました。

それが六〇年代末に同和対策事業特別措置法ができて、そうした事業は公的な責任で大阪市がするから社会館は出て行ってくれということで、社会館は大正区と門真市に移っていくことになるわけです。

▶初期の頃のキリスト教社会館診療所待合
『大阪キリスト教社会館45年のあゆみ』より。

▶ボーイスカウトは西成児童館の活動の一つであった（右端が岡本先生）
『大阪キリスト教社会館45年のあゆみ』より。

## 4　大阪ボランティア協会へ

私は、社会館が大正区と門真市に移転する前のどさくさの時期に、当時ボランティア協会の理事長（大阪市立大学教授）をされていた柴田（善守）先生が、協会に来てくれと言ってこられて、それでボランティア協会に関わることになりました。私自身のそんな話ばかりしていたら、時間がなくなりますが。（笑）

ところが、そのころのボランティア運動というのは、皆さんご存じないかもしれませんが、日本のボランティア運動は、戦後から始まったのではなく、一九六〇年代に始まっていきます。いろいろ資料を見ますと、一九六一年に「第1回学生ボランティアの集い」みたいなことをやっています。そして、善意銀行が徳島で始まったのが六二年です。東京では六三年に東京ビューローというものがつくられますが、これは一年で終わってしまう。それから、北海道青年ボランティア連盟が結成されますが、これも一年で終わってしまう。そして、ボランティア協会は六五年一一月に、「ボランティア協会大阪ビューロー」という名前で始まっていくわけです。その頃から、初級ボランティアスクールという講座をやります。その講座で人集めをして、一つの拠点をつくっていこうとしました。

私自身は、講座でボランティア協会が存在しているということから、次は、需給調整、コーディネーションですね。それをやったらどうかと思い、活動したい人と活動してほしい人をつないでいく。だから、そのころ施設の調査をしたことがあります。二年か三年ぐらい続けてだったでしょうか。施設ではどんなボランティアを求めていますかということで、そのリストを作って、ボランティアが活動したいといったら、どこに住んでいるか、その近くの施設は今こういうことを求めているからといって、つないでいく。コーディネーションというかコーディネートの仕事をやっていました。

今はボランティアコーディネーターと言いますが、初めはつなぐという素朴なところから始めて、だんだんボランティアのニーズが広がって、一人の職員がフル回転しなければいけなくなっていきました。そういうコーディネーションが始まっていきます。だから、ボランティア協会の元々は、そういう講座と需給調整活動でした。

それから、『月刊ボランティア』（現在は『Volo』と改題）という広報活動をやっていまして、初めはB5判4ページのもので出していました。そういうものが、だんだんと広報活動みたいなものになっていきます。

一方、東京の動きとしては、木谷（宜弘）さん（全国社会福祉協議会）や、富士ビューローといって、富士福祉事業団というのが、これは枝見（静樹）さんという人がつくりましたが、ボランティアビューローをつくって講座をやる、スクールをやるみたいなことで、東京が動き始めます。それからもう一つ、JYVAと呼ばれる日本青年奉仕協会が動いていきます。だから、当時東京は、日本青年奉仕協会と全社協と富士福祉事業団で動いていきます。

大阪は、柴田善守先生を中心にして、高森敬久という先生が、関学ご出身ですが、日本生命済生会に勤めていらっしゃって、柴田－高森ラインで、ボランティア協会で講座を開くという動きが出てきます。それは大きな動きですが、一九七〇年に「第1回全国ボランティア大会」みたいなものをやります。それから、その年の四月に厚生省が、手話通訳奉仕員養成事業や点訳奉仕員養成事業をはじめ、七一年には東京いのちの電話の活動が始まるなど、いろいろやられたりいたします。この一九六〇年代から七〇年代にかけては、日本全体からいったら黎明期と言っていいかもしれません。そういう時代でした。

私どものボランティア協会は、講座をする、出版というか『月刊ボランティア』みたいなものを広報活動としてやっていく。それからもう一つ、コーディネーション。需給調整という言い方をしていました。僕が行って初めて、需給調整といってコーディネーターですね。そういうことを手始めにやりました。

今でも思い出しますけれども、高野山で社会福祉学会がありました。全国大会があったときに、僕は全国で初めて、ボランティアコーディネーターの必要性について研究発表しました。一九七〇年に入ったころです。東京がそのあと、ボランティアコーナーとかいろいろ、厚生省が学童生徒のボランティア活動普及活動みたいなことを、七〇年代後半に入ってからやっていきます。私どものほうはもっと研究をしようということで、いろいろ研究し、ボランティア活動の基本的な考え方や需給調整の方法などをつくるなどいたしました。これが一つの流れです。

## 5　ボランティア活動の原点——だれでも乗れる地下鉄をつくる運動や交通遺児を励ます会

面白いと言ったらおかしいですが、車いすの障害者が誰でも乗れる地下鉄をつくろうということで、ちょうど七〇年代後半~八〇年代の一つの大きな動きをいたします。今日みえていますが、牧口明さんのお兄さんが一二さんと言いますが、大阪でそれを始めるわけです。大阪市の交通局に行って、いろいろ談判するわけですよ。駅に車いすが乗れるエレベーターを作ってくれと言いますが、市の交通局のほうは、何のことか、なぜそんなことを言うのかと、キョトンとしたような時代だったと思います。

行っていろいろ談判するわけです。車いすの人が大阪市内に何人住んでいて、その人たちは地下鉄を見たことがない人も多い。それを放っておくのかと、いろいろ談判する。私自身も言われたことがあります。なぜそんなことをしなければいけないのかと。市の民生局でも、僕にあの運動はやめてくれと言いたいけれども、言わないのです。僕はもし言ったら、あなたは何を考えているのかと。障害者福祉とはどういうことなのかと、噛みついてやろうと思っていましたけれども、それは言いませんでした。帰るときに、すみませんが、まだ市の交通局は福祉のことがよく分からない。だから、民生局がもっと積極的に応えてくれないか。車いすの人も、これから高齢化社会がやってくるのだから、それが乗れるようにしてくれないかということで、頼んだことがありました。

▶「誰でも乗れる地下鉄をつくる会」による大阪市交通局との交渉
『市民社会を問い続けて　大阪ボランティア協会の50年』より。

前置きが長くなりました。私自身のそういう経験ですが、夜明けのころにいろいろ関わった。それは、ボランティア活動の一つの「原点」と言ってもいいかもしれません。

ただ、当時のボランティアの人たちは、地域活動というよりも、そのころは施設訪問活動の人たちが多かったです。八〇％ぐらい。その中から、山本孝史さんというリーダーのもと、交通遺児を励ます会のような運動が出てきました。

彼らの運動は目まぐるしくて、タクシーにビラを渡すとか、ビラ攻勢をやったりして、その運動はどこでやっているのかと、ボランティア協会に新聞記者が取材に来たりしました。ボランティアセンターだけれども、交通遺児のセンターみたいだと言われました。一時は激しく運動をしていました。それは、東京を中心にして交通遺児育英会というものに発展していきます。山本孝史さんは亡くなりましたが、大阪の私どものボランティア協会から出て、東京でそういう大きな仕事をした人です。いろいろな運動が、私どもの大阪ボランティア協会の中から生まれました。

社会運動として、自然保護の運動みたいなものも一九六〇～七〇年代ぐらいから始まってきます。それから、朝日訴訟運動というのは、生活保護制度改善の運動ですが、そういう運動。そしてまた、いまお話した地下鉄にエレベーターを設置する運動。激しい運動の中から、市が理解して、地下鉄の全ての駅にエレベーターを付けるようになった。若い人はそういうことを知らないと思います。

## 6　ボランティアの原点――ボランタリズムと自由

ボランティアの活動領域は非常に広いです。六領域があるわけです（表1）。ボランティア活動をいろいろ難しく言いますと、三つのボランタリズムです。一つは、ボランティアリズム（Volunteerism）というものがあります。アメリカの文献なんかを読んでいるときに、この言葉が出てきます。日本では、あまりこの言葉は使いません。つまり、ボランティア活動の意味や役割を説明するときに、アメリカで特に使われていた言葉です。

二つ目は、ボランタリズム（Voluntarism）。Yの付いていないボランタリズムです。このボランタリズムは、個人の自発性や主体性を非常に強調しようとする場合に使います。このボランタリズムを使う場合は、意思を非常に強調します。意思というのは、これはやらなければいけない、解決しなければいけないといった思いが込められたものです。感情だけで動かされるのではなくて、この課題は社会にとって、あるいは子どもにとって、障害者にとって大事なことで、それを解決しなければいけないといったような、意思と非常に関わるボランタリズムです。個人の自発性や主体性みたいなもので、意思を強調する。

三つ目は、Yの付いたボランタリズム（Voluntaryism）というのが出てきます。このボランタリズムが出てくるときは、国家や行政などから自立した民間運動を指すことが多いと思います。民間運動のボランタリズム。Yの付いたものは、行政がこうしろああしろと言うのではなく、自分たちが主体的にこの問題を解決しなければいけない。

表1　ボランティア活動の6領域

| |
|---|
| ①教育・児童健全育成関係のボランティア運動<br>BBS，VYS，親子読書運動，等 |
| ②孤立・つなぎのボランティア活動<br>セツルメント，フレンズ奉仕団，病院ボランティア，いのちの電話，配食サービス運動，わたぼうしコンサート，等 |
| ③環境保全・公害防止のボランティア活動<br>スモンや，イタイイタイ病など |
| ④災害復興支援のためのボランティア活動 |
| ⑤当事者支援・生活圏拡大のためのボランティア運動<br>誕生日ありがとう運動，交通遺児を励ます会，地下鉄にエレベーターを設置する運動，等 |
| ⑥国際協力・交流・平和のボランティア活動<br>赤十字，キリスト教海外医療協力会，ジョイセフ，AMDA，アジア協会アジア友の会，アムネスティ・インターナショナル，女性の家HELP，風の学校，等 |

そういう主体的なボランタリズムを言うわけです。そういうふうに使い分けてみられるといいと思います。

ですから，この三つのボランタリズム。場合によっては，下の二つのボランタリズムと言うときもあります。

その次に，社会制度とボランティア活動ということを，少し話しておきます。法律の立場から言うと，ボランティア活動というのは結社の自由と非常に関わってくるのです。憲法をずっと見ていきますと，私どもがいろいろ意思表示をするときに，結社ということをするわけです。そのときに，グループをつくったり，団体をつくったりするということは，憲法で保証されているわけです。結社はなぜつくるかといったら，何かの目的でつくるわけです。何か目的があって，そのグループをつくっていく。だから，行政に直接関わらないようなグループなんかもたくさんあるわけです。環境の問題や人権の問題みたいなことを目的に，結社をつくることもあるでしょう。その結社の自由というのは，今でも保証されているわけです。

結社の自由と言ったときに，アメリカなんかの自由の問題をずっと読んでみますと，From freedom と To freedom いうのがあるわけです。To と From という二つの言葉を使うわけです。「～へ」の自由と「～から」の自由ということを言います。私どもが自由と言ったときには、いつも「〜から」の自由と「〜へ」の自由を持っているわけです。奥さんからいつもいろいろと言われているというのは、From freedom ですよね。「of wife」か「at wife」を付けなければならないかもしれませんが。あるいは旦那でもいいですし。そこから自由ということを、From, 何々から自由であるというふうに考えるわけです（笑）。

もう一つは、それはどちらかというと、逃げの自由です、From と書いてあると。「〜へ」の自由といった場合には、向かう自由でしょうね。何々に対する自由。これは言っていかなければいけない。公害があったら、この公害をもっと少なくしてくれと言っていかない限りはよくならないとか、やめてくれというような、「〜へ」の自由、あるいは「対する」自由。行政に対する自由ということも言えるでしょう。From freedom と、To freedom、「〜へ」の自由。二つあるのだと考えてもらったらいいと思います。

その一つに協働というものがあるわけです。そこでは、提言や批判も含んでいます。それから、NPO法というのができるのですが、NPO法というのは、今だったら三つ目のセクターと呼ばれています。三つのセクターというのは、行政セクターと企業セクターだけでは具合が悪い。その二つだけがあるような社会になって、もう一つはNPOセクターというか、言うなら民間非営利セクターです。ボランタリーなものも全部含んでくるわけです。企業セクターも一つの法律で守られていくし、行政は行政で一つのセクターとしての役割を果たしてくる。

だから、三セクター論ということがよく言われますが、そのうちの一つのセクターです。NPOセクターの中にボランタリーセクターというものが入ってくる。そこでは、行政からも自由である、企業からも自由であるということが、そこで言われるわけです。だから、私たちの活動というのは、いちいち行政に言うことはない。ボランティア活動というのは、やりますからといって府庁に行って、ボランティア活動をやってよろしいですかと言ったら、お前、何しに来たんやと言われると思いますよ。何もそんなこと言うことないよ、勝手に、自由にすればいいではないかということになるわけです。そういう私たちの自由権みたいなものが、今の社会では保証されているわけです。

ところが、それが今度は対行政との関係のようなものが出たときには、それで話し合ったり、戦ったりしなければいけないことも起こってくるわけです。だから、公害みたいなことが起こってきたときには、公害に対して、そんなのは放っておくわけにはいかない。みんなゼイゼイいっている、せき込んでいるというようなことで、あるいはばたばた倒れるというのだったら、もっとその会社に対して言っていかなければいけないわけです。

だから私どもは、公害が激しかったときは、堺の辺りに僕も二〜三回見にいきましたが、埋め立てをして、浜寺の、私どもの子どもがまだ小さいころには泳げた、その海岸のきれいなところを埋め立てて、行ってみると、四キロとか六キロぐらい奥まで埋め立てている。こちらに誰も言ってきません。それで、向こう側に工場ができて、こっちへ影響するわけです。ですから、そのような反対運動が起こってくるわけです。

そういうことなんかも、ボランティアとしてはやはり文句を言っていく。それに対して責任を取れ。儲けるばかりではないぞというようなことで、あの頃は公害反対の運動は非常に激しくなってきたということがあります。

そういう、いわゆる市民・住民の権利を守る制度を求める運動が必要になってくるわけです。ボランティア活動は制度と関わらないところでやるのも多いですが、場合によっては、その周辺のところには制度というものと関わることも多いということです。

## 7　本質に迫る——自由にトークトーク

上野谷　ここからは意見や質問を受けながら、先生とトークトークです。一九六一年ぐらい、六〇年代、七〇年代

**表２　戦後1960～70年代のボランティア状況**

| 年・月 | |
|---|---|
| 1961年 | 東京都社協「第１回学生ボランティアの集い」開催（初回のみ） |
| 1962年５月 | 徳島県小松島市にて「善意銀行」発足（ボランティア・センターの始まり） |
| 1963年 | 「ボランティア東京ビューロー」設立（１年のみ） |
| 1965年10月<br>11月 | 「北海道青年ボランティア連盟」結成<br>「ボランティア協会大阪ビューロー」（現・大阪ボランティア協会）発足。発足と同時に一般市民向けの「初級ボランティア・スクール」を開講 |
| 1966年４月<br>７月 | 富士新報福祉事業団『月刊ボランティア』を創刊（事業団創設は65年）<br>大阪ボランティア協会『月刊ボランティア』（現在の『Volo』）発刊<br>東京都社協ほか「第１回東京ボランティアのつどい」開催 |
| 1967年７月 | 「日本青年奉仕協会」発足 |
| 1968年12月 | 全国社会福祉協議会「ボランティア育成基本要項」策定<br>富士新報福祉事業団「ボランティア・ビューロー」開設 |
| 1969年７月 | 大阪ボランティア協会・兵庫県社会福祉協議会編『ボランティア活動』刊（ミネルヴァ書房） |
| 1970年２月<br>４月 | 日本青年奉仕協会「第１回全国奉仕活動研究協議会」開催<br>全国社会福祉協議会「第１回全国ボランティア活動育成研究協議会」開催<br>厚生省「手話通訳奉仕員・点訳奉仕員養成事業」開始 |
| 1971年４月<br>４月<br>10月 | 大阪ボランティア協会，日本初の『ボランティア・ハンドブック』（大阪版）発刊<br>文部省・社会教育審議会「答申」で奉仕活動の役割を強調<br>「東京いのちの電話」開設（電話相談活動の始まり） |
| 1972年２月 | 大阪ボランティア協会で「サロン・ド・ボランティア」開始（車いすの障害者が利用し「誰でも乗れる地下鉄をつくる」運動が生まれる） |
| 1973年10月<br>12月 | 「東京都ボランティア・コーナー」開設<br>全国社会福祉協議会・大学婦人協会編『生活の中にボランティア活動を』刊 |
| 1975年１月 | 大阪ボランティア協会『季刊ボランティア活動』発刊 |
| 1976年６月<br>８月 | 大阪ボランティア協会，全国初の「ボランティア・コーディネーター講座」開講<br>大阪ボランティア協会を拠点に「誰でも乗れる地下鉄をつくる」運動開始 |
| 1977年４月 | 厚生省「学童・生徒のボランティア活動普及事業」開始 |

〈付記〉

⑴　表に見るように，1960～70年代は，日本における「ボランティア活動の勃興期」である。

⑵　「ボランティア運動」の発火点として動いたのは「社協」「富士ビューロー」「青年奉仕協会」「大阪ボランティア協会」である。

⑶　「ボランティアスクール」の開催は大阪ボランティア協会が1965年11月で，日本で一番早い。

⑷　ボランティア活動についての出版は，大阪ボランティア協会・兵庫県社会福祉協議会編『ボランティア活動』（ミネルヴァ書房）が1969年で早い。

の年表があります。(表2)

もちろん、この中でボランティア協会がどのように動いてきたのか、そして、事務所を五回替えております。心斎橋時代、扇町、それから同心、野田、そして今は谷町です。初めの心斎橋から知っている人というと、この中では牧口さんと私くらいでしょうか。そうですね。まあ単に、年を取っているということですが。

私がボランティアスクール、先生がおっしゃったボランティア講座に参加しましたのが、一九六八年です。あの当時は、大阪市立大学に入学しますと、必ず柴田先生に講座を受けろと言われました。講座を受けて、日本生命の講堂みたいなところで、いろいろなワークショップをしたのを覚えています。そして、そこでいろいろな意味で育っていくわけですね。

ただ、私は途中で反発しました。当時ボランティアは偽善だと思っていましたから。むしろ違う運動、障害者や被差別部落解放運動のほうに行きましたので、やや距離を置きました。しかし、岡本榮一先生の魅力にとりつかれまして、その後、協会でいろいろ育てていただいたということです。

そのときに、今ちょうど誰でも乗れる地下鉄をつくる運動のお話がありました。時田(和明)さんですね、先生。思い出します。ヘルメットをかぶって、地下鉄どころかJR、昔は国鉄と言いましたが、国鉄の改札口を車いすが通れない。持ち上げないといけない。そういう時代です。そういう時代を切り開いていった。

私が一番感心しましたのは、地下鉄に乗って、時田さんが車椅子で転んだらいけませんから、いつもヘルメットをかぶっているのです。それを、岡本先生がいつもヘルメットを取って、(ヘルメットの中は)こんなになっているのかと、毎回するのですよ。要するに、みんなキョロキョロ見るわけですね、車いすに乗っていることに。別に普通の人よということでしゃべるわけです。時田さんは脳性まひでしたけれども。それを毎回されるから、岡本先生なぜですかと聞いた。そしたら「美空ひばりにならないかん」と、そのとき言われました。(笑)

講演も啓発の側面がありますから、同じことをこうしてしゃべるのは、美空ひばりも歌うときはそうですね。それを、私は恥ずかしくて、毎回同じことは話せなかった。先生は毎回しゃべるし、毎回同じことをするのです。時田さんのヘルメットはこんなになっているのかと言って。地下鉄で車いすをみんなの前で押してみたりします。うわぁ、この人はすごい人だなと、そのときに思ったことを、今ちょうど誰でも乗れる地下鉄をつくる運動のお話が出まして、本当に車いすの人が市役所の前で座り込みをすると言ったら、「俺ら、初めから座っている」などと冗談を飛ばしたりしまして。その位の余裕がありました。

しかし、あのときはみんなお茶を飲まないで、命を懸けて車いすで座り込みをするわけです。要するに水分を取るとお手洗いに行かないといけませんから。その中でギャグを飛ばしながらの、余裕を見せながらの、命を懸けた戦いを見せていただきました。そういう中で地下鉄にエレベーターを付けると、妊産婦の人も助かる、年寄りも助かるだろうということで、少しずつ定着していくわけです。

神戸の地下鉄は賢かったから、大阪の地下鉄運動を学んで、地下鉄をつくるときに、初めから穴を開けていた。その地下鉄の人が、障害者運動を含めて、ものすごく大阪に学んだと言っています。初めから穴を開けておくと、途中からエレベーターをつくるより安い。そんなエピソードもございました。

さて、岡本先生がいつもこだわられるこの三つのボランタリズム、今はこれがないのではないかということでしょうか。このボランタリズムは、国家や行政などから自立した民間運動、市民活動をさせるけれども、やはり行政とも調整しないといけないし、ニコニコ路線でいかないと、お金ももらえないとか、国もいろいろな政策を出してくるし、それに真っ向から反対ばかりしていても、なるものもならないという、社会の変化をどう見るかということとも、関係いたします。この辺をもう少しお話しいただけますか？　先生から捕捉を。

岡本　1番のボランティアリズム。これはあまり使われません。特に意思を表す場合はボランタリズムというか、

2番目のYの付いていないボランタリズムを使う。それから、三つ目のYが余分に付いたのは、行政などから自立したというか、そういうボランティア団体やボランティア運動を言うときには、このYの付いたものを使うというふうになっているわけです。2番目のものを使うことが多いと言えば多いですが、特に行政からは距離を置いている、あるいは行政からは自立した活動（運動）だと言おうとするときは、三つ目のものを使ったらいいわけです。

上野谷　先生がよくおっしゃっていた、権力からの自由といったときに、お金も一つの力を持っていますよね。私たちをふるいに掛ける権力を。企業からの自立、独立、あるいは、行政は最も、法という一つのもので私たちを縛ることができるわけです。やはり権力からの自由が非常に大きいと思います。

私が一番心配しているのは、企業とかなり接近しながら、企業の社会貢献はすごくあるけれども、企業側は利潤追求のために悪いことをしながらお金を出して、ボランティアを巻き込んでいくみたいなことがあります。昔、七〇年代から八〇年代にかけては、ボランティアはその辺は非常に潔癖でした。例えば、三菱と聞いただけで軍需産業を進めてきたとか、すごく皆反発して、そこと一緒にボランティアなんかしないというムードがあったのです。ところが、三菱財団は社会福祉や環境改善にもお金を出してくれるし、子ども食堂や社会の変革に向けた種々の活動に対し助成をしてくれるわけです。最近ではＳＤＧｓ（Sustainable Development Goals：持続可能な開発目標）を推進するなど、コラボが進んできました。

そういうふうに、ものすごく複雑な時代に入ってきた中で、私たちがボランティアの本質、ぎりぎり許せると言うと変ですが、ぎりぎりのところでものを言い続ける根拠や姿勢は、先生の場合、どんなところに求められますか？

岡本　これは、一つの概念的に区別しておく。しかし、いつもこういうことを言っているわけではない。こういうことをあまり言うと嫌われます。これは、そっとしておくのがいいのです。言わなければいけないときには、それはおかしいですよと言う。それは、われわれがボランタリズムの本質を守るために、やはりやらなければいけないことです。それがむちゃくちゃになってしまうのではなくて。だから、特に区別してということで。男と女がいて、「あなた好きよ、好きよ」と毎回言っていたら嫌われます。ですから、普段はそんなに言わなくていいです。心の中で、好きでいいです。（笑）

上野谷　そういう比喩でお分かりになったかなと思います。基本的には、ボランティア活動というのは一人で始めるものである。しかし、状況の中で集団を組まないと、相対する権力を持っている側は大きいですから、公害の問題にしても何にしても。やはり組織化しながら進んでいきながら、その一人ひとりが、適切な行動なのか。まあ、正義という言葉も今はわや（駄目）になっていますが、私は好きな言葉です。

ですから、その中でお互いがお互いを見届けながら、あなたおかしいことを言っていますよと言ったときに、このボランタリズムとYのあるのとが、自分の心の中できちんと出てきて、今の活動の仕方は少しおかしくない？　とか、今の決め方はおかしくない？　ということを、嫌われないようにしながら、隠しながら言っていく。そういう感じで、時々、「Yはどうなっているのだ」というふうにみんなで叫ぶ。

新崎　ありがとうございました。いわゆるボランタリズムというところで、主体性ということで、大阪ボランティア協会で初級スクールとか、僕自身もそういったボランティア協会で育てられたというイメージがありますが、その主体性を育むというところは、すごくジレンマがあると思います。先生が人材を育てるというところに懸けた思いを、ぜひお聞きしたいです。

放っておいても、自発性や批判性は出てこない。といって、講義ばかりでお話しても生まれてこない。私たちが関わった昭和五四～五六年ぐらいのときは、何かもやもやっとした人が来て、わいわいとしゃべっていきながら、でも、一つ一つ自分自身の課題に向き合う人材が育っていった、育てていただいたという気がします。そこら辺の学習性や、学びに込めた思いをぜひお聞きしたい。

岡本　主体性といったときに、なかなか難しいものですよ。それは、本人の性格や生い立ちと非常に関係がある。ただし、私どもの意識としては、公と私は分離しなければならないという観念というか、そういうものはやはり持っておかなければいけないと思います。それが一体化していくときは、危ないです。公と私が一体化して、訳の分からない何かをするというのは。これは行政がする、これは民間がすると、やはりそれははっきりさせるべきです。また場合によっては一緒にするのなら、一緒にするということではっきりさせる。

新崎　違いを認めながら。

岡本　そうそう。僕は、それは非常に大事だと思います。

新崎　もう一つ聞きたかったのは、先生が参加システムといって、初級スクールでグループワークを取り入れて、今だったら、いろいろな研修会でもグループワークはよく使われていますが、あの当時、講義のあとにグループワークを入れられたというのは、すごく斬新だったと思います。その辺の思いや、先生はグループワークの本も書かれているということですが、そこに懸けた思いを、もう少し学習ということで聞きたいと思います。

岡本　グループワークは、僕がボランティア協会に関わったときは、もうすでにやっていました。講義を四〇分位、先生が話をします。これだったら四つ位のグループに分けて、それぞれテーブル二つで集まって、二〇分ぐらいディスカッションしてもらおうという感じですね。だから、ボランティアスクールの一番初めのときは、講義なしです。レクリエーションです。参加した人は、お互いに仲間になっていくみたいなことをやっていました。そして、二回目から講義をする。だから、講義はするけれども講義ばかりではないです。四〇分位先生が話をして、それを受けて、グループで話し合ったことを発表して、黒板や白板に出して、それに講師の先生が答えていくという形です。

新崎　それが参加システムの原点になるということでしょうか？

岡本　それをやっていたのは、柴田先生と高森さんの流れです。それはなかなかいいなというので、それを僕らは継承しました。心斎橋のころは木造建てで、他は立派な建物が建っているけれども、そこだけがぼろぼろなのです。ただ、非常に親しみのある建物でした。それで、講座が終わったら、また心斎橋の商店街に流れていく。そういうことをやっていました。

上野谷　初めは婦人スクールでしたね。

岡本　婦人スクールはあとからです。

上野谷　あとからですか。初級のほうが先ですか。

岡本　初級が初めです。

上野谷　でも、受講者は女性も多かったですよね？

岡本　婦人のほうは昼にしていました。婦人スクールと言っていました。

上野谷　だから当時、「女と子どももすなるボランティア」で、高等教育を受けた人の中で、就職するということがなかなか難しい時代ですよね。もちろん大学に行く人は非常に少なかった時代ですから、そういう女性の受け皿になったのが、大阪ボランティア協会です。ですから、社会問題に対する関心も非常に高かった。いろいろな、計量学的な社会学の調査から言っても、高等教育を受ければ受けるほど、他人の話を聞く態度が身に付く。あるいは、どちらかというと話をするとか、対話の力、コミュニケーション、そういうことが言われているわけです。そういう人たちを上手に、ボラ協はすくった。ですから、遠い所から通ってきておられましたね？

岡本　そうです。

上野谷　寝屋川市民たすけあいの会なんかも。婦人スクール卒業生のお力で活動を始めました。岸和田から、神戸からとかボラ協に通って勉強された人が、生活協同組合やPTA協議会、いろいろな形で活躍していく。そういう時代でしたよね。

岡本　一つの例を言えば、堺の場合には、津田（恵璃子）さんという人がいらして、協会で婦人スクールをするのですよ。

新崎　堺の社協のボランティアセンターができたのは、その市民活動から生まれました。その方たちが直談判して、ボランティアセンターをつくれと。つくるだけではなく、つくったら私たちが、先生に今言っていただいた、講座をやります、広報をやります、需給調整をやりますということ。そこまでセットで社協と交渉しました。だから、できてきたというのがあるし、今も堺の社協のボランティアコーディネーターは市民の方がずっとしています。

岡本　津田さんともう一人、東京からいらした。

新崎　小松（美枝子）さんですね。

岡本　小松さん。病院ボランティア協会でも活躍されました。その二人が堺のほうは主役でしたね。二人ともボランティア協会の講座を受けて、自分の地元に帰って、自分たちで講座を展開した。そういう歴史がありますね。

上野谷　そうですね。それから、機能的には広瀬先生の病院ボランティア協会とも、協力していたように思いますが。病院ボランティア活動はボラ協発足前の六二年に淀川キリスト教病院で始められ、その後、七〇年七月に「病院ボランティア連絡会」が発足、七四年一月に「病院ボランティア協会」設立という流れですが、ボラ協で学習された方々も一緒にやっておられましたね。

岡本　婦長さんとかね。

上野谷　そうですね。ですから、ある意味、今は領域別のいろいろなボランティアがあり、その規範的なものは初級スクールから、学習から入る。これは日本独特と言われています。
岡本　そうかもしれないですね。
上野谷　学びが好きな。
岡本　学びというよりも、きっかけですね。やはり日本の独自性があるわけですね。
上野谷　そうですね。それもやはり、ボランティア協会が上手だったのは、先生がおっしゃったように、講義ばかりではなくて、今の言葉で言うと演習、それからグループワークがとてもお上手で、そういう専門家を招いたりしていました。
新崎　大利（一雄）先生とかね。
上野谷　そうですね。大利先生もよく頑張っておられましたね。巡（静一）先生とかね。
岡本　そうそう。ですから、初めの路線を敷いたのは、大利先生と巡先生です。そこへ僕が関わってくるみたいになった。
新崎　大学を卒業して施設職員になったとき、巡先生と大利先生の追っかけをして、何回も来るなと言われました。
上野谷　大利先生がシュワルツのグループワーク論をどこでやったかというと、市民教育に対してやり始めて、そして、それを大学に持っていくみたいな。私たちもそうでしたけれども、大学教育をする前に、どちらかというとボラ協で確かめる、先駆的に実施するみたいな、そういう場であったと言えるかもしれません。だから当時、多くの人たちを育て上げたのです。七〇年代に学生だった人たちです。今の研究者に欠けているものは何か。これはあとにしましょう。
　いかがですか？　どうぞ。どんな点からでも。補足でも。牧口さんも、思い出しながら、補足があったらどうぞ。そういうことを伝播していく会でもありますので。

牧口　先ほどのボランタリズムと公私分離の話で、昔というか、ずっと岡本先生がおっしゃっていたのは、「僕は僕、君は君、されど仲良き」ということです。

要は行政とボランティアというか、ＮＰＯとの関係というのは、別に好んで喧嘩することはないのです。でも、相互にきちんと独立していて、独立性があっての上での協働。先ほどもおっしゃっていましたが、そういうことはよくおっしゃっていました。

特に、最近の流れの中で、ＮＰＯと行政との協働ははやりです。でも、ともすれば、協働という美名の下で、実は行政によるボランティアの、あるいはＮＰＯの下請け化が進んでいるのではないかということは、最近ずっとおっしゃっていますね。そのあたりはやはり、注意しておかないといけないと思っています。

上野谷　如何でしょう？　はい、どうぞ。

男性Ｂ　ちょうど今日、「心斎橋鬼ごっこ」と言って、障害者の自立生活センターの方が、心斎橋の商店街とタイアップして、障害者の方々がイベントをされています。僕が学生時代、ちょうど青い芝の会で、ゴリラとか、障害者運動のすごく激しかったときがありますよね。僕もそのとき、南光君といって、同じ大学の仲間と一緒に、街へ出ようみたいなボランティア活動をしていました。先ほど上野谷先生も話されたように、ボランティアという言葉が友だちとの関係を切ってしまうようなかたちだから、僕はボランティアという言葉は一切使いたくないとずっと拒否していたのですが。

そのときに、そういう過激と言ったらおかしいですが、あの当時の砦というか、理論を切り開いていった障害者運動とボランティア協会は、一定の距離を置きましたよね。そこの部分について、僕なんかは気弱になっているとか、障害者を理解していないということで、同じ仲間としてなぜ切られるのかというジレンマをずっと抱えていました。そのときのスタンスというか、葛藤みたいなもの。そして、その後少ししてから、障害者応援センターをつくられましたよね。あの辺のところについて、ぜひ、今ちょうど大事な時期かなと思っているので、お聞かせいただいていいですか。

岡本　青い芝運動というのは、何かまとめていますか？

上野谷　同志社出身で、今は大分大学の専任講師をしている廣野（俊輔）さんが、青い芝の運動を、ザラ紙から全部集めて研究しています。

　要するに、アメリカのＩＬ運動と同時か少し早いぐらいに、もうビラが出ています。しかし、文献というのはきちんとした論文や本にならない限り、こういうビラはネットに載りません。あとの研究者たちはそこまで見ていません。そのときの人たちも亡くなっていったりしますので、廣野さんは青い芝関係者の自宅に行って資料を集めたと聞いています。

岡本　まとめがあるのね？

上野谷　まとめたもので博士号を取られ、現在大分大学で教鞭をとられています。

岡本　本になっているのですか？

上野谷　残念ながら、本にはなっていません。そういうものは、もう少し整理して出さないといけないですね。

岡本　おとなしいグループだけれども、月一回だったでしょうか、喫茶店を開いていたのがありました。

男性Ｂ　サロンですか？

岡本　あれも十何年続いた。そういうサロン活動みたいなことを、ずっとやっているグループもありました。

上野谷　そうですね。サロンでつぶやいたものを、誰かが拾うみたいないなね。

岡本　そのサロン活動をやりながら、大阪の街に出られない人を、車いすの障害者を連れてくるのですよ。そうい

▶サロン・ド・ボランティア５周年の様子（扇町時代）
『市民社会を問い続けて　大阪ボランティア協会の50年』より。

う活動もやっていましたね。

牧口　少しご説明させていただきます。サロン・ド・ボランティアという、ボランティア協会のボランティアスクールの修了者の人たちが、スクールが終わって、このまま離ればなれになるのは寂しいというようなことで、月一回集まって、コーヒーを飲みながら話し合う場を持ちませんかということで、小野泰子さんという方が呼び掛けられて、サロン・ド・ボランティアが四六〜四七年くらいから始まりました。

そこに亀田裕久君というボランティアの青年がいました。もう亡くなられましたが。その亀田君が、先ほど出ていた時田さんという車いすの人たち、堺養護学校出身の方を何人かサロンに連れてきて、そこでいろいろな交流が生まれました。時田さんは非常に芯の強い人ですから、自分一人で、不自由な足で地べたを蹴りながら、車いすで後ろ向きに歩くみたいなことで。

岡本　そうそう。環状線で天満まで通っていた。

牧口　ええ。でも当然、多くの障害者の人たちは、その当時、電車は、地下鉄を含めて、国鉄も私鉄も乗れる状況ではなかった。そういう中で、地下鉄谷町線の延長の方針が出たわけです。それで、既設の駅はとにかく、とりあえず延長される駅からエレベーターをつくってほしいという運動を起こしたのが、七六年です。そこから広がったということです。

上野谷　思い出話ばかりしていたら何だと思われるかもしれませんが、やはりイメージ化できるというのは、非常に大事なことです。亀田さんが、ちょうど城東の区民ホールができたときにそこで勤めるようになって。それこそ、『そよ風のように街に出よう』というのが廃刊になりましたが、その編集長だった河野（秀忠）さんが確か総合立会人、柴田先生が亀田さん、私が亀田さんの連れ合いになる方（市大の後輩）の立会人になって、人前結婚式を城東区民ホールでやりました。AZから豊中の障害者運動とか、ずっと柴田先生が応援されていました。

それで、河野さんと、雑誌『そよ風のように街に出よう』と寝屋川市民たすけあいの会は同時期に発足したので、どちらが先につぶれるかなといって冗談を言い合いました。そんな話が創刊号に載っています。でも、もう廃刊になりましたから、たすけあいの会も同様に存続にかかわる問題が生じてきてあたり前ですね。

だから、ちょうどその四〇年間位の、いわゆる市民運動ですね。熱い市民の思いが、ボランティア協会のこの考え方の中で育ち、みんなが力を蓄えて、今の活動につながったらいいな、つなげられたらいいなと。しかし、少し断絶が、ひょっとして社会福祉協議会のボランティアセンターや、その他のところにあるとしたら、さて、そこは何なのだろうということも含めて考える必要があります。

ボランティア協会編の『ボランティア＝参加する福祉』（ミネルヴァ書房、1981年）は絶版になりましたが、岡本先生が作られた図がありまして（図1）、私は「当事者性と第三者性のボランティア論」に関する論文では必ず引用します。『参加する福祉』はよく売れました。

今日の参加者は社会福祉協議会の方が多いですから、今までのお話を聞いて、いま社会福祉協議会が抱えている問題や社協ボランティアセンターの抱えている問題などで、いかがですか。

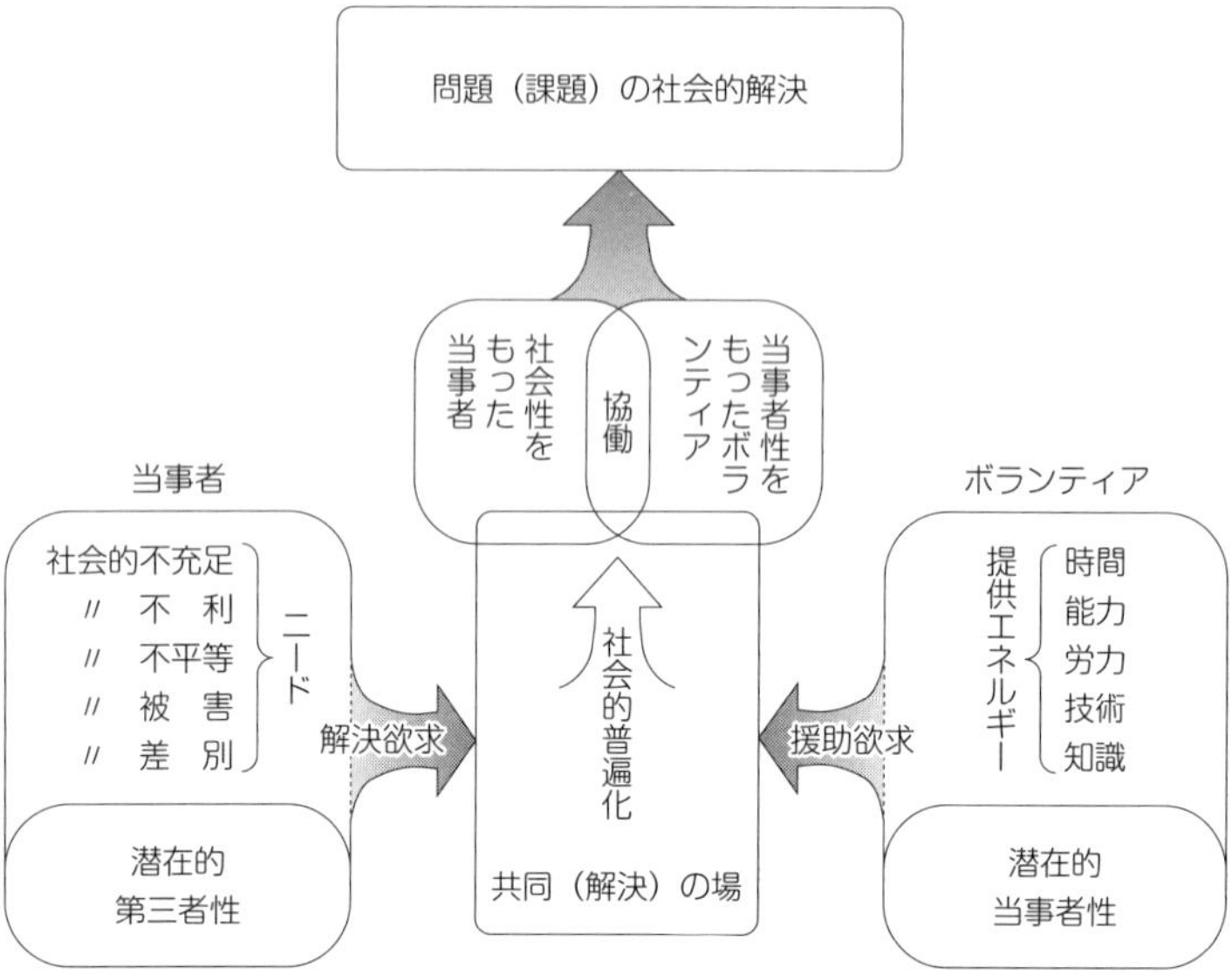


**図1　当事者性と第三者性**

所　社協とボラ協って非常に微妙な関係だったのじゃないかなと私は思います。私は堺市なので、直接的にかかわっていないのですけれども。大阪府や大阪市の社協さんを当時どう見てらっしゃったかというのと、私は、二〇〇〇年以降は社協の役割というのは、すごく変わってきたと捉えています。地域福祉推進における役割というのは、特に変わってきたなと思っています。そんな中で、当時の、六〇年代、七〇年代と今と。社協を見る目が変わってこられたのかどうか。いま特に、社協に求めることは何なのか。そのあたり、聞かせていただければありがたく思います。

金田　佛教大学の金田と申します。貴重なお話、感動しながら聞いていました。ボランタリズムの話や行政と自立した話ともつながりますし、ボランティアについての意思というところもあるのですけれども。

この制度の中で、特にいま介護保険制度の改変の中で、いわゆる地域の力みたいなことを、行政も求めている。一方で、プラスの意味で言うと、地域保障が進んでいくということの意味合いもありますけれども、先ほどの話にもありましたが、住民の力を活用すると言いながら、行政ですとか政府の枠の中で、地域活動ですとか市民活動みたいなことに押し込められていくという危機というか、そういうことを少し感じているのです。先生がおっしゃったボランタリズムのところで言うと、先ほどの、いつもおもてに出さないけれども、きちんと言わなければいけないということの時代の中で改めて市民活動ですとか、ボランティア活動ですとか、地域活動も含めて、どのように見ていけばいいのでしょうか。

岡本　そうですね。きちんと答えられるかどうか分かりませんが。一つは、社協をどう見ているか。社会福祉協議会も歴史がありますので。

一つは、やむを得ないというか、そういう行政との関係などでも、しがらみの中で皆、努力してみえたと思うのです。二回か三回位は、要綱のようなものを全社協で出しましたよね。ですから、それはそれで、一つの社協のあり方を、自分たちのそのときの状況の中で謳うというか、あり方を求めていくということだったと思うのです。僕自身は外側にいて見ているようなところがあるのですけれども、なかなか難しいとは思うのです。

実際、社会福祉協議会というのは、行政に一番近接した一つの立場です。ですからその関係性のようなものを、なかなか難しいというふうに、僕は理解しているわけです。難しい、で終わらないのですけれど。つまり、その中に何か、間をつないでいくようなものがあれば、社会福祉協議会のあり方といったものが守られる、育つという側面があるのではと思います。ただ僕自身は、どうもそこが、緩衝地帯みたいなものがないようなイメージがあるわけです。だからその点が、当事者の人たちにとっては非常に難しいというふうに思うのです。

一つの宿命かというふうに思ったりもしますけれど、どう考えるか。公と民と言ったときに、簡単にそう言うけれども、そこの接点みたいなものが難しい。どういうふうにそれを考えるかというのは僕自身もなかなか難しいなと思いながら、ずっと外側から見させてもらっています。

それから二つ目は、地域との関係というようなものですけれども、行政からの自立ということでしょうか。これもなかなか、府社協なら府社協や市全体を見た社会福祉協議会と、それから地区社協みたいなものと、あとは住民の中にもっと近接した社会福祉協議会というものと、それぞれ違うと思うのです。位置付けなり、性格というものが、違うというようなものだと思います。ですから、それは研究がどうなっているかなと思います。社協のあるパターンみたいなものの中で論理化していかないと、一緒にはならないのではないかというふうに、僕は見るわけです。

例えば大阪市と大阪市社協との関係などで言えば、非常に大きいですから。それはもう少し、行政とのせめぎあいというようなものも、密度が高いと思うのです。ですから、地域を離れていったときの社協というものとちょっと違うのではないか。だからそこらは、研究がどうなっているのかというふうに思います。そこは、機能的に言って研究なり、あり方みたいなものをもう少し明確化してみられないかな、という感じはします。ただし、原則論をしっかり立てないといけないと思うのです。やっぱり、行政ではないという原則論はきっちり立てないといけないというふうに思います。

だから設計というか、それぞれによって違うわけですが、行政とは違うのだということは、明確にする必要がある。そしてその違うものは一体何か。あるいは違う役割は何か。行政でできないものは何か、といったようなものを、もうちょっと明確化していけないだろうか、というふうに思います。

それからもう一つ出ていたのは、助け合いとボランティア、どう違うのか。これは、きれいに線が引けるものではないですが、助け合いと言った場合、社会性がそこまでは問われないのかなと。つまり、夫婦や兄弟との間柄のようなものから隣人へというように、関係性が広がっていきます。そういう助け合いという非常に情緒的だったり主観的であったりするものに対して、ボランティアといったものは、そういうところから離れていきます。

ですから客観的に、この人はこういうニーズがあって困っているのだという、そういう視点からボランティアは関わっていくということになります。そういうところで、両者は若干違うというような感じがします。ただ、ここは論理的にもう少し明確化できるのではないかなという感じはしますね。そんなところでしょうか。もう一つは住民の力を活用するということについてですか？

金田　そういう言葉が出てくるのが、いわゆる市民の資源化につながるというジレンマみたいな構造を、先生はどうお考えかというところが気になります。

岡本　前置きをきちんとして「活用」という言葉を使うようにしないといけないのではないでしょうか。「ここでは活用という言葉を使うけれど」とか、「失礼ながら」とか。前置きを少しするように。ただ、「活用」と言った場合に、どういうふうにするのかなど、もう少し手段化するという意味合いがありますよね。

金田　活用だったらいいのですけれど、「動員」という言葉を平気で使っているところ、ありますから。

岡本　ありますね。だから、「動員」という言葉も使わないほうがいいと思うのです。

金田　そうですね。

金田　「ボランティアの動員」とか、ケアマネジメントの研修などでは使っていますから。

岡本　「動員」という言葉は、私たちは戦争中のことを思い出すわけです。一つは戦争遂行のために動員して、手段化するというような意味合いがありますので。道具感というか。ですから、使い方はもう少し考えないといけないのでしょうね。そんなところですか。

上野谷　ありがとうございます。今ありましたように、「資源」という言葉が悪いとは、私は思っていないのです。この頃私も居直っていまして、「私も資源だ」と自分自身の表現にしています。結局、有益にというか。最もエンパワメントな資源なのだから、エンパワメントしていくというのが資源の一つである。

ただ、それが固定化し、手段化されたらたまったものではない。生かし合わないといけないわけです。原田正樹先生の言葉を借りると、スパイラルアップですね。お互いが刺激し合いながら、お互いが変化をする。発展というと、また発展とは目標は何か、と問われるので。変化をしながら、私たちはその変化をお互いが受け入れて、変わっていくことを認め合いながら、ということになります。目標にしているものにそれが寄り添っているのかどうかということを、確かめ合う関係を築くということがあります。やはりプロセスの中で、最後まで手段化して、上下関係がそこでつく、なんていうのは、ボランティア活動ではありません。

ボランティア活動と助け合いとは違うと思っているのです。ただ、ボランタリーな気持ちがなかったら、助け合いにもならないだろうとは言うのですが。

地域福祉の中で、住民が一緒にお互い、配食しあいましょうとか、声かけしましょうとか、見守りしましょう、というのは助け合いなのです、要するに。ボランティア活動の周辺、はっきり言ってしまったら。広くすればボランティア活動ですが、コミュニティサービスとも言えます。ボランティア活動と言うと、ある意味、公共性や社会性という言葉。先生は市民社会という。やっぱり公共性や市民社会を開くのだ、という民主主義の体現、みたいなものが含まれているのが、今まで岡本先生のご本やらを読んで学んだことです。

だから、二つ目には「参加する福祉」の体現者という意味で。先生が参加する福祉という言葉を使われた。それによって制度を変えたり、質のいいサービスをつくったり。だからもちろん、具体のサービス、介護保険にするからいかんのだ、というふうには思わないのです。しないと分からないから。しかし、ボランティアが介護保険の従事者になったら困るわけです。それを使いながら、このサービスが本当に当事者の自立にとって有用なのか、自立は六つある自立です（表3）。

それからもう一つは、ボランティアの意義というのは、この本にも書いていますし、渡したプリントの中でも、問題の社会的解決とか、共同という、当事者性を持ったボランティアになり、社会性を持った当事者になるという、この言葉が、私は大好きなのです。

私たちボランティアとか、民生委員さんも住民もそうなのだけれど、提供エネルギーを持った人で、それは時間や労力や知識、何かは分からないけれど、とにかく援助したいという Will があるわけです。援助欲求と、先生は書いているけれど。さっき言った主体性です。Will があって、ボランティアの一つの側面。しかし彼らと、潜在的に当事者性を含んでいると、先生は本で書いているわけです。

一方、当事者というのは、差別されたり被害を負ったり、不充足、不利があって、ニーズを持っている。これは単なる Want ではなくて、社会的に人間として、人間になるのに必要なものとしての need ですよね。このレベルでは、まだソーシャルニードではないのだけれども、しかし何とかしてもらいたいという解決欲求を持っておられて、その人たちは潜在的な第三者性なのだと。始めから障害者ではないし、二十四時間障害者ではなくて。車に乗るときや学校に行くとき、社会の側との関係で、ちょっと不自由なのだけれど、という意味合い。二十四時間そのときどきで、という意味合いにおいて、私たちは障害者という言葉を使わざるを得ないかも分からないけれど。ほとんどは、上野谷加代子は障害上野谷加代子なのだと。それが共同解決の場で、先生はそこにサロンや解決の場をつくりだして、社会的に普遍化していくということをとおして、共同して社会的解決にもっていくという。このサロンの中で何となく需給があって、助け合いがある。それだけじゃないのだというところに、この図のすごさがあって。私は基本、これで全てのものが説明できると学生には言っているし、これを改変して、枠組みを使って、博士論文に利用してほしいと言っているくらいです。

**表3　6つの自立**

| |
|---|
| ▶労働的・経済的自立 |
| ▶精神的・文化的自立 |
| ▶身体的・健康的自立 |
| ▶社会関係的・人間関係的自立 |
| ▶生活技術的・生活管理的自立 |
| ▶政治的・契約的自立 |

やはり助け合いとは少し違いますし、しかし社協としては、助け合いにどれだけ、このボランタリズムを浸透させていくかということにもなります。ですから私は、研修や福祉教育が大事ですし、そのモデルが必要かと思うのです。市民活動をして、ボランタリーな気持ちで、そして笑顔でやっているおばさんが登場して、ああいったものがボランティアなのだな、と思えるようなロールモデルです。それこそ、新崎先生がロールモデルだといつも言ってくれます。社協としてはそういうものをどんどんつくり、見せていくということが大切です。

青木　悩んでいたのですが、すみません。あえて上野谷先生がいらっしゃる前で怒られるのを覚悟で聞いてみようと思っているのですが。（笑）　さっき金田先生がおっしゃっていた、制度の枠に住民の力とか、サービスの担い手などとして組み込むと言われているのですが。

そういうときに、改めて有償ボランティアという言葉を、結構使い出していまして。当然それについては、使わないというような社会福祉協議会の不文律にはなっているのですけれど。一部やはり、社協や行政では使っています。住民にそういう助け合い活動に入ってもらうにあたって、有償の助け合いとか住民参加型在宅福祉サービスが伝わらない。だからあえて、有償ボランティアという言葉を使ったりもしているのです。住民からすると、比較的社会参加するきっかけになるから、青木さんが言うほど、そんなにこだわる必要はない、というふうに言ってくるワーカーもいて。

そのあたり、私は当然使わないし、使わないということにしてはいるのですけれども、ボランティアという言葉を作ってこられた方からすると、そこを上手く活用しているような、利用しているような側面も感じる部分もあって。その言葉について、改めて今、どのようにお感じになるか、少しお聞きしたいと思います。

上野谷　大阪市域ではよくつかわれている言葉です。人材派遣から女性問題で頑張る人たちからしても、いわゆる低賃金、アルバイトのお金を差別させているということについての議論もあれば、有償ボランティアということで喜んでいるのは、女性が多いのです。私は当時から、これは女性をばかにしたシステムだと言っています。ただし、大阪のおばちゃんと称される婦人たちは、「ええやないの、みんなやんねんから。細かいことごちゃごちゃ言わんと」と言うのです。だけれども、そのことによる負荷が、制度派や政策から降りてくるから、自分たちにまた戻ってくるわけです。はっきり言って、行政が有償ボランティアとして、政策化することには魂胆があるわけです。

それがなければ、まともに人を雇うか、アルバイトか嘱託か、何かにしたらいいだけであって。それか、事業費として何か別のお金で出していいわけだから。私は行政が、何で有償ボランティアをやりたいのかというところを議論したほうがいいと思う。社協が有償ボランティアしてくださいなんて、誰も言わないのですから。みんな行政からの総合サービスとかで、セットでくるわけだから。私は、今踏み外したら、これは今まで築いてこられたボランティア協会や、先輩たちの役割を踏みにじることだということで、悩んでいましたけれど。

**司会**　現に有償ボランティア連絡会というのが、大阪府域・市域から始まって府域も、いま一緒になってあるのです。ちょうどその隙に、さっき出ていた住民参加型在宅福祉サービスという名前が、全社協のほうから出てきた時期でした。私はその時期社協職員だったので、有償ボランティア団体連絡会という名称は、やっぱりよくないのではないかということを、発足のメンバーのときに言ったのです。それも全く行政とは関係のない活動で、民間の有償活動なのです。それに関わっていた人たち、特に大阪の婦人たちですけれども。

私たちは有償という、お金をもらうということが、例えば障害者とか高齢者に対しての活動の、一つの潤滑油としてのお金であるわけです。本当にやってもらいたいことを要請したい。そのために幾ばくかの、昔はコーヒー一杯の値段のお金でしたけれども。その人たちはそれで生活をしているわけではありません。生活費に充てているわけではないのです。だから有償と言われようとも、マインドはボランティアなのだと。ボランティア精神でやっているので、私たちは有償ボランティアというふうに言いたいのだ、という方々の力に、私は負けたのですけれども。

それがいまだに、有償ボランティア連絡会というのは残っているのです。有償ボランティアというネーミングにも引っかかっているのですけれど。今も市社協で事務局をやっているのです。有償ボランティア連絡会というネーミングが、今も続いているという、そういう歴史的な流れになっています。

男性E　ボランティア支援機構大阪というのを立ち上げるときに、いま社協の力って、所さんが言ったけれど、問われているけれど弱くなってきているところがあるのではないかな。それは、ちょっと分析すると、いわゆる四つの構造というので、そのとき考えた。山縣（文治）先生の考え方を利用して。

つまり一つは、申請制度という、当事者家族が、要はしっかりと意識を持って、制度としての福祉。そこから漏れているところの中で、コミュニティ・ソーシャルワークのように、アウトリーチという、当事者は必要性を感じていないけれど、周りの人たちとか専門職が、必要だと思うところの支援をするという、新しいアグレッシブ・ソーシャルワークみたいなところが二層になって、本来社協というのは、地域の主体形成というところでいうと、住民の主体形成をする。それから、ボランティアセンターとして全く無関心層、それが広がっているのがすごく大きな問題だと思うのですけれど、そういう無関心層を、どんなふうにコミュニティワークの主体形成に持っていくかという、大きく分けて四つの層があるのですけれど。いま、申し訳ないけれど社協が行政化するというか、縦割りで。社協自身が総合性を生かし切れていないのではないかというところで。

だからそういう意味で言うと、自分はボランティアセンターの担当とか、僕はコミュニティ・ソーシャルワークの担当とか。何か日常生活、援助事業の担当という形で、総合的に地域の、主体形成を図っていくという意識がちょっと持ちづらくなっている。逆に言うと、アイデンティティを持てていないところに社協のしんどさがあるし、それをしっかり打ち出しているところは社協というのが注目されているみたいな意識が、あると思うのです。ですから、そういう意味で言うと、その辺りのところが社協の、一つの岐路に立っているところなのかなと。大阪の場合で言うと、今プロポーザルというすごくきれいな言葉だけれど、確実に下請化が行政からされているというところに、この支援機構というのは問うていこうという意識だと思うのですけれども。そんな意識があったなというのを、今のお話を聞いていて思いました。有償化とか資源化とかというところとつなげて見ていくと、そこら辺の部分というのがちょっと感じたところです。さっき上野谷先生がロールモデルというお話をいただいたのですけれど。

今日、所さんも来ているけれど、堺も社協と行政のあり方というのが、僕は、今すごく、東大阪でヒントにさせていただいている。つまり、行政っていろんなところに目配り、気配りをしないといけないというところはあるのだけれども、いわゆる一般コミュニティでいうと、すごい行政というのはしっかりやらなければいけないのだけれど。福祉コミュニティという、障害とか生きづらさを抱えている子どもの貧困とかという問題については、やっぱりNPOとか専門店のほうがしっかりできる。だからそこの間に入って、先生、桃山学院におられたときに、やっぱりきっちりと行政と向き合って、ここが必要だと言って、そのとき社協を使い、という。あの関係づくりというのは意識されていたと思うのです。だから、その辺のところをもうちょっと詳しく聞きたいなと思って。

上野谷　これは、第二次世界大戦後の日本の社会福祉協議会を含む、社会福祉法人の成り立ちとの関係で、すっきりいかないのです。いわゆる憲法八九条の、公のお金を直接民間に使えないということです。例えば、戦前は、ある知事さんや政治家が、裁量で好きな民間施設に資金配分できていたわけです。いま考えたら変な話ですね。ただ私たち、よく議論をするのです。これがスウェーデンだったらどうか、アメリカだったらどうかと。官と民間の緊張関係はきっちりとっていますよね。民間はものすごく大きな資金を、寄付という行動でもって、一つの町くらい作れられるくらいのお金が集まって、町の改善をしていくわけです。コミュニティ・オーガナイザーやボランティア・マネージャーを雇います。日本は独特のもので、そのときに社会福祉法人というのをつくり、工夫をしたわけです。そのときの社会福祉法人、社会福祉協議会は、民主主義を重視し、農村の民主主義を言って頑張ったり、学校教育もグループ教育で、私もずっと、ディベートの練習をしたり、ものすごく民主的な教育をされたわけです。

それが、その後、社会福祉法人の施設がある意味勢いづいて、どんどん守られすぎて閉鎖的になり、入居している人のことだけ考えたら良いようになってしまった。それも公金、全部公金。社会福祉協議会とはちょっと違って、措置時代の特別な社会福祉法人ですから。それはそれで、また流されてしまったのかもしれません。お金の話との関係で言うと、市民の税金ですから、一度市で集めたものを社協の福祉事業に使うために、社協に補助金としてお金が流れることは当たり前になっているし、もう当たり前なのです。堺市社協の動きが素晴らしいのは、税金を使って当たり前という運動を、きちっと行政や市民に対して、特に民生局だけではなく、財政部や企画部に、お金を出して当然でしょうというモデルですね。その実績をエビデンスに基づき提示してきたことです。そういう動きがない中で、大阪府社協、大阪市社協も、もしかすると、向こう（行政）から出てくるのを待つというような体制になってしまったのではないかと。

やっぱり行政の中にもいろいろな行政があり、社会福祉協議会の中でもかなり対峙しながら、一生懸命説明し、議会を変えて、分かっていただいてやっているところだって現にあるとしたら、同じ法律で動いているのに、どうしてできるところとできないところがあるのかが、私はむしろ、社会福祉協議会の現職員に問いたいです。みんなができないのなら分かるけれど、結構できているところもある、大阪府下でも。元気なところもあれば、元気でないところもある。市だって区役所の区社協として頑張れるところもあるし、あかんところもあるのは何なのか。同じ法律で動いていて。人なのか仕組みなのかというところを、もう一回問い直す。そのときにやっぱり、ボランタリズムの重視です。職員のボランタリズム。市民のボランタリズム。

岡本　お金にはあまり近付かないほうがいいのではないですか、ボランティアは。（笑）

男性F　ファミリーサポート・センターなどを見ていましたら、やっぱりやりがいと言うのですか。自分の経験してきたことを次に伝承したいと思います。この活動の中で自分は、昔は親に手伝ってもらいながら育児をしてきた。ただ、今はそういう時代でもない。だから伝承したい。そういうのはすごくあるのです。

ただそれが、先生が言われるように、それが社会的な方向に向いて、何か問題を発信したりなどというのは、なかなか難しいのですけれど。ただ、そこはコーディネーターとかファシリテーターの役割かなということで。うちも、社協が全部やっているのですけれど。その定例会というか、個別に会話をしながら、いろんな課題が出てくるので。やっぱりつなぎ手とか、その辺がいるのかなというのが。

上野谷　そう。サポートセンターを否定しているわけではないです、もちろん。地域における課題の気づきや他者、他団体とのつなぎをつくること、そこが社協にやや欠けているのだと思う。

男性E　それと、本当にボランタリーというか、ボランティア精神というのが弱くなってきているような気がします。事業をやっていても、偽善者とか、平気でそう言う学生がいるとか。すごくジレンマみたいなところがあります。そこをどんなふうにして、連帯という枠組みを広げていけるのかみたいなところ、やっぱりロマンティシズムが必要だと思うのですけれど。ロマンティストの岡本先生、どうですか？

もともと日本の国って憲法二十五条。市民は福祉イコール二十五条ということで、それ以外の十三条とか、そういう連帯とかというところ、あんまり問わないですよね。高校の先生なんかもそういう意識が強くて。そういった中で、やっぱり福祉教育は専門職がやるものとか、自分たちは問題、関係ないという無関心化、どんどん広がってきているのが、すごく危機感があって。それに対して今、僕らみたいなボランタリズムに共感する人が、昔は良かったじゃなくて、それをどう今度は若い層に広げていけるのかは、すごく危機感を持っているのです。先生、どうやってもっと若者とかに、またメッセージとして、次の世代にボランタリズムとか連帯を広げていくための、何かこんなのをしたらどうや、みたいなのがあれば聞かせていただきたいです。

岡本　僕は課題性だと思うのです。社会的課題性というのかな。そういうものをやっぱり見つけだしていくというか。課題性に取り組むということが、ボランティア活動の場合には非常に重要だと思うのです。ところが課題が見えない、現代社会は。だから僕は、一つはそういうのは、国際的なものかなというようなことをふっと思ったりもする。ベトナムに行こうやないか。しかし、ただ行ったって分からないから、誰かが行ってベトナムのこういう問題があるから、二〇人なら二〇人で行こうやないかと。それに対して金を集めるのにどうしたらいいか。企業からとか、いろいろ募金をするとかいうふうに。そこからいろいろ、課題性みたいなものをどこかで見つけていかないと、人は動かないし面白くないと思うのです。だから今の社会というのは、課題性が非常に見つけにくい社会だと思う。

だから今日、先ほどの中国なら中国の関係、中国は一体何に困っていらっしゃるのだろうかとかね。やっぱり行ってみる必要がある。それで、そこでプログラム化したり、資金の問題とかいろんなものを考えていく、というふうなことで、もう少し僕は、グローバルな視点をボランティア活動というのは持たないと駄目な時代が来ているのではないかな、という感じがする。

この中だけだったら、日本の国だけだったら、非常に平等で障害者問題だって、高齢者問題だって、元気な高齢者が多いなど、問題がないわけではないですが。

男性E　いま、子どもの貧困とか、そういったところでは割と広がってきているというところはあると思います。確かに、課題性という意味で言うと。

岡本　だから課題性というようなものを、なかなか日本の中では、いま見つけにくいみたいなところがあると思うのです。だからこそ先駆的に言えば、やっぱりベトナムに行くとか、フィリピンに行くとか。いろいろこの中から先遣隊みたいなものを何人か、三人位でペアになって見てくる。それで具体的に、そこでプログラムができるのかどうかとかね。そこでやっぱり、これは日本として必要だという、アピールをしていく。それから金も心配しなくていい。これはどこの企業が出してくれるのだから、とか。それで募集していく。向こうでいいプログラムを作ってくれれば、また帰ってくる。そういうもうちょっと国際性みたいなものかな、とおぼろげながらそう思うわけ。分かるかな。

上野谷　課題が見えにくくなっているというのは、それと裏腹に共感性の欠如というのが言われているわけです。いろんな本を読みますと、やっぱりボランティア活動に参画する人というのは、宗教性と共感性と、それから社会化理論と言うのですけれども、一つの成熟した人間としての、社会化されているというのです。

それは家庭教育やら地域の教育やら、学校教育によって社会化している。だから学校教育はとても大事です。やっぱり一定程度、いい道徳教育はいいものとして、教育していただいた場合には、かなり効果が出るというビッグデータの調査結果が出ています。

もう一つはやっぱり宗教性です。宗教性というのは別に、クリスチャンになれとかではなくて、自分一人で生きていない。生かされているという感覚は、さっき先生がおっしゃった、真言仏教の中でキリスト教者として、しかし先生、お祈りは私よりしていないと思うぐらいに（笑）。だからやっぱり、そういうものが幼少時期からあり、それを継続するもの、何か。それは別に鎮守の森でもいいし、家の柱でも構わないし、という話です。

もう一つはやっぱり共感性みたいなもの。これも、ああいうときの人間は泣くんだとか、ああいうときは怒るのだというのは、やっぱりモデルがあるわけ。むやみに怒っているのではなくて、子どもが倒れて何かしているときに、誰か駆け寄って「大丈夫？」と言っている。自分も大丈夫か、と行きそうになって、これはいいのだと。あのとき泣いている、私も泣こうと思っていたけれど、我慢していたけれど、泣いていいのだとか。そういうこれも、ロールモデルなのです。やっぱりそういうことが地域社会の中できちっとつくられるというのが、ボランタリズムの始まりになると思います。私は地域の助け合いをなぜ大切にするかというと、近隣のおばさん、おじさんと一緒に地域清掃に行くとします。それはボランティアと思っていないけれど、ボランティアへの道につながります。

だから福祉教育が大事であって、ボランティアになっていってくれるだろうと信じているし。大阪ボランティア協会が成功したのも、やっぱりそこに原点があると思っています。学習性です。大阪ボランティア協会は、あらゆる階層の人、あらゆる団体が出たり入ったりするから、ロールモデルの宝庫です。すごい、障害者の人があんなにしてしゃべっているとか、寝ながら足で料理しているとか。始めはびっくりしますけれども、学校に障害者がいない段階（義務教育免除）から、牧口一二さんはあんなふうにしているのだと。テレビにも出られるのだということを実践してきたわけじゃないですか。それを柴田先生や岡本先生たちが、普通の顔をしてびっくりしない。私が一番困ったのは、私はびっくりしているわけです。私なんか始め、どうしよう、あんなにすごい人がたくさんいるところで、と顔が引きつりましたよ。今だから言えますけれど。だけれど、そういうことを積み重ねていくというのが、町のボランティアセンターだし、大阪府社協も大阪市社協もそうあってほしい。

だから大阪市のボランティアセンターが、やっぱり一部の人だけのものになっていたらおかしいわけで。少々、右でも左でも。そんな言い方は古いのですけれど。あらゆる人に入ってもらうことができるようなセンターに、まずはすることです。出入り自由。去る者は追わず、来るものは拒まずというようなものが、まだできていない。二四区のボランティアセンターに比べ市社協のボランティアセンターは、ややですけれどいろんな人が来ている。そういうことが住民にとって大事なのではないかなという気がします。今日、先生のお話を聞いて。

やっぱり学びというのが大きいと思う。共感するという。それと宗教性。大きい意味での宗教性。これは、ご飯食べて、ありがとうはごちそうさま、だし。やっぱりいろんな行事に出て行くのも大事なことだと思います。

岡本　僕は、今日話しながら、いろいろ悩んでいるというか。僕らがやってきたボランティアの役割と、今はだいぶ変わってきているのではないかという感じがするのです。それで、やっぱり社会福祉協議会なんかの場合では、現代のボランティアの役割というのは、一回やっぱり、それぞれの社協の中で講座をやる前に、ボランティアに行って、何かボランティアの話、一般論をするのではなくて、ボランティアの役割、現代社会ならでしょう。今のボランティアの役割、施設では一体どんな役割が喜ばれるのだろうかとか。障害者にとって、整肢学園でのボランティアの役割というのは一体何だろうと、分析する必要があるのではないかと思う。そして、それをプログラム化してみるというか、一般論でボランティアを集めるのではなくて、もっと個別性を持たせたらどうか。

それを今の社会福祉協議会のボランティア担当者は、怠けているのではないか。もうちょっと緻密に考えてみる必要があると思います。それじゃあ養護施設なら養護施設に行って、どんな活動が必要なのかというのを、行ってプログラム化していく。施設の先生と一緒に。そして、その上でボランティアを集めていく。こういうボランティアなのだ、という呼びかけをするなど、そういうトレーニングなり講座の中身なりが大切です。

だから、今までの僕らがやってきた一般的なボランティア論の時代と、今ではボランティア活動は違っているのではないかという感じはするのです。僕の受け止め方は。いかがですか？　先生。いまの福祉理論、ボランティア理論を僕はやっぱりもうちょっと詰めていく必要があるのではないかと。各論的というか、専門的というか。

それをやらないと、ボランティアの活動に結び付けられないのではないかかな。

男性G　今日は自彊館の青山さんが、この一一月から施設の中でボランティアセンターをつくられるということで、今日もお越しいただいている。そのあたり、ちょっとご発言いただきたいなと思うのですけれど。

岡本　自彊館からみえているのですか？

青山　社協さんのお話しがいろいろ出ていて、岡本先生の最初のお話のところで、コーディネーターをされるにあたって、各施設を回ってその施設でどんなボランティアが必要かというのをコーディネート、最初にされていたというところの、機能的なところが、残念ながら、社協さんのボランティアセンターの力が、だんだん弱くなってきていると思えるのです。各施設と各地域とかでは、ニーズとかあると思うのですけれども。そこのところが、残念ながら足りないというか、できないのかなというのが、社会福祉施設としてはずっと思ってきたところなのです。

一方で、地域包括支援センターであったりとか、地域のその辺りのニーズであったりなど、力を持っていらっしゃる方とかのハートみたいなものは、地域にある社会福祉施設のほうが社協さんよりもよく分かっている部分というのが、かなりあるなというのが、自分も包括支援センターのブランチというところで仕事をしているのですけれども、自分が担当することについては、他のどの相談機関よりも自分が知っているな、という自負がありでます。その中でいろんな活動をされたら、もっと輝かれる方がいて。その受け皿というのが、地域にもっとあったらいいなという思いで。

今ある社協さんのボランティアセンターの、サテライトではないですけれども、地域のところを一個一個回っていくというところが、ずっと待っていたのですけれども、できないという事情があるのならば、現場のほうから、「こういうのができるよ」という形で社協さんのほうと一緒に提示してやっていったら、社協さんのほうがもっとそこを担ってくれるようになればいいなという思いで。

一一月かな、本当に近隣の所だけなのですけれども、地域住民の方にボランティア活動についての啓発であったりとかというのを、先生のお力も借りながら、近隣施設とも協力しながらできたらいいな、と思って始めようと思っております。

上野谷　なるほど。しびれ切らしちゃったわけだ、施設が。

青山　施設の事情もあるのですけれども。

上野谷　社会貢献の時代ですからね、施設。どんどんやりだすと思う。岡本先生の「なぎさの福祉コミュニティ理論」ですよ。

岡本　僕が昔、コーディネーターの講座をやったとき、自彊館の方も来ましたよ。

青山　ありがとうございます。

岡本　自彊館で学んだのは、自彊館の礎を築いた吉村敏男さんという方は傘を差さなかったという話があります。知っていますか？

青山　傘を差さない。濡れてもいいということですか？

岡本　自彊館を使っている人は傘なんて持っていないというわけ。だから、その人の立場に立つために、わしは傘を差さんと。そういう信念を持ってやりはったということを聞いたから、感動したのを覚えている。

上野谷　施設の側がそういうことをおやりになったほうが、よく分かるのだという。自彊館は大阪の中でも、また滋賀県高島にも自彊館がありますが、よくやっておられて、大変な状況の中で一つ一つやっておられて。全社協も必ず新人採りましたら、自彊館に勉強、一年間行くという施設ですが。案外私も、大阪の自彊館。前は通っても、研修室に入っても、施設が何をしてらっしゃるか、知らないですね。

岡本　現場に行かないといけませんよ。大学の先生が案外行っていない。学生を送り出しているけれど、行っていないわけです。本ばっかり読んでいる。

上野谷　やっぱりそれは怠慢ですね。私なんかもそうですけれど。（釜ケ崎の）三角公園へ行って、支援センターみたいなところに行っても、卒業生を出していて。自彊館は会議室に行っただけですね、私は。会議室は通ってもね。代々の吉村先生のお名前がありましたけれども。ずっと勉強なさるのです。私たちの研修や講演でも、私がしゃべっていても、前で聞きはる。あの熱心さは本当にすごいです。どなたの講演も真剣に聞かれていました。七〇になっても八〇になってもそうです。ああいう人になりたいなと思うぐらい、すごい方でした。また昔話になってしまいますね。（笑）

男性D　岡本先生のお話でいくと、うちの歴史的なプロセスとしては、九〇年代に入ってから種別のボランティア講座をやった。パソコンの講座とか。それまでは今おっしゃっている、一般のボランティア講座だったのですが、パソコンとか日曜大工の講座。そこで別の層が参加してくれればいいかなと思ってですが。

二〇〇〇年代に入ってから、うちも講座というものから遠ざかっている現状がある。そういう意味の工夫を、コーディネーターは、いま何が要求されているかということを研究しながら、いま必要なボランティア講座を構築していく必要があるというふうには思いました。

上野谷　そうですね。多分、滋賀のこども食堂でも、人がたくさん集まってくれるのは、アクションリサーチみたいな感じ。やりながら講座をするというのが、結構お客さんが来はる。だから、最初におっしゃったワークショップ的な演習みたいなものをやりながら、来月こんなことやってみようとやる。こども食堂やって。またその結果を共有して、やりたい人は集まれ、みたいな。そういう感じが求められているものなのかな、という感じがします。その中で不登校の子の話が出てみたり、発達障害の子の話が出てみたり。いろんな親の苦労が出てみたり。

そこに保健師や、ソーシャルワーカーが関わる。スクール・ソーシャルワーカーも必要だしというふうに、ネットが広がっていく、みたいな。

男性Ｅ　社会福祉がもっと社会教育とつながらないといけないのではないかな、といま僕は思っているところです。社会教育でいうと、アクティブシニアとか、生涯学習なんかでもすごく言っているけれど、福祉の世界であんまりその言葉、使わない。もっと主体的に活動をすることが自分のメリットになるとか、成長につながるという発想じゃないところで言うと、社会教育のほうが当事者を元気にさせるというか。そういう発想があるから、もっとそこが学際的というか、重なっていくといいのだろうなと。

上野谷　そうですね。結構社会福祉系の先生が、面白くないらしい。反省しないと。

岡本　ボランティア学習学会というのがありますが、あれはかなり頑張っているのですか？

上野谷　頑張っています。この雑誌は好評です。福祉教育・ボランティア学習学会監修『ふくしと教育』です。

岡本　そう。ちょっと僕は遠ざかっているけれどね。学習というのは身体なのです。福祉教育というのは身体から学んでいくというような発想をしていかないと、頭だけではあかんのです。それと、みんな喜ぶのです。身体で学ぶというようなこと。身体で勉強していくわけです。そういう工夫を、もっといろいろしてみたら、若い人たちが生き生きしていくと言いますか。そうじゃないかなと僕は思う。身体でもっと学ばないといけません。

上野谷　先生、そのあたりを非常にこだわって、研究されていた時期がありましたね？

岡本　あった。身体論というのを出して。

上野谷　そう、身体論。

岡本　身体論というのは面白いのです。頭だけじゃあかんのです。身体論、身体が考えるのです。これがやっぱり、ノーベル賞につながるかもしれない。

上野谷　日本福祉教育・ボランティア学習学会というのがありまして、いま会長は原田正樹先生です。その前は、神戸大学の松岡（広路）先生。その前が私です。

学術誌以外に、この『ふくしと教育』という雑誌を出しているのです。事例も出て素晴らしい。現場と一緒に福祉を学び、創っていくという自治体もあります。この雑誌を教育委員会が買い上げ、小・中学校に配布しているのです。福祉教育・ボランティア学習に熱心な自治体もあれば、全然のところもあります。ぜひ、大阪市・区においては教育委員会と結びつきながら実践している地域もあるわけですから、もうちょっと、ボランティアセンターも踏み込んでもいいのかもしれません。何か強みをもちたいものです。

話は拡散しましたが、岡本先生とご一緒に、たっぷり三時間。ボランティアについての議論ができましたことを、感謝したいと思います。岡本先生、改めましてありがとうございました。（拍手）

# 2　岡本榮一先生から学んだこと──第Ⅰ部解題に替えて──

牧口　明

## はじめに

私が岡本榮一先生と出会って、今年（二〇一八年）でちょうど五十年を迎えた。初めてお会いしたのは、私が大学に入った年（一九六八年）の四月下旬のことである。大学の先輩の誘いにより、当時大阪市西成区にあった社会福祉法人大阪キリスト教社会館に出向いた折りである。私はその後、この社会館の事業の一つである「西成児童館」のボランティアとして児童館や社会館と関わることになるのだが、その児童館の館長をされていたのが岡本先生であった。以来今日まで、先生から（あるいは先生を通じて）学ばせていただいたことは多くあるが、ここでは前章での論議も踏まえつつ、いくつかのテーマに絞って述べてみたい。

## 1　民主主義における手続きの尊重──参加民主主義について

民主主義をどのように定義するか、性格づけるかということについてはさまざまな意見があるが、私は民主主義というものを三つの要素で考えている。一つは、民主主義の一番基本になければいけないと思われる「基本的人権の尊重」。二つ目は、これも民主主義を成り立たせる上ではずしてはならない「参加の保障＝手続きの尊重」。そして三つ目が、当面の方針を決定するための「多数決原則」である[(1)]。

このような私の民主主義観のベースには二つの体験からの学びがある。一つは部落解放運動との出会いであり、もう一つが、岡本先生が築かれた、大阪ボランティア協会における参加民主主義（「参加システム」と呼ばれる）の実践である。

先にも述べたように、私が岡本先生と初めて出会ったのは、先生が館長をされていた西成児童館（大阪キリスト教社会館）でのことであるが、その児童館は被差別部落のただ中に位置していた。ちょうど、一九六五年に「同和対策審議会答申」が出され、それを受けて一九六九年に「同和対策事業特別措置法」が制定される時期で、戦後部落解放運動の高揚期であった。その部落解放運動との出会いから私は、民主主義における（特にマイノリティの）基本的人権尊重の大切さを学んだ。そのことを私は、自身の人生の中で貴重な学びであったと思っている。しかし、私がもし、民主主義における「基本的人権の尊重」原理しか学ばなかったとすると、私の民主主義観はいささか痩せた、豊かさにかける民主主義観に留まっていたかも知れない。

その私の民主主義観をより豊かなものにしてくれたのは、岡本先生に導かれ、実践されていた大阪ボランティア協会における「参加システム」の実践であった。民主主義における「参加」＝「手続き」の大切さについて先生は、その名も『ボランティア＝参加する福祉[(2)]』という著作の中で、次のように述べておられる。

「ボランティア活動は民主主義であることのあかしとして存在します。それは主権在民ということをあらわしています。主体的に一人ひとりが尊重されると同時に、一人ひとりの参加によって社会を形成していこうということです。（略）このような民主主義の原理、方法や手続きをボランティア活動の実践に生かしていくことが、すなわち自分たちの生活を守ることにつながり、民主的社会づくりに寄与することになるのです[3]」

このような論説は、必ずしも岡本先生独自の考え方ということではなく、むしろ多くの論者が述べていることである。先生がすごいと思えるのは、ともすればお題目だけに終わってしまいがちなこの「参加」民主主義を、ボランティア協会をはじめ、多くの現場で実践してこられたことである。その代表例と言えるのが、一九八一年五月に採択された「大阪ボランティア協会基本要綱」の策定過程である。

この要綱づくりは協会発足八年目の一九七三年九月から始められ、足かけ九年の歳月をかけてまとめられた。その間に幾度もの小委員会での審議と、「協会（の方向性）を考える会」という名の公開討議が積み重ねられた。採択まで余りにも長い時間がかけられたために、小委員会のメンバーは幾度か入れ替わったし、議論も行きつ戻りつしたけれども、委員会審議と公開討議のキャッチボールによって多くの関係者が論議に参加し、それぞれが「自分たちでつくった基本要綱」との意識を共有でき、主体的にその内容を受けとめることができたのではないかと思う。当時私は、そこに岡本流参加システムの醍醐味を感じとり、私の民主主義観に「参加の保障＝手続きの尊重」という要素を、自信を持って加えることができた。

## 2　ノーマライゼーションと当事者主体の福祉論

### 「福祉は階段にあり、トイレにある」

私は専攻が社会福祉ではなかったため、先生が折に触れて話してくださった社会福祉や地域福祉の知識や思想、理論などは、全く学んだことのなかった知識であり、思想であり、理論であった。

その中で今でも鮮明に覚えているのは、社会館（児童館）での何かの会合（飲み会？）の折りに、その場にいた若い職員やボランティアに対して「君らは、福祉というのは施設にあると思っているかも知れないけれども、それは違うんや。福祉というのは、本当は階段にあり、トイレにあるんや」とおっしゃった言葉である。ノーマライゼーションという言葉とその思想が多くの人に知られるようになった現在なら、それはバリアフリーのことを言っておられるのだということを多くの人が理解できるだろうが、五十年前の日本では、一部の専門家を除けばほとんどの人はそうした言葉も思想も持ち合わせてはいなかった。

しかし私は、この言葉にさほどの違和感を覚えることもなく、比較的すんなりと納得させられたことを覚えている。そこには、十一歳年長の兄がポリオの後遺症により松葉杖での生活をしていた影響もあったかも知れないが、もう一つ、当時全国の大学で高揚していた大学闘争、さらに言えば、その活動家たちに影響を与えた吉本隆明の思想の影響があったように思われる。

よく知られているように、この時期、大学闘争と並んで高揚していた運動にベトナム反戦運動があった。戦後の日本では、原水禁運動をはじめとしてさまざまな反戦・平和の運動がおこなわれてきたが、その多くは「二度と戦争はこりごりだ」という被害感情か、戦時下にある人びとに対する「気の毒に」との感情に基づくものであったように思われる。私は、そうした感情を基におこなわれる反戦・平和の運動を決して否定はしないが、この時のベトナム反戦運動にはそれを許さない日本とアメリカとベトナムの関係があった。すなわち、ベトナム戦争はアメリカと南ベトナム解放民族戦線および北ベトナム（当時）との戦いであったが、日本は決して中立であったわけではなく、派兵こそしなかったものの、アメリカ軍の後方基地としてこの戦争に加担し、おまけに、「ベトナム特需」と言われた金儲けすらしていたからだ。

このような関係の中で日本人がベトナム反戦に取り組むとすれば、それまでのような被害感情や「気の毒に」との感情に基づくものではなく、加害者の側にいる人間として何をしなければならないかが問われたわけである。そして、その答えが、「日本人としてすべきことは、日本政府によるベトナム戦争への加担を止めさせること」「そのために闘うこと」、さらに言えば、そのために、学生は学生の立場で、研究者は研究者の立場で、勤労市民は勤労市民の立場でなすべき闘いをする、ということ、平たく言えば、「自分の足下の課題と向き合う」ということだった。そして、このような考え方のヒントとなるような思想を、六〇年安保闘争の体験を通して語っていたのが吉本だった。(4)

大学に入る前に吉本の著作に触れていた私は、岡本先生の「階段やトイレに福祉（課題）がある」との言葉を、このような文脈の中で、福祉課題を自分の生きている場から離れた施設に「発見する」のではなく、自分が日常暮らしている生活の場にある階段やトイレに見出さなければいけないということなのだと受けとめたのである。このような受け止め方は、先生の言葉をノーマライゼーションの「岡本流表現」として捉えるなら、やや正規の軌道から外れた理解の仕方だと思われるかも知れないが、ノーマライゼーションの思想が元々、提唱者であるバンクミケルセンの、反ナチ抵抗運動による収容所生活から来ていることを考えると、あながち外れた受け止め方とも言えないのではないかと思うのである。

## セツルメントの4段階発展論

次に先生から学んだのは、「in　for　with　by」という、セツルメントの4段階発展論である。セツルメントはよく知られているように、一九世紀後半のイギリスで開花した地域福祉実践であるが、「not money but yourself（お金ではなく貴方自身を）」の言葉で知られるように、オックスフォード大学やケンブリッジ大学などの学生や教員が、当時「東ロンドン最悪の貧困の地」と呼ばれたスラム地域に住み込み、その人格的影響力によって住民の生活の改善を図り、地域の福祉の向上をめざしたものであった。

先生はこのセツルメント実践の発展段階について、先ずレジデントと呼ばれたセツラー（学生や教員など）が地域に移り住む（in）段階、次に、彼らが地域の課題を見出し、その課題の解決に向けて住民のために（for）活動する段階、さらに、住民を一方的にサービスの受け手に留まらせず、彼らとともに（with）課題の解決に取り組む段階、そして最後に、地域住民自身の手によって（by）課題解決が図られる段階の四段階を示され、課題解決が最終的に、当事者の手によってなされなければならないことを説かれた。

この当事者の主体性重視の考え方は、岡村理論の「四つの原理」[5]にも通ずるものであるが、先生の一貫した社会福祉に関する考え方であると言えるだろう。

なお、最近先生は、この「in　for　with　by」という概念を、ここ十年余り提唱されている「なぎさの福祉コミュニティ論」の中で、上に述べた文脈とは異なった文脈で使用されているのだが、社会福祉の援助論として最終的にめざすべきは「当事者による問題解決（by）」であるという視点は一貫しておられる[6]。

## 3　アクション型ボランティア活動と「公私分離・協働」の原則

前章の「5　ボランティア活動の原点」で先生は、ボランティア協会を拠点に活動（運動）した2つのアクション型ボランティア活動について述べておられる。中でも、「誰でも乗れる地下鉄をつくる」運動[7]は、部署が違うとは言え、協会が事業受託等で協力関係にあった大阪市（交通局）に対する、当時は「とんでもない」とさえ思われるほどの要求運動であった。下手をすると市（民生局）との関係が悪化し、事業受託が打ち切られてその分の収入が打ち切られるかも知れない活動（運動）だった。協会では、企画運営委員会での論議を経て「例え協会が不利益を被ることがあっても同会の運動を支援する」ことを決めた。

前章で岡本先生が控えめな形で語っておられるように、案の定、同会による対交通局交渉が積み重ねられていたある日、市民生局から先生に呼び出しがかかった。その折りにどのような話し合いがなされたかは詳らかでないが、民生局の担当者が交通局の意をくんで、明言はしないものの「運動を止めさせてもらえないか」といった意向を滲ませる発言をおこなったようである。しかし、岡本先生はその専門性を武器に、社会の高齢化を背景として「地下鉄にエレベーターが必要な時代が必ず来る」と民生局の担当者を説得し、民生局が逆に交通局に働きかける契機をつくり出された。結果、この活動（運動）は、その高齢化社会の到来という時代背景が追い風となり、当初は「絶対に無理」と言われた既設駅を含めて、現在では大阪市の地下鉄とニュートラム全駅にエレベーターの設置が実現するという成果をあげた(8)。

ここで私たちは、ボランティア活動の一つの役割である「社会変革」の重要性と、その過程でしばしば突き当たる行政との軋轢や関係の取り方について考えざるを得ない訳だが、この点について岡本先生は、持ち前の柔らかな発想で、「君は君　我は我なり　されど仲良き」という、武者小路実篤の有名な言葉を引用して説明される。つまり、ボランティア・市民と行政はそれぞれが独立した主体として、時に対立することはあっても互いの主体性と役割を尊重し、共通の目標に向かって協働すべきものであるとの考え方＝「公私分離と協働」の原則＝である。

このことについて先生は、行政によるボランティア育成策が活発化しはじめた一九七〇年代後半以後、折に触れて発言してこられたが、例えば八七年刊行の『変革期の福祉とボランティア』(9)では、

制度は、今日ではそれ自身、福祉推進等にとって大きな力をもっている。ところが、それはそれで、官僚化

したり、画一化したりするなどの限界性をもつのである。そこでボランタリーな、市民の側からの多様な参加が、「制度」を活性化させる役割をもち、それを生かすのである。
　また、逆に、制度はボランタリーな市民参加がなし得ない限界、すなわち生活の基本的な部分の保障をする。制度は福祉サービスなどに見るように、基礎的・継続的・専門的に対応できる長所をもつ。理想的には、この両者が共に責任を果たしつつ、生き生きと相互に協働し合う時、人権や平和やくらしが守られるといえる。

と述べられており、また、八五年一一月刊行の『社会福祉学』[10]掲載の「ボランティア問題をめぐる公と私」（第26巻2号、四〇―四一）では、

　公と私は、基本的人権の擁護、民主主義社会の実現、地方自治の創造、の三つを実践の共通基盤とするが、独自性として、「公」としての「保障する福祉」は法律および条例を、「私」としての「参加する福祉」はボランタリズム、市民的自由を基盤とする。
（中略）では、なぜ「参加する福祉」が必要なのかというと、システムとしての官僚制化、事業における閉塞化、処遇・対応における画一化、財政における膨張化といった「保障する福祉」自身が可能性として内包する限界からそれが求められてくる。つまり「制度同一円的一極構造」では人権は守られない、真の福祉は実現できないのである。

と述べられている。先生ご自身はこのような考え方を「二極構造論」と呼び、先に引用した『変革期の福祉とボランティア』の文章に続けて、

この二極構造に立って、まず双方の責任や役割や立場を明確化（独立の原則）した上で、必要ならば協働（協働の原則）する。はじめからあいまいなまま協働するのではない。「独立」した上で主体的に「協働」する。ここが肝心な点であり、そこで初めてダイナミックな福祉の推進がはかれるものと思料する。

とも述べられている。近年はやりの「NPOと行政の協働」に対しても、それが、行政によるNPOの包絡化・下請化にならないよう警鐘を鳴らしておられる由縁である。

## 4　ボランタリズムの六類型について

ボランタリズムは、先生の思想と行動（生き方）の根底にあるキーワードであることは、先生を知る万人の認めるところだろうと思われる。このボランタリズムの言語的な意味について先生は、「ボランタリズムにはYのついていないボランタリズ〈voluntarism〉と、Yのついているボランタリズム〈voluntaryism〉の二つがある」とし、「〈Y〉のないボランタリズムは個の内面性を意志的に支えて、個人を社会参加へと押しやる理念であるが、〈Y〉のついたボランタリズムは社会的性格をもって信教の自由とか結社の自由とかかわり、組織化や事業化などのボランタリー・アソシエーションの活動を支える理念である」といった説明をされることが常である(11)。

この二つのボランタリズムは、生まれた背景も時代も、その意味するところも異なるが、にもかかわらず、人間の自由な意志と行動、主体性にかかわる概念として共通の基盤を持っている。この二つのボランタリズムの概念については、岡本先生が立論の根拠とされている阿部志郎氏の「キリスト教と社会福祉―ボランタリズムを中心に(12)」で詳細に論じられている。

岡本先生のボランタリズムについての論述としてはもう一つ、その類型論がある。先生は、二〇〇二年にドメス出版から刊行された阿部志郎他編『講座　戦後社会福祉の総括と21世紀への展望Ⅱ』所収の「21世紀福祉社会とボランタリズム」の中で、①災害のボランタリズム、②防貧のボランタリズム、③つなぎのボランタリズム、④共存のボランタリズム、⑤自己実現のボランタリズム、という五つの類型を示されているが、二〇一四年に明石書店から刊行された『ボランティア・NPO・市民活動年表[13]』では、これとは全く異なった視点から、①告発・抵抗のボランタリズム、②連帯・共生のボランタリズム、③変革・創造のボランタリズム、④自治・共同のボランタリズム、⑤生命尊重・平和のボランタリズム、⑥育成・学習のボランタリズム、の六類型を示されている（この類型化には、筆者も編纂者の一人として議論に参加させていただいた）。前者の類型は、主として機能面に着目した分類であるのに対して、後者の類型は、主として理念に着目した類型であると言える。

実は、この「六つの類型」化のベースになったのは、私が雑誌『部落解放』一九九六年三月号への寄稿で述べた「抵抗のボランタリズム」「連帯のボランタリズム」「統合のボランタリズム」の三類型であった。これはいわば、「正・反・合」の弁証法をそのまま当てはめたものであったが、さすがにこれでは、現実のボランティア活動や市民活動を包含することはできないとのことから、助成を受けた三菱財団への報告書提出の段階で「創造のボランタリズム」を加えた四類型となり、さらにまとめの段階で、岡本先生を中心とした議論の中から生み出されたのが「六つの類型」であった。『年表』編纂に携わった者としては、この類型により、『年表』に取りあげられているさまざまなボランティア・市民活動（延べ1万項目）をそれぞれ、六つの類型の何れかに位置づけることができると考えているが、一方で、これが「完成型」であるとも考えておらず、今後も検討が必要であると思っている。

## おわりに

はじめに述べたように、先生から（あるいは先生を通じて）学んだことは今回取りあげたテーマ以外にもたくさんあるが、今回改めて、論文を含めた先生の著作を読み返してみて、先生から学ぶことはまだまだ多くあることを再認識させられた。これからも学び続けたいと願っている。

注

（1）このことについての多少詳しい論述は、大阪ボランティア協会発行の市民活動情報誌『Volo』二〇一六年四・五月号（通巻五〇六号）「V時評」でおこなっている。

（2）大阪ボランティア協会編（1981）『ボランティア＝参加する福祉』ミネルヴァ書房。

（3）前掲書、五二頁

（4）吉本隆明（1960）「擬制の終焉」『民主主義の神話』所収、現代思潮社。

（5）社会福祉の固有性について確固とした理論を樹立した岡村重夫の理論の基礎概念である「社会性の原理」「全体性の原理」「主体性の原理」「現実性の原理」の4原理。氏は、社会保障や医療、教育、雇用などさまざまな社会制度に対する社会福祉固有の視点として、それら諸制度と個人が取り結ぶ社会関係における主体的側面に着目し、それらさまざまな社会関係における不調和を個人（主体）の側に立って調整し、個人が主体的にその社会生活の全体性（統合性）を回復・維持することを援助するのが社会福祉固有の役割であるとした。

（6）二〇一八年二月一〇日に、大阪ボランティア協会の有志により開催された「岡本榮一先生の話を聞く会」において先生は、筆者の質問に答えて、「私は、人を援助していくプロセスをもうすこし分かりやすく、こういう「in for with by」という言葉で説明できんだろうかと思っているわけです。by はその人の自立を言っているわけです。（中略）福祉はいつも for とか with とかのところにとどまらんと、by になって楽せないかんよと。そういう論理の展開を書いたんです」と述べられた。

（7）この活動（運動）の詳細は注2の書籍に紹介されている。

（8）二〇一八年四月より大阪市営地下鉄は民営化され、所有者は大阪市であるが、経営は「大阪市高速電気軌道株式会社（大阪メトロ）」に委託されている。

（9）小田兼三・松原一郎編（1987）『変革期の福祉とボランティア』ミネルヴァ書房、一二三―一三四。

（10）岡本榮一（1985）「ボランティア問題をめぐる公と私」『社会福祉学』第26巻2号、四〇―四一。

（11）こうした説明は、私が知るところでは一九八〇年代初め頃から折に触れてされているが、ここでは二〇〇二年にドメス出版から刊行された阿部志郎他編『講座　戦後社会福祉の総括と21世紀への展望Ⅱ』所収の「21世紀福祉社会とボランタリズム」から先生の所説を紹介した。

（12）嶋田啓一郎編（1980）『社会福祉の思想と理論』ミネルヴァ書房、所収。

（13）大阪ボランティア協会ボランタリズム研究所監修、岡本榮一・石田易司・牧口明編著。

# 第Ⅰ部で登場する人名・団体名・事項解説

## 人名・団体名

青い芝の会　元々は、一九五七年に東京都で結成された脳性マヒ者の団体で、当初の活動は、女性障害者の編み物教室や脳性マヒ児の学習塾、また旅行会や茶話会など互助活動や親睦が中心だった。六〇年代に入り施設建設要求の運動など社会的課題にも取り組むようになっていたが、七〇年に横浜市で、2人の障害児を抱えた母親が下の女児（脳性マヒ）をエプロンの紐で絞め殺すという事件が起こった際に、殺された障害児にではなく殺した母親に世の同情が集まり、減刑嘆願運動が起こされたことから、同会神奈川県連合会による減刑嘆願運動批判の運動が起き、それをきっかけに、日本の障害者運動に当事者の人権をベースにした新しい時代がもたらされた。

伊藤友宣　大阪大学在学中に里親運動と関わり、その後家庭養護促進協会事務局長を十年近く務める。一九七五年に神戸心療親子研究室を開設し、親子問題カウンセラーとして活動をおこなう。青少年問題・親子問題に関する著書多数。

岩崎美枝子　大阪市中央児童相談所で児童福祉司として勤務したのち、結婚退職を機に一九六七年より家庭養護促進協会大阪事務所に関与。八八年に常務理事・大阪事務所長就任。二〇〇一年に退職後も理事として協会事業に関わる。

AZ　正式名称は「AZ作業所」。一九八〇年に河野秀忠、金満里らによって設立された障害者作業所。天ぷらの廃油を集めて粉石けんづくりに取り組んだ。

枝見静樹　一九六〇年に福祉厚生新聞『富士新報』福祉事業部創設。六五年に「富士新報福祉事業団」〈現・富士福祉事業団〉を設立してボランティアスクール開講や広報紙『月刊ボランティア』の発行、ボランティア・ビューロー開設等に取り組み、日本のボランティア運動を牽引した一人。

大利一雄　日本を代表するグループワーク理論の研究者の一人。神戸女学院大学、関西学院大学、同志社大学、福井県立大学、等で教鞭をとる。

小笠原平八郎　家庭養護寮の第一号実践者。「家庭養護寮促進協会」設立に尽力。虚弱児施設グインホーム施設長や、知的障害者施設を経営する社会福祉法人白百合学園理事長等を歴任。自閉症児の療育で知られるドーマン法の紹介と実践にも務めた。

賀川豊彦　牧師で、大正・昭和期のキリスト教社会運動家。戦前は労働組合や農民組合の結成に指導的役割を果たす一方、現在の「コープこうべ」の前身である神戸購買組合を設立するなど生協運動においても重要な役割を担った。一九六〇年没。

家庭養護促進協会　一九六一年に「家庭養護寮促進協会」として発足。その後現在の名称に変更し、里親開拓を中心とした活動を展開している。大阪と神戸に事務所がある。初代理事長は岡村重夫、現在は芝野松次郎。

木谷宜弘　徳島県社会福祉協議会在職中の一九六二年に、小松島市社会福祉協議会に全国初の善意銀行を設立。その後全国社会福祉協議会に移り、善意銀行のボランティアセンター化に務めた。八五年から大学教員の道に進み、晩年は故郷徳島で過ごす。二〇一二年没。

交通遺児を励ます会　一九六七年に結成された当時の名称は「交通事故遺児を励ます会」。当時交通評論家として名を知られていた玉井義臣と、姉と甥を交通事故で亡くした岡嶋信治の出会いから生まれた。その活動が六九年の「(財)交通遺児育英会」設立につながる。大阪の励ます会は七〇年結成。

河野秀忠　障害者運動の世界で「大阪に河野あり」と言われた名物男性。健常者として徹底して障害者に寄り添う生き方、姿勢は多くの健常者のみならず障害当事者にも大きな影響を与えた。『そよ風のように街に出よう』創刊時から編集長を務め、同誌終刊から一ヶ月後（二〇一七年）に没。

ゴリラ　正式名称は「自立障害者集団友人組織グループ・ゴリラ」。一九七二年末に関西で結成。

自彊館　一九一二年に大阪府警保安課長であった中村三徳によって設立された、生活困窮者の宿泊救護施設で、職業紹介や授産事業などもおこなった。現在は、生活保護法に基づく救護施設のほか、介護保険事業や障害者総合支援法に基づく事業なども展開している。

柴田善守　元大阪市立大学教授で、大阪ボランティア協会初代理事長でもあった。日本の社会事業史研究の第1人者として知られ、特に民生委員（方面委員）の歴史研究で知られる。一九九三年没。

嶋田啓一郎　戦前戦後に同志社大学で教鞭をとったキリスト

教社会福祉の代表的学者の一人。その理論は「力動的統合理論」として体系化されている。また賀川豊彦に師事し、生協運動を研究テーマの一つとした。二〇〇三年没。

ウィリアム・シュワルツ（William Schwartz）　グループワーク理論における「相互作用モデル」「媒介的グループワーク」と呼ばれる理論の提唱者の一人。「波長あわせ」というグループワークのキー概念の生みの親。

障害者応援センター　正式名称は「おおさか行動する障害者応援センター」。「誰でも乗れる地下鉄をつくる」運動の中から七九年に誕生。「車いすの後押し運動から私たちのおおさかづくりへ」を合言葉に、障害者の行動権保障を通じて「障害者と健常者が共に生きるおおさか」を目指し活動。現在では障害者小規模作業所等の活動にも取り組む。

水上隣保館　本文記載のとおり、当初は中村遙氏が開設した施設の名称であったが、現在では法人名となっている。大阪府と京都府の境にある山崎で児童養護施設、乳児院、保育園、特別養護老人ホーム、保育福祉専門学校などを経営している。

高森敬久　日本生命済生会社会事業局（現・福祉事業局）勤務時代に、局長の川村一郎氏とともにボランティア協会大阪ビューロー（現・大阪ボランティア協会）設立に関与する。その後愛知県立大学教員となり、のち名誉教授に。二〇一〇年没。

中村遙　昭和戦前・戦後期のキリスト教社会事業家。一九三一年に、大阪市港区で艀《はしけ》で生活する子どもたちを預かる「水上子供の家」を開設。二年後に施設名を「大阪水上隣保館」と改め、その名が現在の法人名となっている。一九七七年没。

日本青年奉仕協会　一九六七年設立。初代会長は大浜信泉。六三年に「日本青年奉仕団推進協議会」が結成され、その活動を基礎に六五年に「青年海外協力隊」が組織されたが、奉仕協会はその国内版として構想され、設立された。「全国ボランティア活動研究集会」の開催など全国のボランティア活動推進に大きな貢献をおこなったが、財政破綻により二〇〇九年に解散した。

寝屋川市民たすけあいの会　大阪ボランティア協会の働きかけで七八年五月に結成。翌年開設された「ボランティア協会寝屋川ビューロー」の運営主体として活動。

廣野俊輔　大分大学講師。専門は障害児・者福祉論。障害者自立生活運動や差別禁止法等について研究。

広瀬先生の病院ボランティア協会　日本での病院ボランティアの活動は、産婦人科医であった広瀬（牧野）夫佐子氏の働きかけにより、一九六二年に大阪の淀川キリスト教病院で導入されたのが始まりである。その後七四年に「日本病院ボランティア協会」が設立された。

益谷寿　一九五八年より日本キリスト教団西成教会牧師。併設の大阪キリスト教社会館館長も務める。七一年に牧師を辞任して社会館館長専従となり、八六年まで館長を務める（その間七四〜七八年までは理事長を兼務）。一九九三年没。

牧口一二　脊髄性小児マヒ（ポリオ）による下肢障害者。本職はデザイナーであったが、七〇年代後半より「障害のプラス面」をキーワードにさまざまな社会運動に関わるとともに、「松葉杖のおっちゃん」の話を聞いてもらうために全国の小・中・高校・大学での講演活動に取り組む。現在は、阪神・淡路大震災をきっかけに設立された「被災障害者支援ゆめ・風基金」の代表理事を務める。

巡静一　大阪ボランティア協会創設時のメンバー。以後、大阪府内の知的障害児養護学校（現・支援学校）教諭のかたわら、ボランティア協会理事を長らく務める。九〇年代以後は中部学院大学教授やボランティア協会常務理事を務めた。著書多数。二〇〇二年没。

山縣文治　児童福祉学研究者。大阪市立大学講師・助教授・教授を経て現在は関西大学教授。

山本孝史　大学在学中に「(財)交通遺児を励ます会」結成に参加。卒業後は「大阪交通遺児育英会」に入職し、事務局長を務める。一九九三年七月の総選挙に日本新党公認で立候補し当選。以後、衆議院議員を二期務めたあと参議院議員となったが、二期目の当選後半年で胸腺がんのため死去。国会議員在職中の主な仕事として、ＮＰＯ法や自殺対策基本法、またがん対策基本法制定に尽力したことが上げられる。

吉村敏男　自彊館創設者の中村三徳を助けてその礎を築いた。元々は神官を務めていたが、中村の志に共感し、その事業を手伝うようになった。現在の自彊館理事長は川端均氏。

**事　項**

ＩＬ運動　自立生活（Independent Living）運動のこと。一九六〇年代初頭にカリフォルニア大学バークレー校に入学したエド・ロバーツによって始められた、障害者の地域生活権獲得の運動。七二年に障害者自身が自立生活支援サービスを提供する世界初の「自立生活センター（ＣＩＬ）」が設立された。日本には七〇年代末に紹介され、八六年に日本初のＣＩＬである「ヒューマンケア協会」が設立された。

**朝日訴訟**　生活保護基準の合憲性をめぐって争われた裁判で、その内容から「人間裁判」の名がある。一九五七年に、当時国立岡山療養所に入院していた朝日茂さんが「現在の生活保護基準は、憲法に謳われている『健康で文化的な最低限度の生活を営む権利』を保障していない」として提訴。一審では勝訴したものの、二審と最高裁では敗訴となった。とは言え、この裁判を契機として生活保護基準の改善や社会保障政策の進展が見られたことも事実であり、歴史的に大きな意味のある裁判だったとされている。

**家庭養護寮**　一九五三年にイギリスで開設されたファミリー・グループホームの日本版。児童養護施設と里親制度の中間的形態で、専門性を持った1組の夫婦が三～六人の要養護児童を家庭的環境の中で育てる処遇形態。日本では六〇年代初めに、神戸市や大阪市で先駆的試みがおこなわれたが、十分には根付かなかった。

**COMVO**　大阪市ボランティア・市民活動センターが発行している情報誌。一九九四年に創刊。

**施設解体論**　一九五〇年代に起こった児童養護施設の小舎制論議や六〇年代末から七〇年代に広がったコミュニティ・ケアや施設の社会化、さらにはノーマライゼーションの論議から派生して唱えられた考え方。欧米先進国の潮流と異なって、七〇年代に入って日本では、コロニーと称する、地域社会から隔絶され、閉鎖的で人権侵害が起きやすい大規模入所施設の建設が進められたことに対して、施設の改革ではなく解体が論じられた。

**小舎制**　児童養護施設の規模類型として、大舎制に対する類型。大舎制は兵舎型とも言われ、大きな施設に多数の児童を受け入れ、居室も大部屋であるため、処遇は画一的・管理的となり、人権侵害も起きやすい。小舎制はその反対で、家庭に近い規模の施設で、少人数の児童を一～二人の保育者が世話する形態。五三年にイギリスで開設された「ドクター・バーナードハウス」がその嚆矢とされる。

**善意銀行**　全国的な取り組みとしては、一九六二年に徳島県小松島市社会福祉協議会に設立されたのを皮切りに、全国の社会福祉協議会で設立が進み、「奉仕銀行」「奉仕活動（指導）センター」を経て今日の社協系ボランティア・市民活動センターへとつながった。一方同時期に、富山県、豊橋市、東京都、名古屋市、等に独自の善意銀行が設立され、六八年に「全国善意銀行連絡協議会」が結成された。

**『そよ風のように街に出よう』**　「障害者の自立と解放の願い

と、すべての人たちの生活と思いを結ぶために」をキャッチフレーズに一九七九年八月に創刊された障害者問題総合誌。障害者の学習権・就労権や家族の問題、結婚や性の問題など、それまでタブーとされてきた問題にも果敢に切り込み、問題提起をおこなったが、部数減による経営難から、二〇一七年七月の九一号発行をもって終刊した。

**第1回全国ボランティア大会**　正式名称は「第1回全国奉仕活動研究協議会」で、主催は日本青年奉仕協会。一九七〇年二月六～八日の二泊三日の日程で、全国から約一八〇人の参加者があった。集会の名称はその後、「全国ボランティア活動研究協議会」を経て「全国ボランティア活動研究集会」となり、各地のボランティアの経験交流と研究・討議の場として続けられた。

**誰でも乗れる地下鉄をつくる運動**　大阪市営地下鉄谷町線の延伸計画発表を契機に一九七六年に結成された「誰でも乗れる地下鉄をつくる会」によって取り組まれた運動。七三年に京都で結成された「誰でも乗れる地下鉄にする運動協議会」の活動に刺激を受けたもの。当時大阪市内は地下鉄網が張り巡らされており、エレベーター設置を中心とした既設駅のバリアフリー化は「絶対に無理」と言われたが、折からの高齢化社会の到来もあり、現在では、ニュートラムを含めた地下鉄全駅でのエレベーター設置が実現している。

**地域包括支援センター**　介護保険法の改定により、地域住民の保健医療の向上と福祉の増進を包括的に支援するための中核機関として二〇〇六年より導入された。設置主体は市町村とされているが、社会福祉法人や医療法人、NPO法人等に業務を委託することができる。現在進められている地域包括ケアシステムづくりの中心的役割が期待されている。

（牧口　明）

# 第Ⅱ部

# ボランティア・市民活動論

――思想・価値・歴史――

# 第1章　ボランタリズムの源泉——プロテスタンティズムの抵抗思想と市民的公共圏

木原　活信

## はじめに

本章では、ボランタリズムの源泉と思想を、キリスト教思想、市民的公共圏との関連において議論する。特に岡本榮一のボランティア論の根底にあるプロテスタンティズムの抵抗思想、そしてそれに基づくボランタリズムの実践思想に着目したい。その際、欧米のキリスト教史における自由教会、およびアメリカのセツルメント運動を例に取り上げながら市民的公共圏の課題についても考察する。一方で、近年、政府（2017）から提起された「地域共生社会の実現」「一億総活躍社会」「我が事・丸ごと」という「国策」に対して、このボランタリズムはどう応じることができるのかについても批判的に検討する。

## 1　岡本榮一のボランタリズムの思想

ボランティアはよく聞く言葉であるが、ボランタリズムという場合は、アカデミックなニュアンスがある。それは以下のように複雑な概念となっていて、説明が必要である。まずはその理解から入っていきたい。「ボランタリズム（voluntarism）」とは『大辞林』（三省堂）によると、以下のように説明されている。

① 主意主義（しゅいしゅぎ）理性・感情よりも意志的なものを根本におく立場。非理性的・盲目的生活意志の発現として世界を唱えるシューペンハウアーの哲学、欲求・衝動・本能などの意志的なものが心的生活の基礎をなすとするブントの心理学などに顕著にみられる。対義語　主知主義　対義語　主情主義。
②（教会・学校・病院などが）政府の干渉を受けない、自由な立場にあること。自立主義。
③ ボランティア活動の動機づけとなる意志。自発的行動主義。

岡本榮一のボランタリズムの特徴は、一般に理解されているようなボランティアの無償性、自発性などという概念よりも、根源的発想で、民主主義原則による市民性が前提であり、創造的開発性、権力への「抵抗」というような運動性が重要であると主張するのが特徴的である（岡本 2002）。

更に、岡本は、英語表記の場合のボランタリズムを以下のように三つに区別している。ただし、哲学用語のボランタリズムそれ自体の概念にそもそもこのような区分が明確にあるのか必ずしも定かではないが、その使用法に準じて説明していくと以下のようになる。少し長いがそのまま引用する。

ボランタリズムには、大きくは、a．Volunteerism、b．Voluntarism、c．Voluntaryism、の3つの思想や哲学を含んでいる。複層した概念（理念）ではあるが、おおまかにいえば、aはボランティアやボランティア活動の精神、bは、個人と関わる「主意主義」を表す。「主知主義（Intellectualism）」の対置概念で、「意志」とか「主体性」につながる。〈y〉のついたcは、国家や行政から「独立した民間の立場」を意味する。いわば、国や行政とは「独立しつつ共存する立場や関係性」をさす。ボランタリーな活動や組織が、憲法第八九条の「公私分離の原則」と関わり、〈y〉のついたcのボランタリズムと関わる。日本も含めアジア圏ではこのcのボランタリズムが弱い。（岡本 2011：序文）

この主張で岡本が明らかにしている通り、日本（アジア）のボランティア（論）は、欧米のそれと比して、ボランティア活動の一部分だけを強調するが、「独立した民間の立場」という肝心の国家権力との関係における独立性はあまり理解されずに、運動性が弱い。そのことを理解したうえで、いかに実際にボランタリズムを日本のなかで定着・発展させていくのかというのが岡本のライフワークでもあると言ってよい。岡本は以下のように述べている。「ボランタリズムは民主主義社会の形成の根幹に関わる。社会の活性化や連帯、自己実現やアイデンティティの獲得とも関係し、人権擁護やアドボケート、システムの開発や社会的課題の解決とも深く関わる。」（岡本 2011：序文）

それでは、このような岡本のボランタリズムの着想は、どこから生じてきたのだろうか。それは、長年の福祉実践のなかから紡ぎ出された知恵としての実践知であるといえる。そしてその理論的枠組みは欧米のキリスト教の影響が濃厚であり、とりわけ、プロテスタンティズムの影響が顕著であるといえる。

特に岡本が強調する国家独立型、抵抗型の市民運動性のあるようなボランタリズムが福祉実践に隆盛するのは、一九世紀のイギリスにおいてである。それを理解するためにはイギリスにおける教会史との関係を理解しなければならない。特にイギリス（スコットランド）における自由教会（Free Church）についての理解は不可欠である。以下、少し遠回りになるが、これについて検討していきたい。

## 2　欧米のボランタリズムの源泉としての自由教会

欧米的なボランタリズムの起源は、自由教会（Free Church）にみられると考えられている。自由教会をめぐる議論にも諸説があり、それを一般化することは容易ではない。その基本にあるのは、教会というものが本来は国家権力、世俗権力、他国の支配から独立しており、「自由である」という一貫した主張であることをまず押さえておきたい。

### (1)　教会と国家

使徒時代の原始キリスト教会の形態は国家権力から独立したものであり、自由な立場にあるという意味において、まさに“Free Church”であった。すなわち教会の起源である「本来」の姿というのは、世俗権力の象徴である国家それ自体から自由であり、常に独立していた。

その後、キリスト教会はローマ帝国の迫害に逢いながらも、愛（アガペー）の共同体を自発的に発展し続けていった。そして三一三年、コンスタンティヌスⅠ世（Gaius Flavius Valerius Constantinus）のミラノ勅令により公認となり、その後、三九二年には国教となった。しかし、それ以来、キリスト教は強大なローマ帝国という国家権力に呑み込まれ、その前提として国家と教会の独立した関係は俄かに崩れ去り、蜜月関係、あるいは表裏一体なものへと変質した姿は、その後の西洋の中世の歴史が証明している。いやむしろ国家（帝国）が教会を呑み込んだというのが正確な表現であろう。このような状態を神学的にコンスタンティヌス主義と呼ぶことがあるが、これこそボランタリズムの対極にあるものである。このことの是非は別として、それ以降、キリスト教史において国家権力と教会は重大なテーマであり続け、教会が国家とどのような関係にあるのかという点において教会の役割も性質も大きく変容することが明らかになった。そこには国家権力から「自由」な教会という発想は事実上消え去っていった。

当然ながら宗教改革によって、この国家と教会の関係は、大きく揺さぶられることになる。しかし厳密にはこの宗教改革によってすらも国家との関係が変革され、自由な教会が再び形成されたということでもない。たとえば一五一七年の宗教改革においてルター派では、ローマ教会から完全に独立したとはいえ、その後もドイツにおいてこれまでの（カトリック）教会に替わったルター派教会は、位置づけとしては「国教会」的色彩を帯びて今日に至っており、国家から完全に独立した「自由な」教会ではない。

またイギリスでも、一五三四年に国王の離婚問題を契機に成立した英国国教会も、ローマ・カトリックから独立を果たしたが、しかしながら、これは自由教会の対極にあり、ローマの傘下からは政治的な理由により分離したとはいえ、教会としては世俗の国家と緊密に強固に（一体として）結びついているのが特徴である。[1]

## （２）ヨーロッパの自由教会

宗教改革によって、近代的な国家観と宗教制度が整備されたが、自由教会がそれによって単純に成立、実現したのではなく、近代においてもっとも直接的で顕著な発祥の起源とされるのはスコットランド教会史における自由教会であるというのが一般的である。スコットランド教会は、カルヴァン派のジョン・ノックス（John Knox）の指導のもと一五六七年に誕生した。当時のメアリ女王の擁護するカトリック教会と激しく対立し、そこから離脱して独立を果たした。[2] その後さらに一七四〇年に一層の分離をはかり、自由教会が変革され、一八四三年にトーマス・

チャーマーズ（Thomas Chalmers）を指導者とし，スコットランド自由教会として独立した確固たる教会としての基盤を築いていく。この歴史過程における国家から独立した自由なる教会という発想と運動の原点こそが，ボランタリズムの直接的な起源であると言われている。

つまり，国家の側が教会に干渉しようとすれば，教会は自らの大義のためには国家に対して抵抗していき，絶えず両者には緊張関係が生まれる。(3) このような緊張関係は，おもに，イギリスやオランダのピューリタンの流れを組むアメリカの教会でもっとも顕著に現れることになるが，国家権力から分離・独立して自由な立場であろうとする精神そのものがボランタリズムであると言える。

### (3) アメリカにおける自由教会の経緯

フランスの思想家トクヴィル（Alexis-Charles-Henri Clérel de Tocqueville）がアメリカ大陸を見聞した所感として，宗教にかかわる自由結社が多いことや，フランスでは政府が，イギリスでは貴族がすることを，アメリカでは市民団体が行っていると洞察したことは当時の欧州とアメリカの比較として重要な証言であると言われている。ここでいう自発結社こそ，欧州発の自由教会の伝統から生じるものであり，ボランタリズムの結実したものであると言える（トクヴィル 2005）。

「全体社会と個人の間にこのような中間団体が存在しないと，個人は孤独で無力な大衆となり，支配者の操作を受けやすくなる。ヨーロッパで席捲した全体主義がアメリカに広がらなかったのも，多様な意見を代弁する自発的な市民団体が，教会をはじめとして，数多く存在していたためである」（『岩波キリスト教辞典』：507）とされる通り，アメリカ社会において，ボランタリズムは大きな花を咲かせることになる。

アメリカにおいては，政治上においても，国家という概念それ自体が，欧州とは異なり，民主主義，個人主義に基づく市民的結社を前提に成り立っているのが特徴である。ゆえにアメリカでは個人の自由をことさら強調するが、欧州的な意味での国教会が成立しない。その代わりに個人が、自発的結社をつくるという発想がそのまま教会形成にも及び、プロテスタント、とりわけカルヴァン派の諸教会（特に会衆派）は、常に国家とは距離（分離）を置き、市民の自由と独立を前提とした自発的なボランタリー結社となっていく。これこそがボランタリズムの源泉であり、この影響は、一九世紀末から二〇世紀にかけて福祉活動のなかで顕著に表れることになる。後述するが、これが社会福祉の形成に多大な影響を及ぼす。

## 3　ジェーン・アダムズのボランタリズム——セツルメント運動

これまで、キリスト教とボランタリズムの意味について考察してきたが、以下では、アメリカの福祉ボランタリズム運動の典型的な例でもあり、「ソーシャルワーカーの母」として、セツルメント運動を通して福祉運動、平和運動、市民運動で活躍したジェーン・アダムズ（Jane Addams, 1860-1935）の思想と生涯の軌跡を概観しながら、ボランタリズムの意義と役割について具体的に迫っていきたい。

### (1)　ボランタリズムの発現の背景

二〇世紀の世紀転換期のアメリカ社会は、産業構造における農業から工業への転換に代表されるように、社会福祉においても旧来の慈善事業からソーシャルワークへの転換がみられた時代であった。このような時代にＣＯＳ（Charity Organization Society）運動やセツルメント運動（settlement movements）といったボランタリズムの市民運動が、先述したような背景によりイギリスより導入され、アメリカで隆盛し、社会福祉の近代化の端緒となった。この時代の最先端としてリードした女性の一人がジェーン・アダムズであった。

ジェーン・アダムズは、一八八九年に友人のエレン・スターとともにシカゴにハル・ハウス（Hull-House）を開設した。その意味で、セツルメント運動の先駆者であり、それを拠点とした様々な社会改良運動、平和運動、女性運動は世界的規模に拡大した。一九三一年にはノーベル平和賞を受賞した。主著には *Twenty Years at Hull House*（1910）がある。

彼女は裕福な家庭の八人兄姉の末っ子として生まれたが、父は、個々人に内在する良心の象徴である「内なる光」による啓示を強調するヒックス派クエーカーであった。また銀行などを多角経営する実業家として成功し、上院議員にもなった。この父親から、アメリカン・デモクラシーについて影響を受けて育ったが、生後二歳にして実母を亡くし、七歳のときから継母に育てられるが、その関係が悪く、屈折した家庭で思春期を送った（Addams 1910；木原 1998）。ロックフォード女子大学卒業後、医科大学に入学するが、元々身体の弱かった彼女は、病気のため医師を断念。更に同時期の父の死を契機に「完全な漂流状態」となり、「精神的にどん底」状態で典型的なモラトリアムな青年期を過ごす（Addams 1910）。

しかしながらヨーロッパで、人生の方向転換を決意して、長いモラトリアム生活にピリオドを打ち、セツルメント運動を開設するために帰国する。そして二九歳で一八八九年にシカゴのスラム街に学友であったエレン・ゲーツ・スター（Ellen Gates Starr, 1859-1940）と共同でハル・ハウスを開設した（Linn 1935）。

### （2）ハル・ハウスにおけるボランタリズム実践

アダムズは、ハル・ハウスで、移民や貧困者と共に生活したが、初期の頃は「スラム街の聖女」のイメージをもたれ、「アメリカのヒロイン」として尊敬された（Linn 1935）。しかし、二〇世紀初頭にシカゴの産業社会の現実を直視するなかで、従来の慈善事業からの脱却をはかった。ハル・ハウスでは、文化芸術活動主体の穏健な博愛・慈善事業から産業構造の矛盾を見据えた社会問題への積極的な解決へ向けたボランタリズム運動へと転換して、社会改良をなしとげた。殊に、児童労働に関する諸種の立法（児童労働保護法）、少年裁判所設立、母親年金法などがあるが、州政府、さらには合衆国に対して働きかけ、その立法化に尽力した。その後、一九一〇年には全米慈善・矯正会議の会長に女性としてはじめて就任した。

ハル・ハウスの主な実践は、児童、移民、労働などの社会改良であり、福祉ボランタリズム運動の拠点となった。その運動はボランタリーな漸進的行動によって、社会問題を解決し、社会を改善していこうとする民主的な市民活動であり、社会主義的な革命手法ではなかった。アメリカ市民としてアイデンティティを持ちえないイタリア系、ポーランド系、ギリシャ系、アイルランド系、ロシア系などの移民を、アメリカ社会に同化させることなく、支援するという発想は、今日のソーシャルワークの主体性の価値観に継承されるなど高い評価を受けている。例えばハル・ハウスの労働博物館は、移民の民族文化、生活様式そのものを守ることを目的に建設され、アメリカ市民自身の側が移民の文化を学ぶという視点はユニークであった。

また貧困問題を個人の道徳の問題とせずに資本主義の矛盾構造による社会問題として認識し、労働組合、消費者組合を中心に市民運動として展開したこと、児童や婦人の保護救済に力を入れたこと、特に児童問題、貧困問題を中心として、その問題の解決に連邦国家の責任を認めた視点があったことが特徴である。しかしこれらのボランタリズム運動は、次第に国家とも対峙し、抵抗による様々な市民運動を展開したが、同僚のエレン・スター他、仲間の多くが運動により逮捕されるなどその運動が過激化している点からもそのラディカルな革新性もうかがえる。

### （3）平和・女性運動家とボランタリズム

一九一〇年代後半からアメリカが帝国主義化していくなかで、福祉界はミクロ的視野が中心となり、リッチモンド（Mary Richmond）らを中心とする専門主義化が隆盛してくる。アダムズが主導したセツルメント運動のボランタリズムの衰退が、これを如実に物語っている。精力的に社会改良を中心としたボランタリズム運動を展開する彼女を、福祉界は歓迎しなかった。世論やマスコミも、こういう彼女の態度に複雑な心情を示した。ハル・ハウスを「赤」思想の温床だと非難し、別の者はアナーキズムであると非難した（木原 1998）。

彼女の評判をもっとも地に落とさせたのは、第一次世界大戦へアメリカが参戦することに反対したことであった。このアメリカ参戦に関して、彼女がとった反戦運動は、これまでの彼女の好印象を覆す結果となった。事実彼女の名前は「最も危険な人物」の一人として当時のＦＢＩの国家の思想犯のブラックリストのトップに載せられたほどであった。「ヒロイン」から「最も危険な人物」という彼女の評価が極端に変化した（木原 1998）。

晩年の一九二〇年代には福祉運動よりも、むしろ平和と女性の運動に没頭し、国家と緊張関係を強めながら、文字通り、世界中にその運動の幅が拡大していった。中でも平和と自由のための国際婦人連盟（Women's International League for Peace and Freedom）は彼女の晩年の運動の中心となった。彼女はそこで会長を務め、国際的規模における女性による平和活動を推進することに専念した。世界各国の女性たちによる主体的な平和運動を指導し、婦人の選挙権獲得の運動も積極的に支援した。一九三五年、アメリカに未成熟ながら世界最初の社会保障法が誕生したが、その年に、この世を去った。

以上述べてきたように、ジェーン・アダムズのセツルメント運動は、岡本榮一が主張するボランタリズムの典型的な実践例であるといえる。国家から独立し、またそこには市民的な運動性が濃厚にみられる点である。また同時に、晩年の平和福祉運動にみられるように国家への強い抵抗性をも内包するものであった。つまり、これらはいわゆる日本でいうようなボランティア活動とは意味合いがまったく異なるものである。

## 4　社会福祉基礎構造改革とボランタリズム

これまで欧米のボランタリズムについてその源流から考察した。特に事例としてジェーン・アダムズのセツルメント運動をあげて説明してきたが、それらを踏まえて、「地域共生社会の実現」など日本の現代の福祉課題について言及しながらこのボランタリズムの思想の重要性とその現実に迫っていきたい。

### (1) 社会福祉基礎構造改革とボランタリズム

まず、これらの議論の前提としてあらかじめ検討を要するのが、近年に起こった社会福祉構造の変化である。戦後誕生した国家による貧困者を中心とした保護救済的な措置制度による福祉から、全国民を対象とするような利用者とサービス提供者の対等な契約に基づく福祉への構造改革である。これには、公的責任の回避など社会福祉学において諸種の批判や議論があるが、それを前提として福祉理論を組み立てようとするなら、この一連の変革によって、従来の公私二元論的な公と民の立場では捉えられない新しい市民的公共圏（public sphere）という分析枠組みが必要となってきた。

市民的公共圏とは、従来の国家と民間という公私の二元論にはない、市民を主体とした自由空間を想定してのものである。具体的には、ボランタリーなあらゆる活動、特に環境、福祉、平和などにかかわる市民活動としてのNGOやNPO、地域福祉の諸活動である。これらは、ハーバマス（Jürgen Habermas）やアレント（Hannah Arendt）の主張するような市民社会の民主化の成熟とともに、公共圏がいっそう拡大されていくことになるのであるが、とくに欧米社会では、それが顕著である。

社会福祉は、特に公的責任としての英国流の福祉国家が、先進国間においての共通目標とされ、戦後、日本もそれにならい、憲法二五条の国家責任という理念の実現の観点からは、それは画期的であり、福祉国家への布石として重要であった。しかし一方でそれは措置制度という官僚的システムを生み出し、必然的に国家が「御上《おかみ》」として温存し、貧しい者、弱い者を保護するというパターナリズムの保護主義的エートスを醸成していった。

ところで、一九七〇年代より多くの福祉先進国といわれる国々で福祉国家自体が揺らぎ始めた。なぜなら国家の経済的基盤が弱体化し始め、福祉国家構想の持続が現実的に厳しくなりはじめたことに端を発している。このような状況で、幾つかの国家では福祉においても民営化（プライバタイゼーション）が加速化していく。

そして、日本でも福祉の民営化議論はなされたが、むしろ公と私の中間を軸にした「第三の道」として二〇〇〇年に社会福祉基礎構造改革がすすめられる。それは国家と個人がこれまでのような上下関係の措置ではなく、対等なパートナーシップとして契約関係を結ぶという理念である。かつての「滅私奉公」としての公と私の関係ではなく、「活私開公」（金泰昌氏の造語）、つまり「私」を活かして「公」を開くという新しい関係の公私関係を結ぶ中間集団としての公共空間出現のチャンスともなった。そして、従来の公的機関や社会福祉法人が担っていた事業を、NPO法人、農協、生協などの各種協同組合のみならず株式会社まで含めた多くの多種多様な事業者が主体となって、福祉サービスの提供者として参入することが可能となった。

### （2）市民的公共性とボランタリズム

ところで、「活私開公」は、従来の伝統的な「公」（国家や行政）と「私」の二者関係だけに閉じられていない、第三の市民主体的な公共空間の創発を基軸に据えるというのが特徴である。とくに日本の場合、公の位置づけが、上からの権力構造の象徴的存在として理解されてきた経緯がある。それは天皇制に象徴され、「お上（かみ）」として位置づけられる公のイメージである。明治時代になっても、恤救規則による「公による救済」とは、お上である「公」としての国家から、下にある「私」である貧しい者への慈恵的（お恵み頂戴）な保護という形式をとる。これは、欧米市民社会の成熟したボランタリズムとは異なり、あくまで公から私への縦社会に基づく滅私奉公的なものである（池田 1999）。

先述した通り、このボランタリズムのエネルギーのなかに、社会福祉における市民的公共性の萌芽を読み取ることができる。たとえば、ジェーン・アダムズのボランタリズムの思想の場合、その実践活動は、「公」と「私」の中間としての市民運動であったと位置づけることができる。それは児童問題や女性問題の領域で、ハル・ハウスという市民的ボランタリズムが強大な連邦国家へと働きかけ、実現させるということを可能にしたほどである。(4) これは中間集団としての公共空間の働きであり、巨大な権力構造をもつ近代国家に対置する関係をもつことが特徴であり、そのことが原動力となって近代の社会福祉やソーシャルワークが形成されていったことは注目に値する。(5)

おそらく社会福祉学においてこの観点で最初に議論をしたのは右田紀久恵であろう。もちろん右田が今日の公共哲学のような公、公共、私というような三元論的な機軸を議論しているわけではないが、当時日本において、公共哲学が議論される以前にすでにこの議論を独自の地域福祉理論のなかで明示していることは注目に値する。右田はこれまでの伝統的な「旧い公共」に対置して「新しい公共」を主張しているが、右田（1993: 11）によると、「旧い公共」の概念とは「行政機構がアプリオリに『公』として観念され、福祉国家の名のもとに実質的にも『公』を独占し、国民・住民は『私』と位置づけられる関係」として、その意識構造を痛烈に批判した。その結果、生じてくるのは「『公』『私』協働は、タテ型上下関係にとどまり、補充・代替の域を脱し得ず、『私』の民間性そのものも、おのずから限界がある」として、旧い公共にかわるオルタナティヴとしての新しい公共を提示した。それは「生活の『私』的側面をベースとした、共同的営為の総体」であり、福祉コミュニティがその根幹をなすという。そして地域福祉という概念やそれを具体的に支える地域の社会福祉協議会等が新しい公共の担い手であるという可能性を示唆した(6)。

一方で、現在、日本では、「地域共生社会の実現」「一億総活躍社会」「我が事・丸ごと」といった国家が主導するような政策がすすめられようとしている。これは、あくまで伝統的なコミュニティの再現であり、ナショナリズムへと連なるイメージがあり、明らかにこれまで議論してきた多様な価値を内包する市民的公共圏に基づくボランタリズムとは異なる。またそれが国家主導（提案）という点も、ボランタリズムの国家権力からの自由、あるいは緊張関係という意味で真逆のベクトルにある。

実際、今、世界的には公共圏は、更に拡がりをみせ、コミュニティを超えて多元的価値のもと、多層な価値の複数性を前提とした、共通の世界にそれぞれの仕方で関心を抱く人々の間に生成する開かれた言説空間となりつつある。そこには脱近代的要素が前提でありネット空間という新たな軸も生まれてきているが、このような開かれた公共空間にこそ、真にボランタリズムが根付き、市民的活動となる可能性があるものである。

## おわりに

以上、ボランタリズムの源泉について欧米の自由教会の歴史、そしてアメリカのセツルメント運動におけるジェーン・アダムズの福祉ボランタリズムを取り上げつつ、近年の日本の社会福祉基礎構造改革以降におけるボランタリズムの可能性について議論してきた。

そこで明らかにしたことは、岡本榮一が主張するように、そもそもボランタリズムとは、たんに無償性や自発性というボランティア活動として位置づけられるべきではなく、国家から独立した自由なものであること、それゆえにある場合は抵抗と緊張関係が生じるような市民的運動に発展することの重要性が確認された。

日本において、今このボランタリズムの発想法は、とりわけ重要となっていくであろう。なぜなら先述したように「地域共生社会の実現」「一億総活躍社会」「我が事・丸ごと」などといった美しい言葉が飛び交うなか、これらは謳い文句としては良いが、あくまで政府国家が呼びかけた発想法に過ぎず、本章で論じてきたようなボランタリズムの本質とは異なるものであるからである。その背後には、むしろ、伝統的な家族主義への回顧、かつての地域の互助組織を連想させるような愛国心の醸成によるナショナリズムの高揚と国家管理的色彩すらある状況が見え隠れする。その意味で、ボランタリズムの本来の意味を再考して、公共圏における開かれた議論を展開することが重要であろう。

注

(1) このことは、福祉史においては、絶対王政のエリザベス女王（Elizabeth Ⅰ）のもとで世俗の国家の保護主義的な福祉の基礎を形成した要因にもなったと言われている。

(2) 当時、イギリスは、イングランド王国とスコットランド王国はそれぞれ王をもつ事実上別国家であった。このスコットランドの自由教会の成立過程における国家権力との対立、抵抗という原動力こそが、ボランタリズムの源泉（ルーツ）であるとされる。

(3) 他にもアナ・バプテスト派なども世俗国家と鋭く対立した例もある。

(4) 児童労働禁止は連邦政府全体の法とされたが、連邦政府として定めること自体が違憲であると解釈され後に廃止された。

(5) ところで「公共」という場合、社会福祉学では、近年の公共哲学で行われている議論とは異なり、通常ネガティヴに理解される傾向がある。また教育基本法改正によって序文に掲げられた「公共の精神」などの文言も公共哲学でいう公共とは異なる。なぜならここでは公共イコール公（おおやけ）となっており、それは具体的には権力構造をもつ行政、国家に連動するからである。

（6）この後、社会福祉学内で、高田眞治が「社会福祉の創発――あらたな公共性」を発表した。そのなかでこの議論を継承し発展させたが、多くは地域福祉のコミュニティの在り方の議論のなかで留まっている傾向がある。

## 参考文献

Addams, Jane, (1910) *Twenty Years at Hull-House: With Autobiographical Notes*, New York: Macmillan.

Habermas, Jürgen (1962) *Strukturwandel der Öffentlichkeit. Untersuchungen zu einer Kategorie der bürgerlichen Gesellschaft*.（＝細谷貞雄他訳（1994）『公共性の構造転換　第二版』未来社）.

池田敬正（1999）『現代社会福祉の基礎構造』法律文化社。

稲垣久和（2004）『宗教と公共哲学――生活世界のスピリチュアリティ』東京大学出版会。

河幹夫（2005）「社会福祉の公共性と信仰」『Emergence 創発』10（3）。

木原活信（1998）『J. アダムズの社会福祉実践思想の研究』川島書店。

木原活信（2003）『対人援助の福祉エートス』ミネルヴァ書房。

木原活信（2005a）「社会福祉構造の変革と公共空間の創出」『Emergence 創発』10（3）。

木原活信（2005b）「福祉原理の根源としての『コンパッション』の思想と哲学」『社会福祉学』46（2）。

Linn, James W. (1935) *Jane Addams: A Biography*, New York, Appleton-Century.

岡本榮一（2002）「21世紀福祉社会とボランタリズム」阿部志郎・宮田和明・右田紀久恵・松井二郎編『講座　戦後社会福祉の総括と21世紀への展望2　思想と理論』ドメス出版。

岡本榮一（2011）「巻頭言：ボランタリーな活動の社会的価値の追求」ボランタリズム研究所編『ボランタリズム』1。

齋藤純一（2000）『思想のフロンティア　公共性』岩波書店。

佐々木毅・金泰昌編（2001-2002）『公共哲学』東京大学出版会。

嶋田啓一郎（1972）「民間社会福祉の本質的課題――公的サービスとの批判的協力関係について」同志社大学人文学部編『評論社会科学』4。

高田眞治（1997）「社会福祉の内発的発展の課題と展望（Ⅲ）——社会福祉の創発：あらたな公共性」『関西学院大学社会学部紀要』76。

トクヴィル著、松本礼二訳（2005）『アメリカのデモクラシー』岩波書店（Tocqueville, A. de（1835）*Democracy in America.*）.

右田紀久恵（1993）「分権化時代の地域福祉——地域福祉の規定要件をめぐって」『自治型地域福祉の展開』法律文化社。

山脇直司（2004）『公共哲学とは何か』筑摩書房。

山脇直司（2005）『社会福祉思想の革新』かわさき市民アカデミー出版部。

『キリスト教の歴史』いのちのことば社（1979）（＝Tim Dowly ed.（1977）*The History of Christianity*, Lion Publishing.）

『岩波キリスト教辞典』岩波書店（2002）。

『オックスフォードキリスト教辞典』教文館（2017）（＝E. A. Livingstone（1977）*The Concise Oxford Dictionary of the Christian Church.*）

『大辞林　第三版』三省堂（2006）。

# 第2章　岡本榮一理論へのキリスト教社会福祉からのアプローチ

市川　一宏

## はじめに

私が岡本榮一先生のご指導をいただいたのは、特に日本キリスト教社会福祉学会においてである。高森敬久先生、松永修文先生とご一緒に学会の全国大会に参加なされておられたことを思い出す。岡本先生は、学会において、理事の役割を担われていた時に、『日本キリスト教社会福祉学会の存在意義と使命』（二〇〇四年）の作成に責任者として関わられ、その後二〇一五年六月より六年間、会長として学会の使命を明らかにするとともに、その実現に誠心誠意努力なさっておられたことに、副会長であった私も、勇気づけられていた。

ふりかえって、私は、岡本先生の後ろ姿を見ながら歩んできたし、また時には、ご一緒に様々な課題に取り組ませて頂いた。岡本先生が生きていく姿勢と、その足跡に私は共感し、学んできたと言えよう。

今回は、先生からお教えいただいたことを再度学び直してみるつもりで、書かせていただきたい。

## 1　岡本理論の原点

### （1）不義を憂い、挑戦する

〈啾々の少女《おとめ》孕みて障子鳴る〉

先生が、大阪キリスト教社会館に勤め、付属の診療所の医療ケースワーカー兼児童館館長として、大阪西成の地域福祉に関わられていた時に詠まれた句である。熱があると診療所を訪ねた少女は「肺が真っ白な上に妊娠八ヶ月であった」。その少女と一緒に家に行くと、「3畳ばかりの部屋。タンスや段ボールなどが積んであるから、畳2枚足らずに家族4人の寝るスペース。母親は留守。〈省略〉「啾啾」とは、少女が妊娠して、不安と困惑のために、ヒーヒーと泣く。その部屋へ寒風が吹き込み、破れた障子がばたばたと震える――」（岡本 2008）という状況を詠んだのである。岡山孝太郎氏は、「妊娠した少女を打つ複合的・重層的悲劇を書きとどめられた一句があります。畳2枚の一間に一家4人が身を曲げて寝るという極貧の現実へのはげしい怒りと、折り重なってともに哭（な）く声が聞こえてくる句です。これは福祉が拓くべき過酷な現実と、そこに生きた福祉実践者の真摯な姿を見事に映した忘れがたい記念碑的一句です。」（岡山 2011）と言われた。

私も先生の思想と生き方の源流に、その人が置かれている状況に対する憤りとその痛みへの共感、その矛盾に挑む強い正義感があると考えている。そして個々の問題の解決のための民間社会福祉の担い手としての連帯と新しいコミュニティづくりを目指したのではないかと考えている。

岡本先生が同志社大学時代に指導を受けた教官は、嶋田啓一郎先生である。そして、『日本キリスト教社会福祉学会の存在意義と使命』をまとめた際にも、影響を与えた考えは、以下の嶋田先生の言葉である。「私はこの人を愛する、何故ならば彼は私にとってこれこれだから、というエロス的愛は、秩序の世界にも存在しえる。しかし私は汝を愛する、何故ならば汝はここに存在するから、という無条件なアガペ的愛は、硬く信仰に結びついている。キリスト者は、エロス的な正義秩序のさなかにあって、アガペ的愛の行動の瞬間を体験する。自己法則性の支配する正義秩序のなかでは、愛の人格的活動をしないというのは、秩序の自律性を絶対化するものにほかならない。信仰者は正義秩序をその極みにおいて生き抜くと同時に、その組織、その制度のエロス性を越えて、人の権利承認以上の境地を体験する。正義は愛に先行するが、愛は正義を全うするのである。」（嶋田啓一郎「人格愛の共同体——キリスト者に固有なもの」『キリスト教社会福祉学研究』第6号）

岡本先生は、前述の学会第49回大会の基調講演において、嶋田先生との対談で嶋田先生が語られた「正義は社会的不公正に向き合う。正義を超えて愛はない。しかし、正義をもって終わってはならない。私とあなたとの人格的応答、愛によって、はじめて正義は全うされる。ボランティア活動もその視点に立つべき」という言葉を述べられた。

その当時、実践としてのパントマイム伝道という言葉は、キリスト教社会福祉の実践をたとえる際によく言われた。すなわち、言葉で神を伝道するのではなく、神の愛を伝えようとする者の行いや働きによって、神の愛を伝え、多くの人々は神と出会うことができるという考え方である。私には、言葉で愛を伝えるだけでなく、不義を憂い、それに挑戦することによって、愛が光り輝くことを嶋田先生は示しておられるのではないかと考えている。これは、人生の生き方そのものを問うた考え方であり、岡本先生の生き方に通じるものである。

加えて、岡本先生は「その多くの先達たちは、その置かれた時代の福祉的課題を傍観することなく、キリストのみ声を聞きつつ信仰の証しとして福祉実践を選んだ、と言えるだろう。キリスト教社会福祉実践は愛の側面と正義の側面を持つ。前者は『隣人愛』として今日概念化されているけれども、たとえば、マルコ福音書第10章の、『仕えられるためではなく、仕えるため……』と書かれているみ言葉を挙げることが出来る。ギリシャ語では、この『仕える』は『ディアコニア』と表現される。ディアコニアは、小さく、弱いものに向う愛の働きである。そこには正義が隠されている。」（「まえがき――学会発足50周年を記念して」日本キリスト教社会福祉学会『日本キリスト教社会福祉の歴史』ミネルヴァ書房、二〇一四年）と言われている。

岡本先生の思想には、ディアコニアの伝統的な思想が強く影響を与えている。なお、近年では、ナウエンの思想が影響をもっている。ナウエンは、連帯を「他の人のためにいる、人類という家族の中で兄弟姉妹という共に深く連帯して生きるという、静かな喜びです。たいていこれは、弱く、砕かれ、傷ついた中での連帯です。けれども、それが私たちを喜びの中心にいざなってくれます。それは、他の人々と共に私たちが人間であることを分かち合う喜びです」（ヘンリ・J・M・ナウエン・嶋本操監修、河田正雄訳『今日のパン、明日の糧』聖公会出版、二〇〇三年）とする。さらに、息を引き取る最後の瞬間まで様々な思いを抱き、重荷を背負いながら生きていく「人間」の姿をナウエンは、「創造的弱さ（Creative Weakness）」と言った。

私は、「創造的弱さ」を大切にする生き方が、ディアコニアの使命であり、キリスト教社会福祉実践の根幹をなすと考える。悲しみや痛みを感じ、喜びや感動する心を抱き、自分らしく生きたいと葛藤し、人間としての誇りを生きる糧とし、安心する心の拠り所を求めさまよう、そうした人生を一歩一歩積み重ねて生き抜いてきた人々の「生きる」場を、キリスト教社会福祉はどのように提供してきたのであろうか。私たちの学びは、死は避けられないという生命の事実と個々の生き方を支配できないという人としての事実を共有することから始められる必要がある。

（2）「存在」への畏敬の思い

「ある日の放課後、私は校庭で友達と相撲をとっていた。そこをたまたま通りかかられた先生が「ちょっと待ちなさい」といって、僕の洟（はな）をかんでくださったのである。〈省略〉先生のあのしぐさが、私自身の「存在」の深いところにふれたからに違いない。人間という一人ひとりの「存在」は、それが年少の頃であれ、年老いた時であれ、「愛」と呼びうる。さりげない行為や言葉によって支えられ、活かされるのではなかろうか。人というものは、誰かに大事にされている、愛されている、あるいは必要とされている、といった「存在感」を必要とする「存在」なのである。ボランティアは、このことを知っている人である。活動を通してそれに気づかされる人である」（岡本 1989）

岡本先生は、嶋田先生の「生命を持ち、固有の名前を持ち、対人的応答関係に生きる『人格論的人権論』」をあげ、クライエントとの「人格的応答関係」を重視された。そこには、存在に対する畏敬の思いがある。

また、岡本先生のボランティア論の原点の一つは、存在感をどのように明らかにするかという点にある。人格的関わりによって、存在が認められ、そして成長する機会が与えられるのである。

（3）神の恵みによって神に呼び出されること。

岡本先生は、働き方を三つのスタイルで説明されている。すなわち、オキュペーション（Ocupation）、プロフェッション（Proffesion）、ボケーション（Vocation）である。オキュペーションは仕事の意味であり、プロフェッションは専門職であり、ボケーションは、召命的な生き方である。水上隣保館の中村遙先生の生き方から、「先生の『信仰』『祈り』の向こうに、『子供の人権』があり、『ボケーション』があった」と語られた。

また、岡本先生は、「『汝』を活かすために、自己のもてる最善の能力を献げることによって、『神に仕える』という悦びが、信仰者のボランティア活動の本質をなすものである。単なる人と人との関わりではない。私と隣人の間に神が介在し、神による価値の付与がある。」（岡本 1978）とされた。

学生時代から、児童養護施設水上隣保館に寝泊まりし、卒業後は職員となり、大阪キリスト教社会館、大阪ボランティア協会で働かれた岡本先生の歩みを、先生の召命感が支えていたことを私は学んでいる。

### （4）「あなたの口を開いて弁護せよ」

岡本先生は、ディセントを、箴言31：8の「あなたの口を開いて弁護せよ。ものを云えない人を、犠牲になっている人の訴えを。」という言葉から来ているとされ、日本キリスト教社会福祉学会は、「他の学会とは違う。キリスト教に土台を置くが故に、研究を目的とする同志が連帯し、協働しつつ、社会的にも積極的な発言をするところに存在意義があり、またそこに使命がある」とし、「われわれは、正義とか人権の問題に立ち向かった先達の歩みに続かなければならない」（通信：基調講演）と言われた。また、日本キリスト教社会福祉学会会長を引き受けられた最初の公の挨拶で、『日本キリスト教社会福祉学会の存在意義と使命』が、第一にキリスト教社会福祉（民間社会福祉）が担った先駆的取り組みが、社会福祉の制度化、専門職化の原動力になったが、逆に開拓性、批判性というキリスト教社会福祉の独自性や高い倫理性を弱め、喪失することになったことの危機感を訴え、第二にキリスト教社会福祉を生み出した教会の「業」に新たに立ち戻る必要性を明らかにされ、第三に、「人権的視点に立って、正義と平和を希求し、欠けたところを補い、支援し、弁護し、時には抗議してキリスト教社会福祉がもつ独自性を追求しなければならない」とされた（岡本 2005）。

同様に、岡本先生のボランタリズムの概念は、Voluntarism と Voluntaryism の両面をもっている。前者のボランタリズムは、知性の働きよりも意思の働きを優位に置く「主意主義」、後者のボランタリズムは、国家権力からの自由、思想の純粋性を守ろうとする「主体性」が強調される。そして阿部志郎先生がドイツのベテル共同体を例に語られた「いかなる状況においても対象者を守ろうとする決意と、抑制する体制への抵抗運動を起こす情熱と英知を内に秘めた姿」（阿部 1980）の両面を岡本先生も強調されている。この考え方は後述する、共感のボランタリズム、創造のボランタリズム、抵抗のボランタリズムとして再定義されている。

## 2　岡本理論についての一考察

### (1) 一人の生活者としての出会いを大切にする

岡本先生の論文に、岡本先生自身が一人の生活者としての出会ったことが紹介されている記述ある。前述した一人の少女との出会い、湊（はな）をかんでくださった先生との出会い、また住み込んでいた水上隣保館の中村遙先生等の出会いである。

岡本先生は、現水上隣保館の高台の石碑に書かれた「吾ら苦難の中に美はしき幻を見ながら此山をひらく」という言葉を紹介された。この言葉は、「青年は幻を見、老人は夢を見る」（使徒行伝第2章第17節）に基づいているが、中村先生は「美しき幻」であると語られた。昭和初期、過酷な労働環境、貧困な生活の中に置かれた人々を対象に、まさにその生活の場に建てられたのが、水上隣保館である。そこで職員として働き、中村先生の生き方に学ぶ。「中村先生にとって、『美しい』とは、子どもの『人権』を守るということであり、子どもの『施設福祉』の実現であった」（「基調講演「わが出会い、聖書と福祉と人権と―関西（大阪）を舞台とした先達の生き方を中心として―」日本キリスト教社会福祉学会『キリスト教社会福祉学研究』第41号、二〇〇八年」）私は、先生が当事者の方々と出会い、働きを通して共に歩む方々に出会い、そしてそれらの方々とともに求められる実践を築いてこられた歩みが岡本理論の原点にあると確信している。

## （2）暗闇の社会にあって、光を放っていたキリスト教社会福祉実践を継承する

阿部志郎先生は、「キリスト教による社会事業の特徴は、第1に制度・施策のない時代に、制度化への新しい道を切り拓いたこと、第2に、制度が次第に整えられてきた時代にあっても、法律を超え、時には生命さえ省みずに、毅然としてニーズに立ち向かったことにある。燃えるような使命感と、正義への意志を支え、貫いたものがキリスト教信仰にあったのは言うまでもない」（阿部 2001：268）と言われた。

それらの実践を、キリスト教の精神を掲げる東京育成園の施設長であり、児童福祉法の成立に貢献され、日本キリスト教社会福祉学会会長もなさった松島正儀先生は以下のように語っておられる。「対象者に対する福祉保障の確保という一点においては、国、地方公共団体、民間社会事業の三者がなるサービスにおいて、それぞれの差等を設けるものではなく、地方公共団体、民間社会事業は、この際寧ろ活発なサービス活動を展開し、国自身が最低生活の保障を宣言し、自らその責任のすべてを果たし得ない現状においては、民間社会事業のなす分担は、極めて正当に適正な状態において、また本来正常な条件の下に考慮されなければならないものである」（「民間社会事業の特質」社会事業八月号、全国社会福祉協議会、一九五五（昭和三〇）年）

この時期は、国が主導で制度を整備し、生活保障を明確にすることを検討された時期であり、今日で言う民間社会福祉として「公」主導の展開に警鐘をならし、積極的にその独自性を維持、拡大していこうとする試みがあった。すなわちキリスト教主義施設に限らず、公私の関係が問われてきた。岡本理論の民間非営利団体の独自性の理論は、以上のような利用者の立場に立ち、自律を追い求めてきた民間社会福祉の伝統に裏付けられていると考える。

### （3）「権力からの自由」

前述したパントマイム伝道は、戦後、キリスト教社会福祉は憲法違反ではないか、礼拝その他を強制しているではないか、憲法違反だという強い批判と問題提起があった時代に、ホーケンダイクのパントマイム論が注目され主張された理論である。

阿部志郎先生は「匿名化して、なおキリスト教であり続け得るということを言ったのです。キリスト教社会事業の観点から言うと、措置によって90％以上の財政は行政から保障されるという中で、その枠を乗り越えるボランタリズムの精神がなかった。教会がその精神を与えるという源が欠けていたのが、キリスト教社会事業の戦後の姿ではないかと思うんです。キリスト教が、たいへん類型化されて特色を失うという一種の危機があったと」と理論の背景を述べられた。さらに、「パントマイムは、それを演ずる人の内面を厳しく問います。そこに信仰的な主体性がなければ、パントマイムできないわけでしょう。だから非常に厳しい。」と言われた。

自分は何者か、共に生きるとは何か、ボランティアのあり方を自らに問いかけ続けてきたその葛藤が、岡本先生のボランティア理論の根底をなしていると私は考える。そして、「ボランタリズムの歴史を分析し、直接的なサービスを体現する共感のボランタリズム、実験的・開拓的に事業化する創造のボランタリズム、そして権力への抵抗とか制度とか環境の変革に向けてアクション化する抵抗のボランタリズム」（「ボランタリズムの思想」『嶋田啓一郎先生　傘寿記念論文集　社会福祉実践の思想』ミネルヴァ書房）と三つに分類している。抵抗のボランタリズムは、岡本先生が良く言われる「権力からの自由」と重なり、岡本先生が一貫して述べられている考え方である。

### （4）それぞれの成長を目指す

本書の第1部「岡本榮一　ボランティア人生を語る」では、課題が見えないことは共感性が欠如していると指摘するとともに、参加の多様な意味等を語られている。その際に重要なポイントは、それぞれの成長を目指すこと。私見であるが、ボランタリズムを聖書に基づいて理解すると、以下の通りである。

①　自発性：ルターは、有名な論文である「キリスト者の自由」において主への信仰によって救われ、あがなわれ、人間は自由な意志をもつことができる、そしてさらには隣人に仕えていくことができると言う。また聖書にも、「各自、不承不承ではなく、強制されてでもなく、こうしようと心に決めたとおりにしなさい。喜んで与える人を神は愛してくださるからである。」（コリント第2　9：7）と書かれている。

②　共感性：聖書では、「あなたたちの中で罪を犯したことのない者が、まず、この女に石を投げなさい」（ヨハネ8：7）と述べられている。しかし、だれも石を投げられなかった。この事実認識から直面する問題の共通性と「喜ぶものと共に喜び、泣く者と共に泣く」（ローマ12：15）という共感に根差した行動が生み出される。

③　利他性：聖書では、「いと小さき者にしたことは、私にしたことである」（マタイ25：40）と言われている。自分以外の他者のため、こころを合わせて祈ること、他者の存在に配慮すること、そして他者の利益を求め、この世にあって神に代わって共に歩むこと。それらのことが他者への働きであり、利他性である。さらに聖書では、「自分を愛するように隣人を愛しなさい。」（マタイ19：19）と私たちに命じています。この聖句は、自分がただ犠牲になるべきであるとは言っていない。利他性に基づいた活動が、実は自分の生きていく証であり、かつ自分自身の学びである。社会に対する貢献・市民同士の助け合いが、自己の発見と成長、新しい人間関係の創造につながり、活動する者自身のさまざまな欲求が充足されるという、思想の逆転がそこに示されている。

④　連帯性：聖書には、「わたしのいましめは、これである。わたしがあなたがたを愛したように、互いに愛し

合いなさい。」（ヨハネ15：12）と書かれている。すなわち、神を基軸にした連帯性が求められているのである。ボランティア活動は、広く隣人との連帯をめざす実践として位置づけることも必要である。その際、クリスチャンにとって、ボランティア活動は、信仰において働く愛によって押し出され、神に対する活動を担っている信徒の応答である。そして現在、各自の信仰の相違、信教の自由を確認したうえで、一人の人間として共に連帯を模索していくことが求められている。今日の社会矛盾を認識したうえで、それぞれ一人の市民として、互いに協力し、市民社会を築いていくことに取り組まなければならない。カトリック前司教森一弘先生が、「人間が神と同じように、人々の苦しむ姿に共感して駆け寄るならば、神を信じる信じないにかかわらず神と結ばれている」と言われたことに、私は賛同する。

⑤開拓性：ボランティア活動は、多様な福祉ニーズに応えていくために、サービスを創りだしていくこと、そしてさらに潜在化したニーズを掘り起こしていくことに特徴がある。その開拓性こそが、ボランティア活動の特徴であり、強みである。必要とされる活動を先駆的に、かつ柔軟に生みだしていくことが大切である。ボランティア活動をいたずらに既存の枠に押し込めようとすることは、その特徴を消し去る危険性をもっている。聖書では、「わたしは、既にそれを得たというわけではなく、既に完全な者となっているわけでもありません。何とかして捕らえようと努めているのです。自分がキリスト・イエスに捕らえられているからです。」（フィリピの信徒への手紙3：12）と書かれており、自分の活動をたえず見直し、かつ課題を切り開いていく意志と姿勢をもって歩み続けることは、ボランティア活動の原点である。

⑥権利性：聖書には、「人よ、何が善であり主が何をお前に求めておられるかはお前に告げられている。正義を行い、慈しみを愛しへりくだって神と共に歩むこと、これである。」（ミカ書6：8）と書かれている。ボランティア活動は、多くの場合に、人の権利をどのように保障し、その権利が侵害された場合には、侵害

された者と共に回復していくことを目的とする。歴史的に見て、権利は不断の戦いによってつくられてきた。権利が実体をもつためには、このようにたえず見守っていくことが不可欠である。したがって、人間として尊厳をもって生きていくという権利が侵害されている場合には、権利とは何かを生活者の視点から見直し、具体的に主張し、回復に努めることが急務のものとされる。そして仮に権利を侵害された者が、その回復を主張できないでいる場合には、その者に代わってその回復を追及していくこと、それがクリスチャンに求められる正義の実現である。

聖書は、私にとって、生きていくための水である。その水のように、私たちが欠かしてはいけないボランタリズムも、私たちの生活に欠かせない思想である。岡本先生の思想は、私たちの生活における水であると、私は考えている。

### (5) 学会への期待

岡本先生は、日本キリスト教社会福祉学会の会員として、また理事、会長の経験者として、以下のように述べられている。「すなわち、民間福祉＝ボランタリズムに関して課題を示し、学会の役割を示唆している。第1に戦前のキリスト教など民間福祉が果たした『先駆的・開発的な福祉的役割』に対して、制度的福祉の台頭によって、体勢として『代替的・補完的な役割』を担うに変化した。学会はこの『代替的・補完的な役割』を今一度洗い出し、新たな民間福祉の『独自の役割と方策』を提示する必要があるのでは？　わたしは『地域福祉』とのつながりに、その創造と変革の糸口があるように思っている。また第2に、『補完する』役割のみに安住せず、いい加減にそこから脱出して、制度的福祉にできない創造的な『固有の働き』を提示してはどうだろうか。クライエントの『人格的側面』、『精神的側面』の側面へのアプローチを通して、さらに第3に、『おかしい』と思った時に、『批判しうる』という民間の独自性を確認すること。『批判を含む』キリスト者のあり方は、日常での『地の塩的あり方』と言え、聖書の福音書がそれをバックアップしている」（岡本 2016）。

この考え方は、岡本先生が「日本キリスト教社会福祉学会の存在意義と使命」においても示されている。今後の学会の役割を検討する際に、絶えず検討すべき論点である。

## 3　岡本先生の実践における応答

### （1）21世紀キリスト教社会福祉実践会議

21世紀キリスト教社会福祉実践会議は、日本キリスト教社会福祉学会のチャレンジであった。学会自体はキリスト教信仰をもつ者が会員となり、教派は問わない。しかし、実践の場でキリストの精神を語る場が必要と考え、学会としての取り組みが始まった。

実践会議は、第一はプロテスタントやカトリックといった教派を越えたキリスト者による社会福祉団体の連携が必要であること、第二にキリスト教社会福祉を担う研究者と実践者の連携が必要であるという認識によっている。日本キリスト教社会福祉学会では、社会活動委員会を組織し、筆者市川一宏、木村知己氏、ニノミヤ・アキイエ氏、長谷川重夫氏の四名を委員に討議を重ね、教派を越えて他のキリスト教社会福祉関係施設・団体に呼びかけた。

まず、一九九七年七月に、社会福祉法人救世軍社会事業団、社会福祉法人キリスト教ミード社会舘（会場提供）、日本カトリック司教協議会社会福祉委員会・カリタスジャパン、日本キリスト教児童福祉連盟、日本キリスト教社会事業同盟、日本キリスト教社会福祉学会、日本キリスト教保育所同盟、日本聖公会社会福祉連盟、日本バプテスト社会福祉事業団連絡協議会、ルーテル社会福祉協会の代表者に呼び掛け、現在の「21世紀キリスト教社会福祉実践会議」としての初めての話し合いがもたれ、そして年1回の代表者会議、二年に一回の大会を開催することが決められた。

教派を超えた試行錯誤の取り組みから始められた連携であったが、現在、大会は十回を重ね、大きな信頼と理解を築き、協働の基盤が作られている。初代会長阿部志郎先生、第2代会長カトリック司教森和弘先生、第3代会長カトリック司教幸田和生先生のリーダーシップのもと、互いを尊重した関わりであるゆえに、続いてきたと言っても過言ではない。そして、全国大会を通して、広くキリストの愛を伝え、ミッションを共有してきた。

学会としては、岡本会長時代に、日本エキュメニカル協会からエキュメニカル功労者賞を受け取った。これは、実践会議を含めた学会活動が評価された結果である。日本仏教社会福祉学会との連携も討議されており、私はこれらの連帯について会長であった岡本先生からバトンタッチをした。

---

資料1

21世紀キリスト教社会福祉実践会議　趣意書

社会福祉が広がりを見せてきている今日においても、いくつかの施設や団体で、サービスの利用者の人権が侵害されているという現実があり、福祉倫理、価値が再び問い直されている。また、社会福祉に携わる人々は、解決困難な問題に日夜取り組んでおり、自らの知識、技術、そしてよって立つべき基本的な価値を問い続けられている。

このような状況の中で、社会福祉に携わるキリスト者は、社会福祉の現状を真摯に受けとめ、教派を超えて困難と労苦を分かち合うとともに、力を合わせてキリスト教信仰に基づく活動を強化していく役割が期待されているのである。確かに、今日にいたるまで、キリスト教主義社会福祉施設および団体が果たしてきた先駆的役割は、決して小さくなかった。

そして、今日においても、キリスト教社会福祉が社会に果たすべきその役割は、大きいと言えよう。

（1）名　称

本会は「21世紀キリスト教社会福祉実践会議」と称する。

（2）目的　21世紀キリスト教社会福祉実践会議は以下のことを目的とする。
(1)　超教派の立場から、さまざまなキリスト教主義社会福祉団体の連携をはかり、協働して、きたるべき将来のキリスト教社会福祉の展望を切り開いていくこと。
(2)　各キリスト教主義社会福祉施設および団体に働くキリスト者の育成と支援をはかること、そしてそれらキリスト者が、「キリスト教社会福祉」の意義を深め、アイデンティティをもつことができるように、相互啓発をめざすこと。
(3)　社会の矛盾に対して、積極的に発言し、具体的に提言をすること。
(4)　アジアを中心に協力、連帯、共生等国際的な視点で取組を目指すこと。
―後は省略―

## （2）日本キリスト教社会福祉学会　会長・副会長声明

一九六七年三月二六日、日本基督教団総会議長鈴木正久の議長名で、日本基督教団戦争責任告白が明らかにされた。また、キリスト教関係団体において、様々な提案がなされてきた。本学会も、岡本先生が委員長としてとりまとめた『日本キリスト教社会福祉学会の存在意義と使命』(2004)において、「宗教・民族に基づく紛争の考え方」「絶えることのない戦争」の現状を指摘している。また二〇一六年に正副会長声明「今日における平和の大切さを考える」を出し、「戦後70年の節目となった2015年は、多くの国民が改めて第2次世界大戦によって亡くなられた方々を覚え、世界の恒久平和を祈り、戦争を二度と起こさないことを誓いました。」(前文)。そして、二〇一六年第57回大会では、「私たちにとって平和とは何か―キリスト教社会福祉の使命―」を、二〇一七年第58回大会では「キリスト教社会福祉の視点―平和・共生・多様性の尊重をめざして―」をテーマとし、学会の平和を実現するための使命を確認した。

岡村榮一先生より会長を引き継ぎ、先生からもアドバイスをいただき、この声明を中心的にまとめた者として、学会の使命として、日本の戦争責任を明確化し、被害を与えた方々への謝罪を行うこと、そして絶えず平和の実現に努めていく必要があると考えている。

資料2　日本キリスト教社会福祉学会　会長・副会長声明「今日における平和の大切さを考える」

日本キリスト教社会福祉学会
会　長　市川　一宏
副会長　岸川　洋治
山本　誠

戦後70年の節目となった2015年は、多くの国民が改めて第2次世界大戦によって亡くなられた方々を覚え、世界の恒久平和を祈り、戦争を二度と起こさないことを誓いました。私は、近隣諸国の多くの方々の尊いいのちを奪う戦争を起こした日本の戦争責任は、決して過去のことではなく、今に受け継がれていると考えています。戦争によって被害を受けた方々の悲惨な体験と厳しい生活環境から生じたさまざまな傷は、決して消し去ることができるものではありません。

私は、日本キリスト教社会福祉学会（以下学会）がこの現実に真摯に向き合い、今後どのような歩みをすべきかを考えることが今求められていると思います。そのため、以下の3点を今後の学会の取り組みの起点とします。

1．謝罪し、和解を求める

そのため、本学会が考えるべきことは、戦争の責任を自覚し、いのちを奪われた人々に謝罪し、和解を求めることではないでしょうか。日本の戦没者は310万人とされていますが、アジア諸国での戦没者はそれをはるかに超え、日本は力でアジア諸国を占領し、多くの方々のいのちを奪いました。聖書には、「わたしたち強い者は、強くない者の弱さを担うべきであり、自分の満足を求めるべきではありません」（ローマ信徒への手紙第15章第1節）と書かれています。今日にいたるまで、戦争被害を負っておられる方々に対して、本学会はどのような行動をしてきたか、自ら問い直さなければなりません。

2．2度と戦争を繰り返さない

平和の意味と平和を実現する術を学び、社会に発言していくことが必要です。ふりかえって、第2次世界大戦は、突然起こったものではありません。戦争に至る前に、私たちがどのようなことをすべきであったか、過去から学ぶことが大切です。また、紛争やテロの頻発する現在、憎しみの連鎖を断ち切るために、本学会は、どのようなことが可能か、絶えず模索し、さらに実践していくことが求められています。

3．多様性の理解と対話

第3に、平和の危機とは、戦争がもっとも大きな要因ですが、いのちや生存に対する脅威、差別、偏見、貧困、不平等、人間性の否定、基本的人権の蹂躙、環境破壊、核（原発を含めて）の脅威等も含みます。まず、本学会では、宗教、文化、伝統、人種、性、生活習慣等の相違を理解し、多様性を尊重し、対話と協力を深めていくことが大切です。そして、日本という一国を超えて、人間のいのちと存在、そして生活を支える「人間の安全保障」の視点から、地域、社会、国、世界を見直そうとする「ヒューマン・セキュリティ」の視点を忘れないこと。事実、軍事的手段による安全保障だけでは、平和は望み得ない事実に私たちは直面しています。開発においても人間中心の考え方を強調され、経済が推進するグローバル化した社会において、生活の豊かさについて、一国を超えて考えていくことが求められています。

以上の視点を踏まえ、本学会は、具体的な取り組みを模索できないでしょうか。

（1）平和を目指した実践から学ぶ

平和の実現にむけて、たとえ小さいと思われていた行いでも、一つひとつを大切に、先達や会員の働きを学び、理解する取り組みを積み重ねていくこと。国を越えたＮＧＯや教会も、飢餓、内戦、絶対的貧困、環境破壊、政治的抑圧等の困難な問題を解決する取り組みが盛んに行なっています。また、本学会の会員には、それらの活動に関わっておられ、また独自に実践されてこられた方々もおられます。

（2）キリスト教社会福祉実践の意味を学ぶ

キリスト教社会福祉実践とは、それぞれのいのち・存在を大切にするという原点に立ち、多様な側面から人間を理解し、生きていくことを大切に、日々共に生きていく道程であると思います。そのために、以下のことが必要です。

①いのちの意味を学ぶ

すべてのいのちは、神様から祝福されて与えられたもの。この事実に、疑義をはさむ余地はありません。だれもが、脈打つそのいのちを感じながら日々の生活を送り、明日に向かって歩んでいくことが求められます。

② 人間の存在の意味を学ぶ

人間を、医学的、生物学的に分析することは可能です。しかし、それでは人間そのものの姿が見えません。それぞれには、宗教、生活文化、伝統などの異なる背景と、それぞれの生き方、個性、能力に違いがあります。そのような一人ひとりの存在に敬意をはらい、そこから学ぶことが大切です。

③ 生きることの意味を学ぶ

お金を失うと生活の危機、誇りを失うと心の危機、希望を失うと存在の危機と言われます。生活の危機にある方々へのさまざまな取り組みは、キリスト教社会福祉実践も担ってきたという歴史があります。本学会は、２０１２年全国大会から3回にわたり、「希望の光が見える新たな社会づくり」をテーマに掲げ、学んできました。それぞれの人の誇りを大切に、それぞれの希望を見いだし、それぞれに届けることができるのか、学会自身が問われています。

（3） 共に歩む

本学会だけでなく、他学会、他機関、そして平和の実現を目指して、社会福祉現場、教育現場、宣教の現場で共に働いている人々と連帯して、希望の光を灯す学会でありたいと思います。

平和とは、与えられるものでなく、創るものであり、すでに達成しているものでなく、たえず達成を目指して挑戦し続けるものです。ならば、将来に向かう学会の存在の意義の根幹は、「あなたがたは神に選ばれ、聖なる者とされ、愛されているのですから、憐みの心、慈愛、謙遜、柔和、寛容を身につけなさい。互いに忍びあい、責めるべきことがあっても、赦し合いなさい。主があなたがたを赦してくださったように、あなたも同じようにしなさい。これらすべてに加えて、愛を身につけなさい。愛は、すべてを完成させるきずなです。また、キリストの平和があなたがたの心を支配するようにしなさい。この平和にあずからせるために、あなたがたは招かれて一つの体とされたのです。いつも感謝していなさい。」（コロサイ信徒への手紙　３：12―15）という聖句に固く立ち、キリスト教社会福祉実践に取り組んでいくことと信じています。

２０１６年6月24日

この提案にどのように答えていくか、私たちが問いかけられているのである。

## 参考文献

阿部志郎（1980）「キリスト教と社会福祉思想――ボランタリズムを中心に」嶋田啓一郎編『社会福祉の思想と理論――その国際性と日本的展開』ミネルヴァ書房。

阿部志郎（2001）『「キリスト教と社会福祉」の戦後』海声社。

岡本榮一（1978）「キリスト者とボランティア活動」『キリスト教社会福祉概説』日本基督教団出版局。

岡本榮一（1989）「人間（ボランティア）にとって存在とは」大阪ボランティア協会編『ボランティアにおくる14章――活動を深めるためのキーワード』

岡本榮一（2005）「喜びのみならず呻きをも」『日本キリスト教社会福祉学会通信』第67号。

岡本榮一（2008）「第49回大会基調講演　わが出会い、聖書と福祉と人権と――関西（大阪）を舞台とした先達の生き方を中心として」『キリスト教社会福祉学研究』第41号。

岡本榮一（2016）「記念特別企画　通信１００号、よう頑張った」『日本キリスト教社会福祉学会通信』第１００号。

岡山孝太郎（2011）「岡本榮一先生に感謝」『日本キリスト教社会福祉学会通信』第85号。

# 第3章　地域福祉の原点としてのセツルメント

岸川　洋治

## はじめに

岡本先生は『場――主体性の地域福祉論』（岡本 2002）において、「地域福祉は、社会福祉が目標とする人権の擁護と人間性の回復、社会福祉問題の予防、ノーマライゼーションと関わる統合と協同性が、最も具体的に展開可能な地方自治体および地域社会を重視する」（傍点は筆者）と述べている。一九六一年から九年間、大阪市西成区の釜ヶ崎の西側に位置する同和地区で大阪キリスト教社会館診療所ケースワーカーと西成児童館館長を兼務しながら地域の諸課題に取り組んだ体験から、人権擁護と人間性の回復の必要性を強く感じ取ったのではないだろうか。

本章では、岡本地域福祉論を念頭に置きながらボランタリズムを基調として、人間性の回復に取り組んだセツルメントの思想的背景を探りながら、セツルメントの今日的な意義と役割を確認したい。次に、横須賀基督教社会館[1]（以下、社会館）で一九五七年から五十年間、館長を務めた阿部志郎の実践を中心として記述する。阿部は明治学院大学助教授の時、三一歳で夭折したアーノルド・トインビー（Arnold Toynbee）の後を継ぐ気持ちで大学を辞し隣保事業の現場に入った。セツルメントの思想を根底に置いた五十年の実践とそこから生まれた思想形成の軌跡を辿り、最後に、岡本地域福祉論と阿部の実践・思想を受けて、新たな地域福祉展開の課題について述べることとする。

## 1　セツルメントの思想・実践と現代的意義

### (1) セツルメントの思想

周知のとおり、セツルメントはイギリスで産業革命前後に生じた社会問題、特に「貧困、病気、不潔、非道徳で非常に暗い地区」（Briggs and Macartney 1984: 2）の問題に人格的接触をとおして人間性の回復に取り組んだ。阿部は、セツルメントを「人格概念に根ざし、貧困社会にあって喪失せしめられた人間人格を回復させようとする価値創造の叫びである」（阿部 1957: 8）と表現する。

哲学者、エドワード・ケアード（Edward Caird）は、一八九二年、スコットランドで最初に創設されたセツルメント、「トインビーハウス」のリニューアルオープンの挨拶でジョン・ラスキン（Jon Ruskin）、トマス・ヒル・グリーン（Thomas Hill Green）、アーノルド・トインビーがこのハウスの設立に結びついている思想家であると述べた（Lynn 2012: 46）。

ラスキンは、当時の青年に大きな影響を与えており、トインビーも影響を受けた一人である。大熊信行は「ラスキンの熱心な聴講生の一人にして著しく彼の思想の影響を受け、実行においては彼より一歩進んだところの青年がある。アーノルド・トインビーである」（大熊 1927: 15）とトインビーの実行力を評価している。

トインビーの思想は、師であり友人でもあったグリーンの影響を受けていると指摘しているのは河合榮治郎である。「彼の影響を最も体現したものとして、吾々は先ずアーノルド・トインビーを挙げることができる。彼は逸早く労働者教育に着眼し、労働者の隣保事業に先鞭を附けた。（中略）今や大學隣保事業は世界に隈なく普及しているが、その直接の原因はトインビーに在る、然しその遠源を遡らんか、グリーンの人格と思想に在る」（河合 1939: 728）。サムエル・バーネット（Samuel Barnett）もまたグリーンの影響を受けている。

グリーンは人格の成長をもって、人間の究極の価値とみなした（萬田 1986: 73）。「すべての者が、社会の一員として、同胞の人格的成長とともに自分自身も成長し得るというグリーンの人格理想主義は、トインビーの思想と実践となって発展した」（阿部 1959: 145）。

グリーンは貧しい人々の生活に影響する政治や社会問題に関心を持っていた（行安 1982: 13）。一方、トインビーはバーネットと出会い、イースト・ロンドンで労働者と積極的に交わるなど実践活動を展開した。「労働者階級の要望に共鳴し、經濟學の研究に近づき、宗教の爲に、社會改良家となり、その社會改良の爲に經濟學者となり」（トインビー 1943: 14）、「経済史の研究と労働者階級の物質的道徳的向上とにかれの短い生涯を捧げた」（行安 1974: 152）ことは周知のとおりである。

トインビーは、労働者階級への講演で知識階級が労働者に対する誤りと罪を告白し、希望と信頼を持って労働者のために働くという決意を表した。さらに、物質的文明を得たとしてそれで終わりではなく、天に向かって上を向き成長しなければならないと人格の成長の大切さを訴えた（Toynbee 1883: 53）。この講演が終了した直後に倒れ、八週間後に天に召された。最後の言葉は知識階級と労働者階級が対等な関係であること、人格の成長が人生の目的であることなどで、これらは現代の社会においても求められている。トインビーの思想は、一種の階級間調和に関する思想であり、この思想はセツルメント運動に深く浸透していった（ヴィンテン 1984: 47）。

## (2) セツルメントの実践

バーネットは一八七二年、二八歳の時イースト・エンドの聖ユダ教会の牧師となり、翌年、結婚したヘンリッタ(Henrietta)とともに地域活動に積極的に関わった。バーネットは一八八三年、イースト・ロンドンの問題に取りかかる際、「定住」するだけでなく、経験を分かち合うこと、触れあうことだけでなく、共同体を形成することを望んだ。それらが無意識に行われるとき、一致の心が生じると考えた(Briggs and Macartney 1984: 5)。「たとえ一ヶ月でも貧しい人たちと生活を共にすれば、それまでの古い考えに安住することはありえない」「大学のセツラーたちが、貧しい人たちと共にベストを尽くし、彼らの生きる姿を感じとることから学ぶことによって、セツルメントは生活の不平等を少しでも取り除くものとなるだろう」(Briggs and Macartney 1984: 5)。

バーネットは、イースト・ロンドンでの「誤った救済」を気に懸けていた。貧民を無思慮と偽善にそそのかすみさかいなしの慈善、貧民をつくりだす無配慮な施しを嫌悪していた。トインビーホールのレジデントには慈善ではなく教育を、友人としての交流だけではなく住民相互の友情を創り出すことが求められた。貧民たちの悲劇は、単に物質的貧困だけにあるのではなく、精神的貧困にもあることに気づいていたからである。

バーネットは"One by one"をモットーとし、"not alms but a friend"の考えを基に人格の回復のために尽力した。バーネットは文字通り人格的な接触、共同の行動、グループでの娯楽など日常的にそのことを実行した。

トインビーホール開設に続いてイギリスでは各地にセツルメントが展開された。あるロンドンでのセツルメントの開所時に小説家ウォルター・ベサント(Walter Besant)は"Not money but yourself"(金銭ではなく自分自身を)と呼びかけ、モード・コーベット(Maud Corbett)は、貧民の話を聞き、彼らの困難や重荷を理解し、彼らの場所に我々自身の身を置こう、と訴えた(Meacham 1987: 80–81)。

### (3) セツルメントの現代的意義

筆者は、社会福祉制度が確立するにつれて、民間社会福祉の自主性、主体性が失われてきたこと、特に介護保険施行以降、受け身の立場に立っている社会福祉施設が多いように思え、そのあり方に危機感を持っている。民間社会福祉が真に民間らしく再生するために必要なことは「ボランタリズム」の復権ではないかと思う。セツルメントはボランタリズムを根底に持ちながら「人間観」「対象者観」「援助観」「施設観」などの現代の社会福祉のあり方を問う視点を持っていることに意義があると言える。

今日の社会には、「労働の二極化、所得格差の増大、健康の不平等、社会的孤立の蔓延」(日本学術会議社会学委員会・経済学委員会合同、包摂的社会政策に関する多角的検討分科会 2014) など社会の分断状況がある中で、生活課題を抱える住民と日々接している職員は、社会的排除が起因する状況を身を以て体験しているはずである。濱野一郎[2]は次のようにセツルメントの重要性を説いている (濱野 2005: 7-8)。

> セツルメントは理念を実現するための運動である。それは『運動』であるだけに、人々の権利を侵害する傾向や勢力に対して抗して実践される。近隣地区を起点として、さまざまな人々との連帯を基礎として、問題をともに解決していく過程としての運動である。それは、現代の諸問題が渦巻く最先端の場所から未来を見通そうとする運動である。セツルメントは例えば、貧困問題を例とすると岩田正美が『貧困問題の提起は、現に貧困に生きる人々の生活や考えへの深い洞察に基礎を置いていないと、ただ貧困からの脱出を是とする価値判断に短絡してしまう危険性を孕んでいる』と提起した課題を現場実践の中から実証していく位置にいるし、その責任が社会によって課せられている。(傍点は引用者)

すべてのソーシャルワーカーはニードに隠された、その背後にあるものを察知できなければならない。福祉の現場は、生活にかかわる諸問題と向かい合い、寄り添い、必要な自立支援をし、代弁し、問題の解決を図る第一線の場である。ワーカーには地域への同一化と客観化が求められる。濱野が残した「社会から課せられた責任」を全うしたいものである。

## 2　セツルメントから地域福祉へ——阿部志郎の実践

### (1)　セツルメントの応用

阿部は学生時代、トインビーの追憶を読み、魂をゆさぶられ、ごく素直にセツルメントへと導かれた。大学助教授時代に数本のセツルメント関する論文を発表しているが、一九五七年、社会館館長としての実践ではどのような考え方で取り組んだのかを記述したい。

二年目が過ぎ、地域の諸問題に直面し、隣保事業の困難さを記述した次の文章は、セツルメントの思想と方法を実践に移そうとする姿勢が見られる。

> 隣保事業の現場で思うこと
>
> 朝6時から乳飲み子を保育所に預けにくる日雇いの寡婦、傷害事件を起こして家庭から拒否された少年、友だちもなく孤独に耐えかねている身体障害者、碁に打ち興じながら家庭での不満をまぎらわす老人等、さまざまの人生と、それにつきまとう問題が地域とともに生きる隣保事業に、凝縮してあらわれる。今日の地域社会の問題は何であり、そのために隣保事業は、一体、何をしているのであろうか。

家庭・学校・団体・友人・隣人の間に正しい人間関係が喪失しているということが、昔と変わらず今日なお地域社会の直面する深刻な問題であると言わなければならない。
そこでケース・ワーク、グループ・ワークという社会事業の技術と、保育・相談・授産・診療・クラブ等の方法を用いて、人格と人格のふれあいを通して問題に苦しむ人に希望を与え、互いに助け合うために、地域のセンターとして存在するのが隣保施設である。真実な社会（Communere＝交わり）を築きあげるために地域福祉の橋頭ほとなることが隣保事業の目標であり使命である。物質を超えた「目に見えないニード」を見出しそれに対処しなければならないところに隣保事業の困難さがある。

方針の一つに「全体社会への架橋的役割として未開拓分野を切り開き、公的責任へと架橋するとともに積極的に大学生ボランティアを受け入れる」ことがある。肢体不自由児保育（一九五八年開設）は、母親の訴えに応えようとしたことが開設の動機である。肢体不自由児父母の会が結成され、肢体不自由児施設設置運動を起こし、九年後に市立の施設が実現した。この事業は潜在化しているニードを掘り起こし、開拓的、実験的に取り組み、方向付けを試み、より適切な資源に結びつけるというリントン・スイフト（Linton Swift）の「多数－公営、少数－民営」理論の典型的な例である。

社会事業の方法としては、ケースワーク、グループワークを重視し、ケースワークは、大学院教授の指導によるケースワーク研究会を毎週実施した。家庭相談所では館長、スーパーバイザー、ケースワーカー、インテークワーカーによるケース会議でケース方針を決定した。また、館内各プログラム利用者のケース診断処遇会議を週1回、2時間開催した。

児童クラブ、中高生クラブ、学童保育などはグループワーカーがその任を担った。この時期に在籍した職員には山崎美貴子、窪田暁子、吉沢英子などがいた。阿部が、これほど力を入れたケースワーク、グループワークのアプローチもやがて方向転換する。

## （2）施設中心からコミュニティケアへ

### ① ケースワーク、グループワークからコミュニティワークへ

一九六七年、阿部は工業化、都市化が進展する都市において、隣保事業はグループワーク中心からコミュニティオーガニゼーション中心へと方向転換を迫られていることを指摘した論文を発表した（阿部 1967：19）。要点は下記の通りである（傍点は筆者）。

> コミュニティを建設するのが隣保事業の課題である。そこで、単にニードに個別的に応えるのではなく、地域のニードを掘り起こし、住民の生活態度の変容とともに、ニードを計画的・総合的に充足する組織活動と結びつくことが必要である。直接的サービスに重点が置かれると、いつの間にか施設中心主義に陥り、事業内容が固定化していく恐れがある。隣保事業の柔軟性を可能とするのは運動体としての性格である。

大きな方向転換の理由を筆者は次のように推察している。第一は、地域社会の変容から生じる福祉課題解決のために地域社会のあり方が問われることになると予測していたのではないだろうか。第二は、阿部には「施設中心主義」の施設運営に対して、自戒をこめて警告を発信しなければならないという内的な要因があったのではないか。阿部は、「施設中心主義」に陥るのは「措置費」によって施設経営が安定し、民間性が失われたのではないか、施設を守ることに汲々としている施設経営が「施設中心主義」を生む背景ではないだろうか、と論文や講演で主張し

ていた。「セツルメントは、『運動』の拠点として位置づけることによって、施設中心主義を超えようとした」（阿部 1986: 71）ことからも学んだのではないか。

阿部就任後の十年間は、高い専門サービスを提供することに腐心し、住民は利用者の立場であった。サービスの受け手としての住民から担い手としての住民と変化するには長い歳月を必要とした。住民は徐々にではあるが社会館事業にボランティアとして協力し、自治会、老人会との関係も良好であった。毎年、秋のバザーでは自治会婦人部の協力を得ている。専門施設中心主義に限界を感じると同時に徐々に育ってきた住民の力を感じ取ったことが大きな方向転換となったと推察する。

### ②　地域福祉の展開と位置づけ——コミュニティケアをめぐって

地域活動のきっかけは、社会館の全面改築に対して、寄付をしていない町の住民が、社会館のバザーに町をあげて支援しようとする動きであった。その後、バザーが町ぐるみで取り組まれるようになり、民生委員との連携が図られ、民生委員を中心として地域活動（老人給食など）が実施され、その活動を支え、発展させるための「田浦町たすけあいの会」が設立されるなど一九六八年から一九七四年にかけて地域活動の基盤が出来上がった。

阿部は、一九七三年、社会館が第１次対象地域としている田浦小学校で展開されている地域活動の体験から確信をもって住民を主体としたコミュニティケアの定義を提唱した。

> 一定の地域で、組織化運動を通して、住民が相互の福祉を守るための具体的サービス活動を基盤として、福祉問題に対する公私の責任分担と機関・施設の体系化をめざす社会福祉の方法である。（阿部 1973: 158）

コミュニティケアの議論は地域福祉へと収斂されていったが，筆者は阿部のコミュニティケアの定義が今日の課題に応えるものだと思っている。当時この定義は，公的責任を住民に押しつけているなどの批判があったが，今日主流となっている地域包括ケアシステムで欠落している住民活動をどう生み出し，資源として育てていくのかに大きな示唆を与えているからである。日常生活圏での住民同士の支え合いが地域包括ケアの基盤でなければならない。

一九八九年，社会館は高齢者のコミュニティケアの資源として高齢者デイサービス，在宅介護支援センター，ホームヘルプ事業を開始し，他機関とのネットワーク構築に取り組み地域福祉実践に取り組んだ。

一九九五年，現在の本館が竣工し，「互酬性を基盤とした自立と連帯のコミュニティ」を築くための住民参加，ボランティア活動支援を行うと同時に複合福祉施設として，乳幼児から高齢者，障害者への直接的サービス事業を展開することとなった。

阿部は社会館創立六十周年を終えた翌年，二〇〇七年三月，館長職から身を引き，請われて会長に就任し，隣保事業の現場からは離れた。

## （3）阿部の実践とセツルメント思想

阿部はセツルメントの意義を七つ挙げている（阿部 1989: 4-8）が，その中から阿部の実践と結びついている六項目を挙げてみる。①「セツルメントはボランタリズム思想の産物」，阿部は民間施設を意識し，「公」が実施する前に課題を発見し，それにチャレンジした。②「セツルメントの人格主義，基本的人権の尊重」，社会館理念並びに倫理綱領に位置づけ，実践の指標とした。③「人と人との人間的接触，教育的機能」，早くから障害児の統合保育を実施し，現建物では乳幼児から高齢者，障害児者など複合施設として利用者同士の交流を深めている。④「社会調査をとおした実態把握」，必要に応じて調査を実施し事業の方向づけをした。⑤「住民参加をとおした環境の改善、コミュニティワーク」、地域社会を基盤として、住民との協働による運動性を方向付けた。⑥「強烈な目的意識、漸進主義」、阿部は館長就任時から田浦に住んでいるし、今後も住み続ける。セツルメント活動への目的意識はこのようなことから感じられる。また「休まず・急がず」の歩みであったと思う。このようにセツルメントの意義は阿部が五十年間、実践してきたことと重複する。言い換えればセツルメントの思想をコミュニティケアへ、さらに地域福祉と昇華させたと言ってよいだろう。

## 3　新たな地域福祉の展開に向けて

### (1) なぎさの福祉コミュニティからの得た示唆

「なぎさ論」は、岡本先生からの地域福祉研究者へのディセント（Dissent）だと思う。ディセントには大多数の人と意見を異にするという意味がある。社会福祉施設を無視したような地域福祉論の組み立てが大勢を占めていることに対する異議申し立てである。

岡本先生執筆による「なぎさの福祉コミュニティとはなにか」は、まさに核心に触れる導入の部分にあたり、その定義に概念が凝縮されている（岡本 2013: 5)。

特別養護老人ホームや児童養護施設などの福祉施設が、陸と海の間に展開されるなぎさのように、施設と地域社会の間に公共的な空間をつくり、そこにおいて継続的・意図的な支えあいや交流活動を生み出し、ノーマルな社会的・対人的な地域社会関係の創造をめざすことをいう。

### ①住民のパートナーとしての福祉施設

一九七〇年代、施設の社会化が議論された。筆者は、今日においては従来の「社会化」の段階を超えた「社会福祉施設がコミュニティ形成の核としての自覚に基づく地域へのかかわりの段階」と考えている。それは社会福祉施設が住民をパートナーとして捉え、コミュニティ形成に向けて協働し住民自身の力が増進していくことがこれからの社会には不可欠と実感しているからである。岡本先生は、一九六九年に子どもの環境づくりは親たちを含めた地域住民が主体的に推進しなければならない、児童館職員はその援助者的役割であると指摘している（岡本 1969：41）。なぎさ論で言われているように特別養護老人ホームも児童養護施設もコミュニティへの積極的なアプローチが望まれる。

### ②地域をつくる福祉教育

岡本先生は、「今後は、なぎさの概念を入所施設にとどめず、『学校・地域関係』における福祉教育・ボランティア学習実践への援用を試みたいと考えている」（岡本 2012：259）。

社会館では地元の小中高、大学並びに関係団体と連携し福祉教育を実践し二十年近くの積み重ねがある。地域の小中高の生徒たちが、毎年一七〇名前後が社会館で学び、活動している。その中には職員となった者もいる。種を蒔き、いつ花開くか分からないが、バーネットが座右の銘としていたロバート・ブラウニングの〝鳥がついばむからといって、種を蒔くことをおそれるな〟を思い起こしながらこれからより一層力を入れたいことの一つである。学校における福祉教育の重要性を岡本先生から裏書きを得て心強い限りである。

## （2）地域福祉の課題

『場――主体性の地域福祉論』での地域福祉の定義の後半部分は、これからの新たなコミュニティ形成、さらに地域福祉の展開に示唆を与える。「地域福祉とは、そのような地方自治体、あるいは望ましい地域的範囲域を基盤にして、行政セクター、営利セクター、非営利セクターの三つの異なる推進主体の協働によって、①地域ケア、②予防と共生、③住民参加の三つのステージで織りなされる福祉的・連帯的・自治的・統合的な営みである。それらはそれぞれの地域的特性をもちながら、行政と民間の力動的な関係と実践的な方法によって構成され、創造される」。

筆者はかつてコミュニティケアを構成する三つの要素として、「自然発生的援助ネットワーク」「ボランティア援助ネットワーク」「フォーマルサービス」とし、日常生活圏を基盤として相互に織り混ざる（interweaving）ことが必要だと述べた（岸川 1988：38-39）。

社会福祉法による地域福祉は、「地域における福祉」であり、この捉え方では限界が生じ「地域による福祉（Care by the Community）」を目指すべきである。そこで、筆者は、「ボランティア援助ネットワーク」を重視している。コミュニティケアの発想には、岡本先生が地域福祉の定義の前半部分（本論の「はじめに」に記述）で指摘する社会福祉問題の予防、ノーマライゼーションを含んだものであり、後半部分の定義にある地域ケア、予防と共生、住民参加が行政の参加も得ながら展開することが新たなコミュニティを築くこととなると考える。

社会館では地域包括支援センター、障害者相談サポートセンター、介護保険サービス、育児相談、地域活動を統合し、「地域総合相談」として上記三つの資源と連携した体制で構築する試みを始めている。近隣での支え合いの強化、コミュニティを基盤としたボランティア活動の支援、フォーマルサービスと連携・協働などを通して新たなコミュニティ形成に向かって歩んでいる。

岡本先生が指摘しているように地域的特性を持ちながら、行政と民間の力動的な関係と実践的な方法が不可欠であるが、行政がどのようなスタンスを持つのかにかかっている。

住民の生活は、行政のタテ割施策では対応できないことは明らかである。ヨコ並びとするためには地域でネットワークを作ることが不可欠であるが、住民の生活の視点が欠け、住民主体の位置づけが不十分な地域包括ケアシステムでは全く機能しないであろう。タテ割行政を脱皮しようとする意識を持った行政と住民の最も身近で働いている民間――施設の地域活動、市民活動、ボランティア活動、ＮＰＯ活動――が力動的な関係を構築することが新たな地域福祉を拓くこととなろう。

## おわりに

岡本先生と阿部の根底にある思想は、ボランタリズムであろう。阿部は、大海も一滴のしずくの集合体であるとの思いに立たないかぎり、福祉実践は支えられない、これがボランタリズムの理念であるという。

地域活動、市民活動、ＮＰＯ活動もこのボランタリズムの理念を忘れず、漸進主義で歩んでいきたいものである。

注

（1）　横須賀基督教社会館は、一九四六年、コミュニティセンターとして設立され、純粋なセツルメントとは言えない。しかし、事業方針にはセツルメントの影響が見られる。

（2）　濱野（社会館理事長）は二〇一七年一一月、死去した。

## 参考文献


阿部志郎（1957）「アーノルド・トインビーの生涯と思想——セツルメント運動の社会思想的考察Ⅱ」明治学院論叢第44号第1集。

阿部志郎（1959）「経済学史上のアーノルド・トインビー」『近代社会の諸問題』有信堂。

阿部志郎（1967）「地域社会の変容と隣保事業の課題」『月刊福祉』50（10）。

阿部志郎（1973）「地域福祉の展開と位置づけ——コミュニティ・ケアをめぐって」、『ジュリスト』第５３７号。

阿部志郎（1986）「セツルメントからコミュニティ・ケアへ」、『地域福祉の思想と実践』海声社。

阿部志郎（1989）『実践への架橋』海声社。

Briggs, Asa and Anne Macartney（1984）*Toynbee Hall: The First Hundred Years*, Routlege & Kegan Paul.

濱野一郎（2005）「セツルメントの現代的課題」セツルメント研究会討議資料。

河合榮治郎（1939）『トーマス・ヒル・グリーンの思想體系』日本評論社。

岸川洋治（1988）「コミュニティ・ケアへの途」『月刊福祉』71、5月号。

萬田悦生（1986）『近代イギリス政治思想史——T・H・グリーンを中心にして』慶応通信株式会社。

Meacham, Standish（1987）*Toynbee Hall and Social Reform 1880-1914*, Yale University Press.

日本学術会議社会学委員会・経済学委員会合同、包摂的社会政策に関する多角的検討分科会（2014）「提言「いまこそ『包摂する社会』の基盤づくりを」」。

岡本榮一（1969）『児童館と子どもの健全育成』大阪セツルメント研究会。

岡本榮一（2012）「岡村地域福祉論となぎさの福祉コミュニティの展開」『自発的社会福祉と地域福祉』ミネルヴァ書房。

岡本榮一（2013）「なぎさの福祉コミュニティとは何か」『なぎさの福祉コミュニティを拓く』大学教育出版。

大熊信行（1927）『社会思想家としてのラスキンとモリス』新潮社。

トインビー、川喜田孝哉他訳（1943）『英國産業革命史』高山書院。

Toynbee, Arnold（1883）*Progress and Poverty*, Kegan Paul.

ジュラルド・ヴィンテン、川田誉音訳（1984）「１００年目を迎えるトインビー・ホール——その神話と現実」『ソーシャルワーク研究』10（3）。
Lynn, Bruce（2012）*Scottish settlement houses from 1886-1934*. PhD thesis, University of Glasgow. http://theses.gla.ac.uk/3723/（2018年9月22日閲覧）
行安茂（1982）「T・H・グリーンの生涯と思想」『T・H・グリーン研究』お茶の水書房。
『地域福祉研究』30（2002）、日本生命済生会。

# 第4章　地域福祉での公私関係の分水嶺——岡本栄一からの示唆

小野　達也

## はじめに

岡本栄一の公私関係はボランティア論、参加する福祉として構築されてきた。その要諦は、「拮抗／協働」[1]と言える（岡本 1981）。「公」と「私」は時に拮抗し、時に協働するという関係である。[2]その後の分権化や多元化をめぐる時代的変化の中で公と私の置かれた条件も変化してきたが、岡本が探究してきた公私関係を現代的文脈に位置づけ、地域福祉に引きつけて考察することが本論の目的である。

二〇〇〇年代に入り、地域レベルでさまざまな生活問題が顕在化し「地域福祉の主流化」が指摘されたが（武川 2006）、現在では「地域福祉の政策化」が始まっている。これは地域福祉を実現するものだろうか。そこでの地域住民、ボランティア、多様な民間の事業主体の位置づけや意義はどうなるのであろうか。以下では、第1節で岡本の公私論を整理した後に、二点について検討する。第2節では、地域共生社会での公と私の関係に焦点を当てる。

岡本の公によるボランティアの取り込みという問題提起を意識しつつ、地域共生社会で私の対象化・客体化が生じないために何が必要なのかを考察する。さらに第3節で、地域福祉の高い質、レベルを追求する上での公私の役割を取り上げる。旧状復帰、マイナスからゼロへの福祉で終わらずに、地域福祉を実現するための可能性を問うてみたい。

## 1　岡本の公私関係

### (1)　拮抗と協働

『ボランティア＝参加する福祉』で岡本は、福祉を充実したり、その課題を解決したりするための「制度的保障体系」(以下、保障体系)と「直接的住民市民参加体系」(以下、参加体系)を示している(岡本 1981：36)。保障体系は国や地方自治体が義務として遂行する福祉政策を意味している。それには、社会保険や生活保護などの経済保障、また老人ホームや保育所などの施設的保障、さらに高齢者や障害者、児童などに対するサービス面の保障が含まれる。これに対して参加体系には、「運動」、「参画」、「活動」の3形態が含まれる。運動は、抵抗・防衛的運動、訴訟運動、施設増設運動、請願運動などがある。参画は、審議会、公聴会、モニター活動などの自治体の政策策定への住民・市民参加である。活動は、子どもや非行問題などに対するボランティア活動、サロン活動、施設への訪問活動などである。

この保障体系と参加体系の関係は、「時には運動面で拮抗し、時にはサービス面で協働(分担)する」というものである。保障体系に対して、参加体系は運動型ソーシャルアクションで拮抗し、サービス型ボランティア活動により協働する（図４－１）。

岡本はこれを「二極構造」と呼び、両者が独立した上で主体的に協働することで、ダイナミックな福祉の推進が図れるとする。制度的なものがボランタリーな市民活動を抱え込んだり、支配したりしてはいけない。それは不幸な時代であると述べる（岡本 1987: 234）。

この拮抗の意味は、一般的に考えられている勢力や能力が肩を並べているという意味合いとは異なる。むしろ、緊張関係という意味である。参加体系からすれば国家や制度による支配やとり込みをさせない、また保障体系に対してソーシャルアクションにより要求や制度の変革を突きつける、というものである。

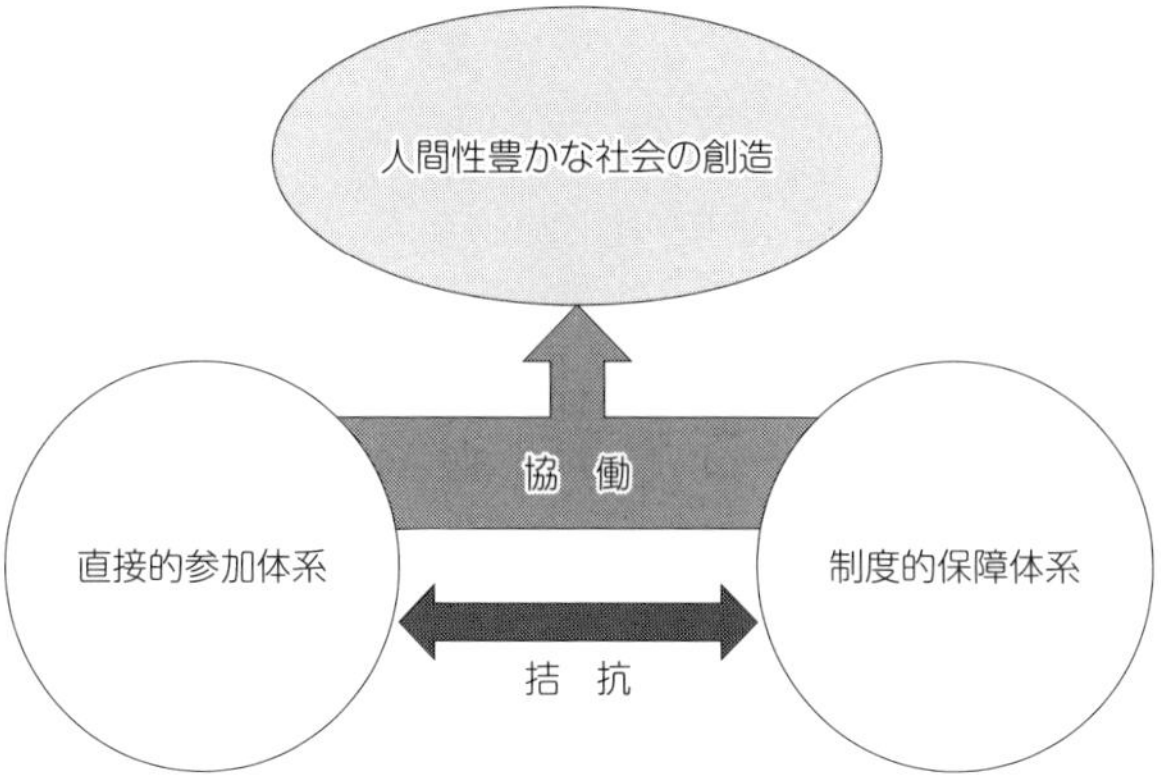


図４－１　「拮抗／協働」の基本構図

出典：岡本（1981: 37）の図１－１をもとに筆者修正。

岡本の公私関係の特徴は、私の自立性の強調である。ボランティアに即していえば当時の「ボランティアのとり込み化」、ボランティアの「資源化」への危機意識がある[3]。「ボランティアのとり込み化」は、「体制的・構造的に、ボランティア活動が、資源すなわちマンパワーとして制度の中に組み込まれていくこと」である。資源は機能的・選択的だが、資源化は制度的・政策的なものであるとも述べる（岡本 1987: 237-238）。

参加体系は市民的自由を基盤にしており、そこにはボランタリズムがかかわっている。岡本はボランタリズムの語義を探索し、キリスト教会が国家から自由であることに由来するボランタリズムに注目する。国家や行政権から自立し、自由であること、場合によっては国家権力を恐れずに批判し抵抗していく思想の重要さを示す。その自由性ゆえに、「制度や組織に組み込まれた者には期待できない批判、抵抗、創造、連帯、提言といった行動を生み出す」とする（岡本 1981: 25-26）。そのために岡本は、行政主導型のボランティア活動の推進には賛成せず、「公私分離」の原則を貫いた上で、行政と分担、協働すべきという立場を取っているのである。

### （2）多元的状況下での公私関係

だが、福祉供給論が強まり多元的な供給システムが登場したことで「公・私二元論」、「二極構造論」は後退していくと岡本自身が指摘する（岡本 1987: 235）。二〇〇〇年代に入ると岡本は、主体と場から地域福祉論の分類を行う。場とは「地域福祉問題の解決、予防と共生、福祉コミュニティづくりが展開される場」であり、つまり地域福祉が展開される「場」である（岡本 2002a: 13）。そこには「地域ケアのステージ」、「予防と共生のステージ」、「住民参加のステージ」という三つのステージがある。これに対して主体とは、地域福祉を推進したり支援したりするもので、地方自治体などの「行政セクター」、社会福祉法人やＮＰＯ法人などを含む「非営利セクター」、企業などの「営利セクター」である。その上で非営利セクターが住民参加とかかわるとされている。特に住民参加のステージは住民参加と非営利セクターが重なる結節領域であり、福祉コミュニティ形成の鍵がある。「住民が非営利セクターを支え、非営利セクターが住民参加＝ボランティアを支援するような関係」である。

このように「場－主体の地域福祉論」は二極構造論でなくセクター論となっているが、そのセクター間の関係には「独立と協働」の原則が明示されている（岡本 2002a: 23）。ニーズをめぐる分権と参加の進行において「拮抗／協働」は装いを変えて継続しているのである。岡本の言う二極構造論の後退とは、消滅という意味ではなく、背景化、つまり見えにくくなっているという意味に捉えることができる。

## 2 「主体－主体」関係の創出のために

### （1） 地域福祉の政策化

二〇〇〇年代以降「地域福祉の主流化」が指摘されてきたが、近年は「地域福祉の政策化」へと進んできている。その象徴が「地域共生社会」であるが、そこでは公私関係がひとつのテーマになっていると見ることができる。

二〇一七年四月に厚生労働省から出された「『地域共生社会』の実現に向けて」は「当面の改革工程」というサブタイトルがついている（厚生労働省 2017a）。ここで地域共生社会とは「制度・分野ごとの『縦割り』や「支え手」「受け手」という関係を超えて、地域住民や地域の多様な主体が『我が事』として参画し、人と人、人と資源が世代や分野を超えて『丸ごと』つながることで、住民一人ひとりの暮らしと生きがい、地域をともに創っていく社会」と説明されている。

地域共生社会が提起された背景としては、これまで「縦割り」で整備されてきた公的な支援制度の問題、急速な人口減少、「つながり」の再構築の必要性が提示されている。「我が事」・「丸ごと」の地域づくりをするために、①地域課題の解決力の強化、②地域丸ごとのつながりの強化、③地域を基盤とする包括的支援の強化、④専門人材の機能強化・最大活用、という四つの柱がある。

### （2） 地域住民の位置づけ

地域共生社会の実現に向けて、医療、介護、住まいなどにかかわる専門職や福祉事業者だけでなくさまざまな分野の機関の役割がある。しかし、より印象が強いのが地域住民の位置づけである。基本的に地域共生社会への取り組みは、「自分の暮らす地域をより良くしたいという地域住民の主体性に基づいて、『他人事』ではなく『我が事』として行われ」ることが期待されている（厚生労働省 2017a）。

改正された社会福祉法（二〇一八年四月施行）では、地域住民等は、地域福祉の推進に努めること、地域生活問題の解決に当たる関係機関との連携によりその解決を図るように留意することが規定されている（第4条）。また、社会福祉を目的とする事業を経営する者は、地域福祉の推進にかかわる取り組みを行う地域住民等との連携が求められ（第5条）、国および地方自治体は地域住民等による地域福祉の推進のために必要な各般の措置を講ずるように努めなければならない（第6条）とされている。厚生労働省が自ら解説しているとおり、従来は理解と協力を得るべき存在にとどまっていた「地域住民」を改正後は、事業者等と連携・協力して地域福祉の推進に努める主体として位置づけている（厚生労働省 2017b）。また、実践的な地域力強化推進事業でも、身近な圏域において「住民が主体的に生活課題を把握して解決を試みる体制」が中核となっている。

理念的、法的、実践的に地域住民は地域共生社会で重要な役割を担うことになる。これは、地域福祉での「住民主体」の実態化とも言える。しかし、問題なのはそれが国の政策によって位置づけられていることである。国の政策が地域に提示され、その具現を求められており、主体としての住民が描かれている。政策決定されたものに参加するだけでは、地域住民は十全たる意味の主体とは言えない。政策立案での合意形成や意思決定のプロセスに明確に位置づけられないまま、はじめに政策意図ありきであれば、地域住民は政策の対象である。これは描かれている地域共生社会のスキームの優劣ではなく、意思決定や手続きに関する主体性の実質の担保という課題である。協働が行政のリーダーシップによるものなのか、住民の自治にもとづくものなのかという問題は「協働の二重性」とも指摘されている（速水 2014：34-35）。いくつかの設定上の変化はあるにせよ、こうした点は、ボランティアのとり込みに対して岡本が論じていた危惧と近似している。地域福祉の政策化により改めて公と私（この場合は特に地域住民）の関係が問われている。

### （3）生活世界のイニシアチブ

こうした問題を検討するためにユルゲン・ハーバーマス（Jürgen Habermas）の考えを取り上げてみよう。岡本は「とり込み」への対応として私の財政面での自立を強調したが，ハーバーマスは別の視座を提供してくれる。ハーバーマスは，社会を生活世界とシステムから捉えている（ハーバーマス 1981＝1987）。システムは貨幣や権力を媒体とするものであり，市場や行政サービスがその典型である。生活世界は人々のコミュニケーションによってつくられるもので，友人関係，地域社会，コミュニティなどを想定することができる。現代社会はシステムが大きく発展し，便利な社会となっている。しかし，システムは生活世界に入り込み，そこを「植民地」化していく。人と人のわずらわしいコミュニケーションや人間関係をシステムに置き換えることで「快適」な生活が実現する。誰とも会話しなくても生活が可能となる。(4) だがこうした社会は，他方で排除や孤立を産み出す社会にもなっている。その課題への対応が現在の地域福祉の大きなテーマである。

ハーバーマスの安直な適用は避けつつも，地域社会を生活世界とシステムから理解することで，生活問題を整理することができる。ハーバーマスの言う「生活世界の植民地化」は，① 人々のコミュニケーションが市場や行政サービスというシステムに侵食されていく問題である。これに対して，② 現在ではシステムからの排除（社会的排除）という問題がある。また，③ 生活世界に沈滞してしまう，引きこもり等の問題がある。さらに，④ 生活世界からの排除という問題もある。地域社会，コミュニティから拒絶される社会的排除である。

ここでのポイントは，これらのケースへの根本的な対応の起点はいずれも生活世界の側にあるということである。ハーバーマスが示す①の生活世界の植民地化への処方箋は「生活世界の合理化」である。これは生活世界でのコミ

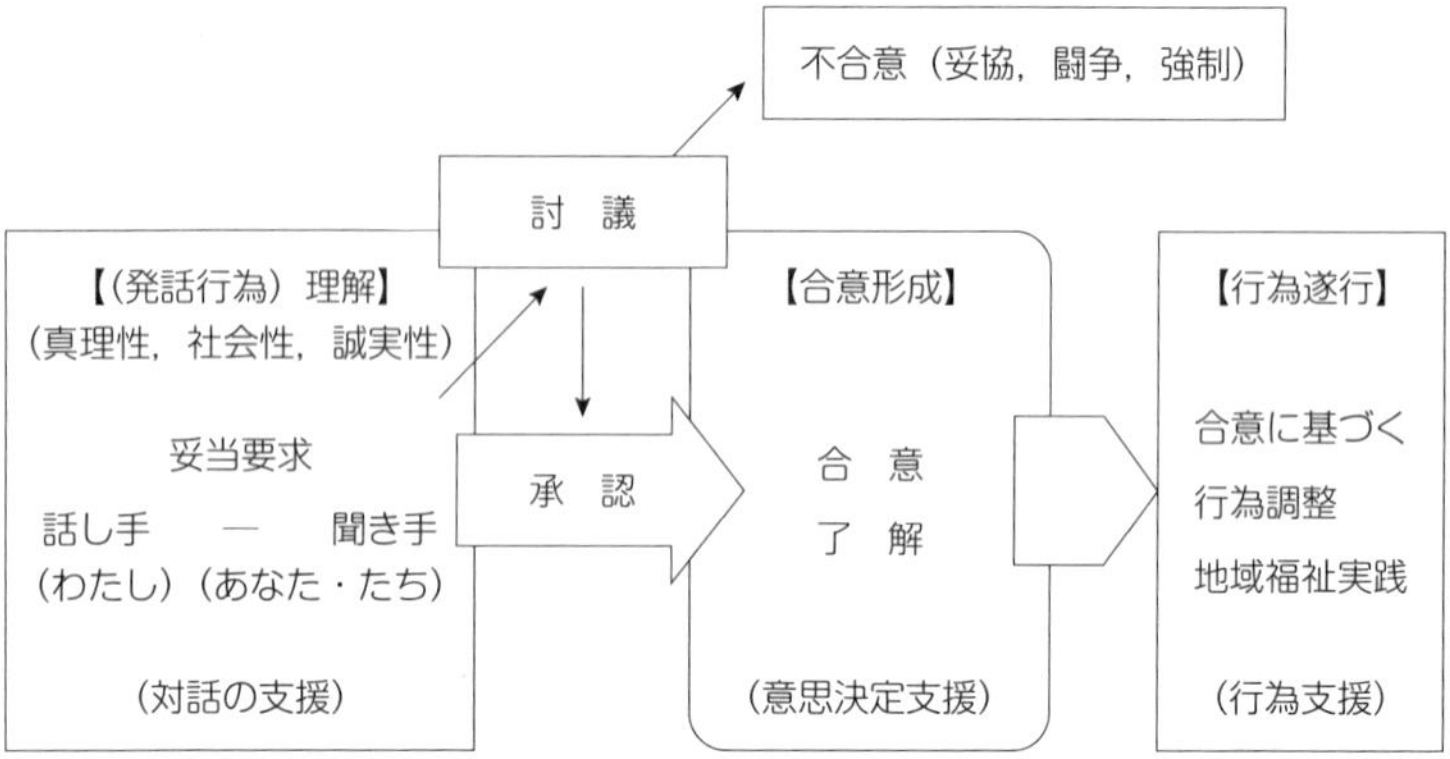


図４－２　対話的行為の基本ユニット
出典：小野（2014: 105）。

ユニケーションの合理性を高めることで（コミュニケーション的合理性）、システムの持つ目的合理性に対抗していくものである。ほかの②～④のケースでも同様に生活世界を活性化することが、問題を打開していくことにつながると考えられる。

## （４）地域共生社会への向き合い方

システム（政府）が生活世界（地域・住民）を取り込むことになるか、あるいは生活世界がイニシアチブを発揮できるかによって地域共生社会の性格は大いに異なるものとなる。地域共生社会は、行政や住民の持ち味を出し合う課題解決の仕組みであるが、生活世界とシステムの関係に留意が必要となる。これはシステム自体を否定するものではなく、そこに生活世界の意向、イニシアチブが反映していない場合を問題視するのである。

住民の主体性を考えるのであれば、生活世界をより内実のある豊かなものにしていくことが必要である。そのための有力な方法が、地域福祉実践での対話的行為である（小野 2014）。対話的行為では、話し手と聞き手の対話により合意を形成し、それに従って互いの行為を調整する。これはシステムとの関係を再構築すると同時に、生活世界自体を科学的、社会的、美的に高めていくことになる。対話的行為を活用して、地域共生社会を生活世界から問い直す作業工程が加えられなければならない。

地域住民が福祉実践に関わっていくには、感性主導、理性主導、観念主導などいくつもの入口がある。(5) ただし、いずれが入口になったとしても、実践過程のどこかで対話的行為のフィルターを通れば、それによって合意に基づく「主体 - 主体」の実践となる。

政策としての地域共生社会を地域住民が「我が事」にするためには、それぞれの地域でこの政策と向き合う必要がある。政策を既定のものとして、普及方法のみを検討するのでは、この構想の志向する真相は実現できない。問題解決のための枠組みというレベルを超えて真に地域共生を目指すのであれば、地域共生社会という考え方に対して生活世界の対話を興し、意思形成する必要がある。地域共生社会はそのためのたき台としての機能を有する。このプロセスを軽視しては、かたちだけの地域共生社会に終わる。対話的行為により「主体 - 主体」関係を生み出すことが、地域共生社会の内実化への道となる。

## 3　地域福祉の実現のために

### (1) 当為概念に向けて

さまざまな生活問題が地域で生じ、その解決が迫られている時代であるからこそ、状況に流されるのではなく、今一度福祉のあり方を確認したい。公私関係が生み出す福祉の発展的展開を考えたい。岡本によれば社会福祉は「人々が幸せに生活できるように支える制度」、「幸せになるための支えあい」である。その社会福祉の概念には、望ましい状態や理想を追求する「当為概念」(「目的概念」) と、現実の福祉問題に対応する福祉制度などを意味する「実体概念」の2つが含まれている。その上で岡本は、一般的に社会福祉という言葉を使用する時は現実的な

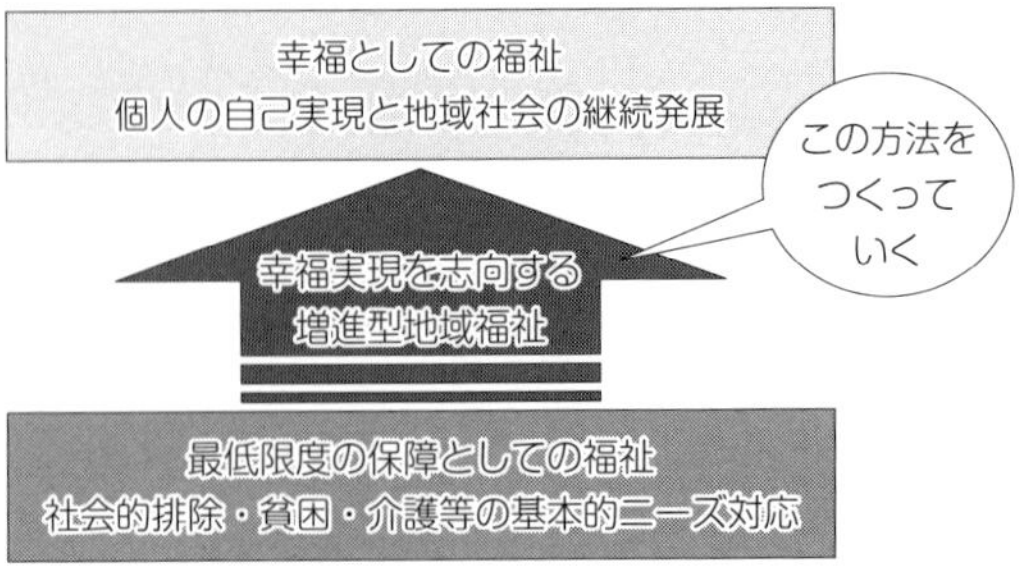


図４-３　福祉の二極化を架橋する増進型地域福祉へ

「実体概念」をさすことが多い、としている（岡本 2002b: 4）。

なぜ、社会福祉は実体概念にとどまり、当為概念を目指さないのだろうか。当為概念と実体概念は分離、乖離するだけなのだろうか。これにかかわり、広井良典の「福祉の二極化」という指摘がある。広井によれば、現代の日本社会では、一方で「幸福」や「存在欲求」などの高次の欲求が人びとの関心事となりつつある。だが他方では、格差や貧困の拡大の中で基本的な生存そのものが脅かされるという課題が広がっている。これは福祉をめぐる二極化と呼ぶべき事態ではないか、と警告する（広井 2017: 12）。

当為概念と実体概念の分離や福祉の二極化の固定は、現状の格差社会、およびそこでの社会福祉のあり方を固定することにつながりかねない。そう考えると、現在目指すべき地域福祉の方向は、当為概念と実体概念をつないでいくことである。最低生活を維持する福祉から、幸福の福祉へと架橋することである（図4-3）。そのためには福祉の質を上げて当為概念の実現を目指す思想や実践が課題となる。[6]

### （2）福祉の高い質のための思想基盤

福祉の高い質について、塩野谷祐一は刺激的な議論を展開する。経済学者である塩野谷は、ジョン・ロールズ（John B. Rawls）やアマルティア・セン（Amartya Sen）らを踏まえつつ、それらを超えて「卓越の倫理」を主張する（塩野谷 2002）。

ロールズの主張は、公正としての正義として知られている（ロールズ 1999＝2010）。それは、すべての人にとって公正な社会のありようについて構想する。効率から正義を考える功利主義とは異なり、基本的な自由に対する平等の権利と社会・経済的不平等への対応が含まれている。ロールズの考え方には自由の優先を認めた上で、機会の均等、そして格差原理という序列があるが、それでも自然的能力の付与という偶然性から発する格差の是正を示すものである。一方センは、財や主観的な効用ではなく、潜在能力という概念に注目する（セン 1992＝1999）。潜在能力は、個人が選択できる機能の束の集合であり、この集合は各自の福祉を実現する福祉的自由である。センの関心は、障害のある人を含む多様な人々の潜在能力を改善するために、資源を公正かつ効率的に配分するようなメカニズムを考察することに向けられる。

ロールズやセンの考え方は不遇な人びとへの配慮や機会の均等、福祉的自由ということを重視している。ただし、これらの考え方は必ずしも福祉の質の高さを保障するものではない。

これに対して塩野谷は公平や平等にとどまらない「卓越（主義）の倫理学」を示す。人間「存在」の望ましいあり方を問題にするのが「徳」の概念であり、「卓越」は徳の操作的価値言語と位置づけられる。この立場での「良き生」とは、人間本性を構成するさまざまな特性を発展させ、成果を高い水準において達成することである。

塩野谷は「自尊」概念に注目する。自尊とは、自分自身が価値あるものであるという感覚であり、また、自分が自分の意図を実現する能力を持っているという自信である。塩野谷は、自尊を生むにはロールズの正義に留まらずに人間存在のあり方を目的とする卓越が必要だと主張する。

そこで塩野谷は伝統的な社会保障が「正」の観点に立ち、「善」の質の評価と改善には踏み込んでこなかったことを問題視する。これでは基礎的ニーズの充足はミニマムなものに終始する危惧がある。しかし人間は自由に生きることが重要である（塩野谷 2004: 50）。そのためには、基礎的ニーズはミニマムな条件ではなく、卓越のための条件として考えるべきである。そこでの基礎的ニーズの充足は、人間の可能性を開発し、自己実現の機会を創出するものとなる（塩野谷 2002：375）。塩野谷によって社会保障は「リスクへの対処」ではなく「自己実現の機会」を生み出すものとして提起される。

### （3）福祉の高い質のための公私の役割と関係

塩野谷が切り拓いた方向を地域福祉で展開していくためにはどのような公私関係、私の役割が考えられるだろうか。岡本の二極構造の図を改めて取り上げる（図4-1）。それは、公私の緊張関係を表現するものであるが、同時に協働することで「人間性豊かな社会の創造」という高い目的を志向している図でもある。拮抗と協働により何を目指すのかが明示されている。公私二極構造でも、多元化した状況下でもこうした目的を協同設定することは高い質を実現するために必須といえる。

その目的の実現のために、公的な保障が基盤にあることは重要である。公の強みである普遍性や公平性は、まずここに発揮されるべきことになる。私の活動が、公的な保障の足りない部分を補うことになると、法や制度などの既定のレベルを超えていくことはできない。私の特性である開発性、柔軟性、多様性、先駆性等は、公的な保障の上で発揮され、かつまた、その私の活動を公がエンパワメントし、下支えする。さらに、このような仕立てを地域での合意が保証するという全体構図である。妻鹿ふみ子は、英国のビル・ジョーダン（Bill Jordan）を取り上げて、所得保障とコミュニティワークの組み合わせが深刻な福祉課題の解決に有効であることに言及するが、こうした組み合わせは高い質の実現に対しても有効であると考えられる（妻鹿 2012：165）。

その目的の追求のための方法論が待たれるが、ここでは私の側のソーシャルアクションと社会貢献に着眼したい。ソーシャルアクションは問題を抱える当事者をはじめとする生活世界の声に耳を傾け、それを支援し、代弁する。

これまでは生活資源の欠乏、人権や正義の欠如に対するアクションが主流であった。しかし、福祉の質を希求するならば、よりレベルの高いところに目的を置くことになる。それは個々人の生き方の実現、社会のよりよいあり方を目指すものである。(7)高い基準を現実にするための「求め」が、アクションの動機となる。これはソーシャルアクションの新たな可能性を開くことにもなる。実体概念ではなく当為概念を目指すのであり、欠乏欲求ではなく成長欲求にもとづくソーシャルアクションである。

さらに注目したいのは社会貢献活動の潜在力である。福祉の新たな担い手として社会福祉施設や学校、病院、企業、商店等を挙げることができる。狭い福祉に限定されない多様な主体である。そうした組織、団体、施設はそれぞれの目的に応じてつくられているが、別の角度から捉えると豊富な可能性をもつ存在である。建物や設備、技術、働いている人々、時には資金面の期待もできる。それらが社会貢献として発露されることで福祉の高い質が現実のものとなっていく。そのためには同じ地域を構成する主体としての社会貢献理解（合意の共有）が対話的に構築されていかなければならない。

新たな社会貢献は、不足しているものを補うためではなく、高い福祉を実現するためにこそ進められることになる。これまでの発想とは異なる新たな開発的営為が重なり合って地域福祉のイノベーションが創出される。

## むすび

岡本の示す「拮抗／協働」の構図は乗り越えられた過去のものではなく、現在改めて検討されるべきもの、というのが本論の基本的立場である。それは、私や地域が対象化、客体化されないために必要であるが、現代的文脈からすれば同時に、高い目的を達成するためにも必要なのである。その目的とは、岡本の表現でいえば「人間性豊かな社会」であり、つまり地域福祉が高い質を持って実現する姿である。
岡本榮一の公私関係論は時代の節目ごとに光を当てられるべき礎石である。

注

(1) 社会福祉での公私関係については、ここではその詳細に触れないが「平行棒理論」、「繰り出し梯子理論」など、さまざま議論されてきた。岡本の「拮抗／協働」に近いものとして右田紀久恵が「対峙して協働」という表現を使っている（右田 1993: 12）。
(2) 岡本の「私」とは、主にボランティア活動をさすが、以下では断りがない限りボランティアのほかに、地域住民、社会福祉法人を含む民間の非営利活動、営利活動など非政府の活動・主体を「私」と表現する。
(3) 昭和五〇年代（一九七五年～）になって高齢化の進行、福祉ニーズの拡大・多様化を背景にボランティアの領域が政策の対象になってきたと岡本は指摘する（岡本 1987: 240）。
(4) これは、「『社会的な援護を要する人々に対する社会福祉のあり方に関する検討会』報告書」に描かれた状況をほうふつとさせる。報告書によれば「個人が家族や近隣との接触・交流なしに生活できる社会になっている」（厚生省 2000）。
(5) 感性主導とは、楽しさや喜び、同情という感情によって活動に参加する。理性主導は、理性的に問題やその対応を認識、理解して活動する。観念主導は、「～すべき」という価値、観念にしたがって関わる。「○○さんに誘われて……」という場合は、それが感情的なものであれば、感性主導となる。
(6) こうした考え方を筆者は「増進型地域福祉」としている（小野 2016）。
(7) これは厳しい問題を抱える当事者を想定しないことではない。むしろどんなに厳しい状態であれ、望ましい高いレベルを生み出すためのアクションを行うということである。

参考文献

ハーバーマス、ユルゲン（1981＝1985, 1986, 1987）『コミュニケイション的行為の理論　上、中、下』未来社。

速水聖子（2014）「コミュニティの制度化をめぐる課題と展望：「参加」概念と担い手の複数性の視点から」『山口大学文学会志』64、二七―四四。

広井良典（2017）「なぜいま福祉の哲学か」広井良典編『福祉の哲学とは何か』ミネルヴァ書房、一―七六。

妻鹿ふみ子（2012）「福祉」小林正弥他編『コミュニタリアニズムのフロンティア』勁草書房、一五四―一七五。

岡本榮一（1981）「ボランティア活動をどうとらえるか」大阪ボランティア協会編『ボランティア　参加する福祉』ミネルヴァ書房、二―五四。

岡本榮一（1987）「ボランティア活動の分水嶺」大阪ボランティア協会監修『変革期の福祉とボランティア』ミネルヴァ書房、二二〇―二五四。

岡本榮一（2002a）「場-主体の地域福祉論」『地域福祉研究』30、一一―二五。

岡本栄一（2002b）「社会福祉の基礎」岡本栄一他編『社会福祉原論』建帛社、一―二二。

小野達也（2014）『対話的行為を基礎とした地域福祉の実践』ミネルヴァ書房。

小野達也（2016）「増進型地域福祉への考察」『社会問題研究』65、一―一六。

ロールズ、ジョン（1999＝2010）『正議論　改訂版』紀伊國屋書店。

セン、アマルティア（1992＝1999）『不平等の再検討』岩波書店。

塩野谷祐一（2002）『経済と倫理――福祉国家の哲学』（公共哲学叢書①）東京大学出版会。

塩野谷祐一（2004）「ロールズの正議論と福祉国家」塩野谷祐一他編『福祉の公共哲学』（公共哲学叢書⑤）東京大学出版会、三七―五三。

武川正吾（2006）『地域福祉の主流化――福祉国家と市民社会Ⅲ』法律文化社。

右田紀久恵（1993）右田紀久恵編「分権化時代と地域福祉」『自治型地域福祉の展開』法律文化社、三―二八。

厚生省（2000）「「社会的な援護を要する人々に対する社会福祉のあり方に関する検討会」報告書」http://www1.mhlw.go.jp/shingi/s0012/s1208-2_16.html（2018年6月19日）

厚生労働省（2017a）「「地域共生社会」の実現に向けて（当面の改革工程）」http://www.mhlw.go.jp/file/04-Houdouhappyou-12601000-Seisakutoukatsukan-Sanjikanshitsu_Shakaihoshoutantou/0000

150632.pdf（2018年6月19日）
厚生労働省（2017b）「地域共生社会の実現に向けた地域福祉の推進について」http://www.mhlw.go.jp/file/06-Seisakujouhou-12600000-Seisakutoukatsukan/0000189728.pdf（2018年6月19日）

# 第5章　持続可能な共生社会の創造に資するボランティア実践の意義と課題

## ――〈いのちの持続性〉を問う価値枠に着目して

松岡　広路

## はじめに

近代社会のいのちに関する価値、たとえば、フランス革命（一七八九）の「自由・平等・友愛」や日本国憲法（一九四六）の基本理念「人権の尊重・平和・民主主義」は、近代国家の枠組みを基本におきながら、非科学的な根拠に基づく価値を切り捨てるところに定立された。それゆえ、現世を基盤とした実証主義・人間中心主義が根幹にあるといってよいであろう。

ところが、いま、経済・文化・社会のグローバリズムのなかで地球的課題が突き付けられ、価値を問うパラダイム（価値枠）が変わりつつある。人間のいのちに関する価値は、過去・現在・未来に脈々と受け継がれるいのち、地球という空間において育まれる多種多様ないのちという枠組みのなかで考えられるようになってきた。(1)

つまり、いよいよ、近代の価値を超越する時代が到来している。共生社会では生ぬるい。われわれは、「持続可能な共生社会」の実現を目指そうとしている(2)。

それゆえ、本章は、持続可能な共生社会の創造という大きな目標にゆき着く道程を意識する。第1節では、持続不可能性の課題とESD（持続可能な開発のための教育）への期待を整理する。第2節では、持続可能な共生社会を、規範的な目標と捉えるのではなく、〈いのちの持続性〉を問うパラダイムにおいて相互交流のサイクルが活性化している社会と規定する。第3節では、相互交流を促す実践としてボランティア実践に注目し、第4節では、ESDとしてのその特徴を整理する。全体を通して、新しいいのちをめぐる価値に対応する実践としてのボランティア実践のプレゼンスを確認していきたい。

## 1　持続可能な開発のための教育的アプローチへの期待

### (1) 解決できない危機としての持続不可能性

持続不可能性（unsustainability）あるいは持続可能な開発（sustainable development）という言葉が喧伝されてすでに久しい。一九八七年の「国連環境と開発に関する世界委員会（通称：ブルントラント委員会）」の政策提言のなかで、地球温暖化などの地球環境問題や地球資源の有限性（海洋・地下資源など）など、地球規模で対処すべき持続不可能性をめぐる課題が指摘された。その後、一連の国際委員会で持続可能な開発の理念を中心に種々の提案・報告が出され、国連締約国会議（COP）等で国際的な取り組みが協議されてきたことは周知であろう。「持続可能な開発」は、高度な政治的課題とされてきた。

しかし、結局、国際政治の力学をもちいた「政治的アプローチ」では持続不可能性の低減は成功しなかった（と言っていいであろう）。「持続可能な開発」を妨げる問題は多岐にわたり、しかも複雑に利害や思惑が絡んでいる。

長い歴史のなかで地球全体に根を張り巡らした問題の解決は、一国や複数国の政治力で解決できるほど容易ではない。二〇一五年九月の国連サミットで採択された「ＳＤＧｓ（持続可能な開発目標）」は、産業界を巻き込み、科学・技術的アプローチによる解決を図ろうとするものであるが、依然として、その効果は不明である。複雑系の問題として「あちらを立てればこちらが立たぬ」と言われる地球環境問題、人口問題、貧困・平和問題等を、科学技術はどこまで解決し得るであろうか（レヴィン〔Levin, S. A.〕1999）。

他方、生活者としての庶民にとって、地球の持続不可能性をめぐる問題は、危機的課題として突き付けられたものの、自分事ではない。解決策の見えない課題は、人々に無視されるか、人々を心理的に抑圧するだけである。「持続可能な開発」が意識されてから今日に至るまで、そうした、やや暗い諦観のムードは、依然として漂っているように思える。

## （2）ＥＳＤのロマン

そうした空気を、やや前向きに変えたのが、教育的アプローチ（ＥＳＤ）である。二〇〇五年から二〇一四年までが「国連ＥＳＤの10年」と定められていたことは、記憶に新しいであろう。ＥＳＤ（Education for Sustainable Development：持続可能な開発のための教育）は、「for」によって教育と持続可能な開発がつながれている。持続可能な開発についての教育ではなく、近未来において持続可能な開発が実現できるようになることを旨とする。政治的アプローチや科学・技術的アプローチとは違い、人々の暮らしの小さな変化が集積されることによって、持続不可能性の高い社会経済システムが徐々に変わることがねらいである。

筆者も、二〇〇五年より、所属大学にＥＳＤコースを立ち上げたり、ノンフォーマルなＥＳＤプロジェクトを企画運営したり、ＮＰＯや行政職員とともに阪神間に関係団体協議会を設立したりと、ＥＳＤの実践化に努めてきた。

そのなかで、ようやくＥＳＤをロマンティックなものと捉えられるようになってきた。その内実を列挙すると、以下のようになる。

- ＥＳＤは、分散的に行われていた種々の課題対応型の教育実践（例：福祉教育、人権教育、開発教育、環境教育）を総合化する受け皿として機能する可能性がある。
- ＥＳＤは、雇用・経済・労働の分野と、文化・福祉・人権の分野と、環境の分野と、国際開発の分野が総合化された社会運動を生む可能性がある。
- ＥＳＤは、物質文明のなかで主体性を奪われがちな現代人が、人工物と社会サービスに取り囲まれたライフスタイルを見直す契機となる。
- ＥＳＤは、自然（大地・水・他の生物）とのつながりを感じ取り、人間中心のライフスタイルを見直す契機となる。
- ＥＳＤは、多様な人間や文化のなかで生かされていることを感じ取り、閉鎖的な自己中心のライフスタイルを見直す契機となる。
- ＥＳＤは、先祖・子孫とのつながりのなかで生かされていることを感じ取り、自己中心の人生観を見直す契機となる。
- ＥＳＤは、分をわきまえることを強いられる人生から、多様な社会領域にコミットする生き方へとライフスタイルを変える契機となる。

いわば、ＥＳＤは、われわれが息苦しいと感じている現代のライフスタイルを徐々に見直していくことを支える実践である。社会経済システム・文化・慣習あるいは学校・職場・家族の決まり事などに規定されているわれわれの生活・ライフスタイルを、他者とともに見直し変えることで、家族・コミュニティ・地域が変わり、社会が変わり、そして自分も変わる、というビジョンを描くことができる。

関連学会や国連大学認証組織RCE（地域ESD推進ネットワーク：Regional Centers of Expertise on ESD）[3]では、多様な領域の実践者とともに、こうした、ESDが生む新しい変化のロマンが語られてきた。福祉・人権をめぐる実践者にとっても、ライフスタイルの変化をキーワードとするESDは、新しい活動のベクトルになりえるであろう。

## 2　持続可能な共生社会づくりのパラダイム

### (1)　多様性と分散性

ESDのロマンが共有され、「持続可能な開発」の理念が多様な領域の関係者に広まれば広まるほど、逆説的であるが、その多様性は簡単に総合化できないほどの広がりがあることが理解されるようになる。一七の目標と一六九の下位戦略をもつ「SDGs（持続可能な開発目標）」は、多様性の大きさを物語っている。温室効果ガス規制、資源の乱開発・自然環境汚染の防止、生物多様性保護、少数民族やマイノリティの権利保障・文化保護、ジェンダー平等の達成、生殖と再生産問題の解決、人口調整、労働と余暇の在り方の修正、グローバル経済システムの脱構築など、実に多様な問題領域がカバーされている。

いうまでもなく、多様性は分散性を増す。各問題に向き合う実践が進めば進むほど、多様な活動の根幹に位置づく価値は曖昧になる。「持続可能な開発」と「自由・平等・友愛」「人権尊重、平和、民主主義」の諸原理とはどう関係するのか、福祉・人権と環境・経済成長は、どのような共通基盤で語りえるのか、という問いも生じてくるであろう。

このような曖昧さや疑問は、それ自体がＥＳＤにおいて考究・探究されるべきものであるが、実践のビジョン・発展性の大きな妨げとなる。分散化を防ぐためには、多様性を包摂する新しい価値枠（複数の価値と価値がぶつかり合い新しい価値が生まれる場：パラダイム）が必要となるのではないか。筆者らは、この価値枠を〈いのちの持続性〉と呼ぶことにした(4)。

## （2）〈いのちの持続性〉を問う価値枠の発見

〈いのちの持続性〉とは、文字通り、多様ないのち（生命：life・魂：soul・存在：existence）の sustainability（持続性）の意であるが、それ自体は規範的な価値ではない。いのちに関する複数の特性または価値が、互いに拮抗する場のタイトルといってよいであろう。

持続可能な開発に関係する経済・環境・社会の三領域におけるいのちのそれぞれの捉え方のを検討すると、四つのいのちの特性が導き出される。経済・社会の領域で重視されるところの、いのちの各私性・個別性を示す「いのちの固有性」、環境領域で重視される、多種多様ないのちが一定の均衡状態のなかで存在することを示す「いのちの多様性」、環境・社会の領域で重視される、いのちが群れ・集団として存在することを示す「いのちの集合性」、さらに、いのちが脈々と引き継がれることを示す「いのちの連関性」である(5)。

これらは、それぞれ、人間の追求すべき固有の価値であり社会づくりの指標にもなりえる。しかし、重要なのは、これらの特性・価値の拮抗状態に応じて〈いのちの持続性〉の程度が変化するということである。〈いのちの持続性〉が総体として高まるとは、この四つが互いに葛藤・衝突しつつも、一定の調和を保ちながらそれぞれが充実していくことを意味する。

ＳＤＧｓ運動やＥＳＤは、未来・過去・現在の地球上のすべての人間・生き物を意識しつつ、「今、ここにある人間」の幸福追求を可能とする社会づくりが目的である。理想とされる社会の具体的なイメージは合理的にデザインできるものではなく、その実現過程は決して予定調和ではない。いのちの特性が互いに衝突・葛藤・調和を繰り返すなかで〈いのちの持続性〉が高められる様態こそが、ＳＤＧｓ運動やＥＳＤにおいて求められるものであろう。

持続可能な開発の要件である経済の活性化、環境の保護、社会・文化・福祉の発展は、畢竟、〈いのちの持続性〉という価値枠に再定置されることによってのみ、その意味が認められる。それぞれの領域や活動において重視されるいのちの特性を意識化しながら、相互交流（衝突・葛藤・調和）のサイクルのなかで目標・方法を見直すことが、持続可能な開発の実質化、すなわち、持続可能な共生社会づくりに求められるのである。

また、近代において発見された「自由・平等・友愛」あるいは「人権の尊重・平和・民主主義」という社会の諸原理も〈いのちの持続性〉という価値枠において見直されなくてはならない。「ともに生かされている」「ともに生きる」「ともに生き抜く」などを意味内容とする「共生」[6]は、「いのちの固有性」vs「いのちの多様性」vs「いのちの集合性」の拮抗関係の中で定立しえる価値である。過去－現在－未来のいのちのつながり、すなわち、「いのちの連関性」という価値が加わる中で内実が変化することになろう。「共生」という価値をも問うことのできるような、〈いのちの持続性〉の価値枠において相互交流のサイクルが活性化している社会こそ、われわれがめざす持続可能な共生社会である。

ようやく、われわれは、多様性を総合化し、新しいいのちに関する価値を探究する価値枠を発見した。〈いのちの持続性〉という価値枠を基盤とすることで、ともすると分離しがちな種々の社会的・教育的活動の意味や目的を再結晶化させ、協働的に活動を展開する準備が整った、ということができよう。〈いのちの持続性〉という価値枠における相互交流のサイクルを活性化させる実践を、いったん、「いのちの持続性創成実践」と呼ぶことにする。

## 3　越境と交流を特性とするボランティア実践

### (1) ＥＳＤとの親和性

新しい価値枠が発見されたからといって，直ちに〈いのちの持続性〉をめぐる協働的活動が活性化するというわけではない。相互交流は，専門性・職階・社会的立場によって分断された社会，所得や文化的な特質の差を特徴とする階級社会，あるいは，支配と従属の構造をもつ抑圧社会においては，容易なことではない。実際に，持続可能な開発の理念に共感する余裕のない人や，社会を変える自分たちの力に自信を持てず，衝突・葛藤を避ける傾向にある人たちなどが存在する。また，固有の専門性が発達している領域では，他領域との接触を好まない傾向も見て取れる。現代の特徴は，異質な他者との交流の経験が乏しいことにある。

それゆえ，領域を越えた相互交流サイクルは，意識的に経験される必要がある。そうした経験が重層的に堆積することで，ライフスタイルと社会経済システムに少しずつ変化が生まれることになろう。小さな経験を内包する実践が，ＥＳＤの核の部分として探究されなくてはならない。

そこで注目するのが，「ボランティアプログラム」「ボランティア育成プログラム」と呼ばれるボランティア関連の教育的実践（以下，「ボランティア実践」）である。日常性を越えて他の地域や領域で他者とともに活動するボランティア実践は，ＥＳＤとの親和性がきわめて高い。岡山県瀬戸内市長島の国立ハンセン病療養所邑久光明園を主なフィールドとする「ＥＳＤボランティアぼらばん」（以下「ぼらばん」と略）の実践をケースに考察してみよう。「いのちの持続性創成実践」の核の部分を，ボランティア実践に見る，ということである。

### （２）いのちの持続性創成実践としてのワークキャンプ

　ぼらばんの事業開始年度は二〇〇七年で、筆者はプロデューサーとして二〇一八年現在も形を変えながら関わり続けている。(7) ぼらばんの大きな特徴は、国立ハンセン病療養所邑久光明園での約一週間のワークキャンプ（以下、「ワーキャン」と略）である。毎年八月中下旬に四〇名程度で同一場所に宿泊し、自炊を原則としながら、海岸清掃・開墾作業・園内清掃・交流会運営などを行う。かつては健康な青年層を対象としていたが、近年は、「インクルーシヴ・コミュニティ（包摂的な集団づくり）」が標語となり、老若男女、障害者・非障がい者、国籍・民族を問わず、だれでも参加するようになっている。それゆえ、療養所の入居者を含む現場構成メンバーが有する潜在的な価値は、実に多様である。

　そして、こうした人々と、反理性主義の土壌のなかで出会うことに、ワーキャンの醍醐味がある。二〇一八年度のぼらばんのキャッチフレーズは、「感じる頭、考える体」という何とも奇天烈なものであったが、その真髄をよく表している。小集団による肉体労働・共同作業・交流プログラム・リフレクションなどを通して、理性的に考えがちな自分の立ち位置、自分と他者、自分と社会の関係を、一度忘れ去ることをモットーとする。ワーキャンという学習スタイルの第一義的意味は、理性の中で囚われてきたものを解放し、新しいものを得る構えをつくる、ということにある。

　たとえば、参加者は、ボランティアについての偏見や固定観念を考え直すようにもなる。ワーキャンは、集団行動と個人行動のせめぎ合いのなかで成立する。それゆえ、参加者は、支配のエネルギーと自由・解放のエネルギーが混在するなかで、自発性・主体性の意味やボランティアの本質についてより深く考えるようになる（松岡 2010）。

　また、名賀亨が指摘するような「他者の経験を分かち合う」という学びのプロセスも生まれる（名賀 2014）。参加者・スタッフ・現地の人などの価値や経験が相互に分かち合われることで多様な学びが生まれてくる。理性による囚われをいったん解放し、他者との出会いのなかで新たな調和を得るのが、ワークキャンプの本質ということができるであろう。

ワーキャンを軸とするぼらばんは、ESDに求められる相互交流を具現化したボランティア実践である。多様な領域の多種多様な価値の拮抗する関係が成立する条件を、そこから導き出すことができるのではあるまいか。

## 4　いのちの持続性創成実践の条件と課題

### (1) 相互交流モデルの構成要素

ぼらばんのワークキャンプの相互交流のモデルから「いのちの持続性創成実践」に求められる構成要素を導き出すと、以下のようになる。五つの場（具体的な空間・時間及びプログラム配列）が重要になるのではないか。

① 個と仲間の関係変容のダイナミズムが生まれる場[8]

参加者の帰属する家族・友人等の小集団から心理的・物理的に分離し、新たな仲間を作り、さらにその分離・合体を繰り返す場。このプロセスで、価値の意識化が始まる。

② 他の仲間との接触の場

ある程度固定化した複数の仲間が、互いの違いを予期し、衝突が生まれる可能性を予見しつつ、同一空間、同一活動を行う場。

③ 衝突の生まれる場

個と個または仲間間で、意見や感じ方の違いを言葉や態度で表すことのできる場。非日常を特徴するワーキャンにおける第三空間・非日常空間。

④　葛藤を許容する場

衝突をいったん仲間で受け止め、心理的な安堵感のなかで心理的・理性的に事態を整理し、自分たちと相手の立場の相違を冷静に考えることのできる場。

⑤　調和のプロセスが生まれる場

複数の仲間がひとつの共同体になる場合と、既定の仲間とは別に二次的な仲間が生成する場合がある。どの場合も、そうした新しい集団が活動しえる第三の活動や空間が具体的に必要となる。調和は、必ずしも価値論的な妥協ではなく、具体的な活動として表出する。

これらの場が連動して相互交流のサイクルが生まれるのが、ぼらばんのモデルである。示唆的なのは、相互交流のサイクルの前提または底流に、個と仲間をめぐる分離・形成のプロセスが存在することである。「仲間・接触・衝突・葛藤・調和」が相互交流の具体的な要素となる。(9)

また、ぼらばんのモデルは、サイクルの周期・周回数の多様性も示唆する。１回のワーキャンで何度もこのサイクルを経験する場合もあれば、数年かけてようやく五つの場を経験する場合もある。周期の短縮化は、効率主義を前提とする近代教育では重視されるが、中期・長期のサイクルで捉えることで、より多様な人々や価値との出会いの確率を高め、葛藤による精神的衝撃を緩和した調和へと導かれるとも考えられる。サイクルの周期や周回数は、実践の当事者（スタッフ・参加者・異質な他者など）の心身の状況やワーキャン以外のプログラムとの接触状況による。場を整える役割の人は、多様な周期・周回数を視野に入れた実践の展開を柔軟に想定しなければならない。

事例を丁寧に論考する紙幅はないが、ボランティア実践としてのぼらばんは、「いのちの持続性創成実践」の核の部分である相互交流を具体化する装置といえるであろう。その相互交流モデルは、安易な出会いのワークショップや情報交換を主とするプラットフォーム事業の対極にあるといえるのではないか。

## （2）グローカルな枠組みでの相互交流実践

ぼらばんは、十数年間で、ワーキャンプ以外の様々なボランティア活動を生みだしてきた。被災地支援活動やハンセン病元患者生きがいづくり事業などである。また、ぼらばんのメンバーは、多くの活動にボランティアとして参加してきた。これらは、価値の相互交流の賜物といえるであろう。

しかし、ぼらばんを「いのちの持続性創成実践」として改めて分析すると、ESDのロマンに近づいているとは必ずしもいえない。個と集団の関係を問い続けるという意味で「いのちの固有性」や「いのちの集合性」という価値は色濃い。しかし、多様な生き物とのバランスの中で生かされているという「いのちの多様性」や悠久の時を越えて命がつながれる「いのちの連関性」といった価値との相互交流は、やや乏しい。越境と交流という観点で重要な経験を与えるが、〈いのちの持続性〉という価値枠で新たな価値を創成するには、参加者や接触する領域の枠はまだ狭い。結果として、持続不可能性を特徴とする社会経済システムを変える運動はおろか、ライフスタイルの変化も生み出せていないように思える。多種多様な問題を抱える多元的なステークホルダー（中心的な関係者）とのさらなる接触が不可欠であろう。

現在、そうした観点をふまえて、フェアトレード、里地里山づくり、平和運動などとの接触可能性を高めるESDプラットフォーム事業の立ち上げが試みられている。ぼらばんメンバーが、小さな経験を積み重ね、多種多様な相互交流をさらに展開するようになって、ようやく、いのちの持続性創成実践が生まれることになるのであろう。

近未来において、「いのちの持続性創成実践」の成果として、ライフスタイルや社会経済システムの変化を見て取るためには、多元的な階層との交流やグローカルなアクションが求められる。持続可能な共生社会の創造の条件として、核となる相互交流モデルと「think and act both vertically and horizontally（垂直的かつ水平的に考え行動する）」[10]は、併せて求められるものといえよう。いのちの持続性創成実践の理論的探究を進めつつも、そうし

た実践の具体化のための財政的・実務的な条件をどう整えるかも大きな課題である。(11)

## おわりに――専門職主義と契約に抗するボランタリズム

ボランティアという存在様式は、契約と貨幣経済及びそれを支える管理的組織を特徴とする冷たい現代社会に、人間らしさというロマンを与えてくれる。人間らしさの本質は、ホイジンガ（Huizinga, J.）のいう「ホモ・ルーデンス（遊ぶ人）」（ホイジンガ 1938）、サルトル（Sartre, J-P.）のいう全体に責任を負いながらも解放を享受する「実存（神や本質に先立つ現存在）」（サルトル 1946）、あるいは、フレイレ（Freire, P.）のいう「能動的意識状態」であり（フレイレ 1970）、平たく言えば、〈ゆらぎながらも能動的・主体的に行動するさま〉といえまいか。ならば、ボランティアこそが、持続可能な共生社会づくりの肝となる。

現代社会に目を向けると、安全・安心の美名のもと、危機管理（リスクマネイジメント）の重要性が喧伝され、いつしか、軋轢・葛藤・衝突自体を避けるムードが漂っている。その結果、あるいは、それに伴い、契約や貨幣（数値）による冷徹な価値測定の手法が台頭し、専門職、場の責任者、あるいは、当事者性が高いとされる人々によって「現場」が管理されるようになり、素人・門外漢・よそ者、周辺者の主体性が押し殺されている。(12)

東日本大震災（二〇一一）あるいは二〇一八年七月の西日本豪雨災害以後、「専門家」と呼ばれる人々に素直に従うボランティアと「プロボノ」と呼ばれる専門職ボランティアが好まれるようになっている。まちづくり・環境保全・社会福祉・国際協力などの諸領域でも契約と専門職主義を基本とする傾向が強まっている。契約と専門職を重視することで、衝突・葛藤を避けたいのであろう。

〈いのちの持続性〉をめぐる価値を創成してゆくには、こうした、摩擦を避けようとする現代社会の風潮そのものに抗してゆかねばならない。岡本榮一が主張するボランタリズム（voluntaryism）[13]の実現は、多領域間の越境と交流を前提条件とするESDの基本である。その精神を引き継ぐ先に、持続可能な共生社会づくりがあるといっても過言ではない。ボランティア・プログラムは、持続可能な社会づくりのエンジンである。

## 注

（1）一般社会に最も大きなインパクトを与えたのは、地球憲章委員会（2000）『地球憲章』であろうか。
（2）共生と持続可能な開発の関係については、松岡広路（2015）を参照のこと。
（3）RCEは、二〇一八年現在、日本の七都市および世界一六六都市が国連大学によって認証されている。各RCEは、その地域の特性を生かしながら、学校・公民館・Community Learning Center などを拠点に、ESDとしてのインフォーマル・ノンフォーマルな教育を企画・運営する。
（4）日本福祉教育・ボランティア学習学会の課題別研究（2012-2014）において初めて提起された。環境教育や開発教育との親和性が高い持続可能な開発の概念を、福祉・人権・平和などの価値と関連付けて議論するためのパラダイム（価値枠）として考案された。
（5）〈いのちの持続性〉の概念やより詳しい内容ついては、松岡広路（2014）を参照のこと。
（6）共生の生物学・社会学・宗教学における定義は、松岡広路（2015）に詳しい。
（7）ぼらばんの実践の枠組みや特徴は、小林洋司・高尾千秋・渡邊一真・松岡広路（2010）を参照のこと。
（8）イリイチ（Illich, I.）がネットワーク学習（learning web）論において設定した「同じ時に同じ言葉で話す仲間」を想起されたい（イリイチ 1970）。
（9）かつて筆者が提起した「グループ間相互交流学習論」を原型に価値の志向性とサイクル論を融合させたものが相互交流サイクルモデルである（松岡 2006）。
（10）日本ユネスコ国内委員会のESDの定義では、「think globally, act locally」が用いられているが、逆のパターンによって持続可能な開発の本質を見極められるともいえよう。考察と行動、および地球と地方の両者の同時的相互作用を表現する意図で本文のフレーズを用いた。

（11）国連ESDのための十年の後継プログラムとして二〇一四年に第六九回国連総会で承認されたGAP（Global Action Plan）は、こうした実践を推進する環境をいかに整えるかを課題の一つとしている。

（12）専門職主義とボランティアの関係については、松岡広路（2010）を参照のこと。専門職とボランティアの関係が互いに相補的であるとの見解は、今日見直されるべきではないか。

（13）岡本栄一は、yのつくボランタリズムを拡大解釈し、権力に対峙しつつも適応する市民の自治を尊重する理念と捉える。筆者も基本的にその立場であるが、本来の自治の権限は急激に弱められているのではないか（岡本 2011）。

**参考文献**

地球憲章委員会（2000）『地球憲章』。

フレイレ、柿沼秀雄他訳（1970）『被抑圧者の教育学』亜紀書房。

ホイジンガ、高橋英夫訳（1938）『ホモ・ルーデンス』中央公論社。

イリイチ、東洋・小澤周三訳（1970）『脱学校の社会』東京創元社。

小林洋司・高尾千秋・渡邊一真・松岡広路（2010）「福祉教育・ボランティア学習推進プラットフォームの学習論的な意義と特徴」『日本福祉教育・ボランティア学習学会研究紀要』16号、三二一四二。

レヴィン、重定南奈子他訳（1999）『持続不可能性』文一総合出版。

松岡広路（2006）『生涯学習論の探究』学文社。

松岡広路（2010）「ボランティア学習」柴田謙治他編『ボランティア論』株式会社みらい、一六一―一七九。

松岡広路（2014）「新しい価値枠としての〈いのちの持続性〉」『日本福祉教育・ボランティア学習学会紀要』24号、六―一六。

松岡広路（2015）「充足・共生概念への注目と社会教育」松岡広路他編『社会教育の基礎～転形期の社会教育を考える』学文社。

名賀亨（2014）「いのちの持続性とワークキャンプ運動――いのちの持続性を観点としたワークキャンプ実践分析」『日本福祉教育・ボランティア学習学会紀要』24号、三六―四四。

岡本栄一（2011）「巻頭言」大阪ボランティア協会ボランタリズム研究所編『ボランタリズム研究（1）』。

サルトル、伊吹武彦他訳（1946）『実存主義とは何か　増補新装』人文書院。

# 第6章　民間社会福祉三代記——小河滋次郎から川村一郎そして岡本榮一へ

小笠原　慶彰

## はじめに

岡本榮一の理論・実践は、何と言っても大阪ボランティア協会事務局長としての実績を抜きに語ることはできない。本章では、小河滋次郎から受け継いだ民間社会福祉の理念を、困難な状況の中でさらに追求していった岡本の足跡を辿りたい。

## 1　小河滋次郎の遺産

小河滋次郎は、「明治一行政官僚」であり（小野 2012: iii）、そのキャリアの前半生を司法省の監獄事務官でありつつ行刑学者としても過ごした。司法省を退職してからの後半生は、内務省地方局嘱託として欧米の感化救済事業を調査する。さらに一九一四（大正三）年には大阪府知事大久保利武に招かれ府社会事業指導嘱託として地方レベルで社会事業政策に携わる機会を得た。

小河は、監獄事務官時代すでに「刑事政策の効果を最大限に発揮するためには貧困の軽減、経済的欠乏の緩和をはかる社会政策的配慮が前提」と考えていた（土井 1980: 384）。そして「救貧、感化、慈善といった活動を小河は明治30年に行った講演『犯罪と教育』のなかでは社会事業と呼び、その社会事業との協力によって監獄行政は行われるべきだと語っていた」ように（小野 2012: 144）、この時期から社会事業への関心も強かった。社会事業についての考察は、職掌からも内務省嘱託の頃すなわち一九一一（明治四四）年五月以降から本格的になり、翌年三月『社会問題救恤十訓』を出版する。

その後の府社会事業指導嘱託としての成果に「『民設』のボランティア活動」として構想した救済委員がある（小野 2012: x）。これは林市藏知事時代の一九一八（大正七）年一〇月に「大阪府方面委員」として制度化されるが、小河と林は貧困者救済に関して「同一の事柄を思念していたとは言い難い」のであった（小野 1994: 112-3）。林と異なり小河には「公私関係をめぐる葛藤を見なければならない」からである（小野 1994: 96）。つまり小河の公私関係原理は「私営を公営が手伝うのであって、その逆では決して無かった」のだが（小野 1994: 95）、方面委員制度の現実は逆方向に進んだ。

だがこれは方面委員制度のみの問題ではなく、社会事業全般に敷衍すべき指摘ではないか。小河の公私論は大阪での経験を踏まえた思考の結果だろう。ただ小河は英国の救貧法委員会での議論も周知していたはずである(1)。たとえば一九二一（大正一〇）年の論稿(2)では次のように述べている。

公的中心の斯業（社会事業のこと－小笠原）が発展することになったにしても、之が為めに私的経営が閑却せらるゝ訳でなく、反て益々其の活動を必要とすると云ふことになるのである。要するに如何なる場合に於ても、公的と私的と並び行はれ、長短相補ひ有無相通ずることによって始めて遺憾なく斯業本来の使命を全ふし得ることになる。公的経営には形式拘泥、機宜を失し徹底を欠き、往々にしてまた濫給漏恤に流るゝの弊ありと謂ふも、これは寧ろ公的経営の齎らし来るべき当然の結果であって、この欠陥を補ふの働きをなすべきものが即ち私的経営の施設である。（小河 1921: 184）

ここでの主張には「平行棒理論」と「繰り出し梯子理論」が混淆していると感じられる。いずれにしても小河はすでにこの時期に公的社会事業の進展を踏まえつつも、それによって私的社会事業の役割や意義が低下するわけではなく、より必要とされるものになると主張している。

さらに一九二四（大正一三）年には『社会事業と方面委員制度』を上梓し「ここで彼の社会事業論は完成」したとされる（柴田 1964: 93）。それは「『救恤十訓』の思想から大きく飛躍」していた（柴田 1964: 103）。これについて「両者の間に横たわる十四年間という年月は小河自身に、基本姿勢を変える必要を生じさせなかった」とする評価もある（遠藤 1980: 402）。つまり基本的な姿勢の変化ではなく、思想的深化があったのだろう。

本書で小河は「社会事業の本領は、国家的政治的に非ずして社会的道徳的であり、すべての権力関係を超越して、同胞愛、共同責任といったやうな奉仕的観念の下に之を行ふといふ所に存するのである。私的経営が本則であって、公的経営は寧ろ変例であり、便宜手段に属するものなりと認むる」と宣言した（小河 1924: 28）。その財源も「宜しく民衆中心主義の下に、社会各階級の者をして普遍的に之を負担せしむるの方針に出づるところがなければならぬ」としている（小河 1924: 29）。つまり社会事業の財源は、多数の篤志家が少しずつでも負担するのが良いとしており、基本的には「寄付による社会事業民営論」を主張している。

一九二四（大正一三）年八月に小河が府知事中川望の推薦で日本生命済生会に移ったのは、理論研究や指導に飽き足らず、実践志向の場を求めていたからであり、「公」の世界を去って「私（民間）」の現場で「自らの胸のうちにあたためて来た救療事業の構想を実現しようとした」からだという（柴田 1964: 23）。ただ林以降の知事の下で小河の地位は「救済課事務嘱託」であり「救済事業指導監督という仕事の全面的な放棄とは言わないまでも、明らかに職務内容が林知事の強力なリーダーシップのもと」にある状況に置かれていた（小野 1994: 84）。だが小河は、出処進退は我に存すという心境だっただろう。

## 2　日本生命済生会と川村一郎――遺産の継承

日本生命保険（以下、日生）は、一八八九（明治二二）年に有限責任会社として大阪で誕生し、一二年後には株式会社となって堅実な発展を遂げ、一八九九（明治三二）年には、保有契約高が業界第一位となっていた。その頃から保険業界の国際的動向として「被保険者福祉施設の実行が、各国の生命保険界を通じての一般的傾向となり、我が国に於ても亦簡易保険の組織的活動を先駆として、多くの保険業者が多大の関心と熱意とを以って各種の施設計画の実施に努力」している状況であった（星 1932: 8）。日本では簡易生命保険法（大正五年七月八日法律第四十二号）下で、逓信省管轄の公営簡易生命保険が開始されており、一九二二（大正一一）年には、すでに以下のように被保険者に対する無料の健康相談や巡回診療を実施していた。

大正一一年九月には簡易生命保険被保険者の保健施設として簡易生命保険健康相談所を設置し、被保険者の為無料を以て健康相談及び訪問看護に応ずることとなり、同月簡易保険健康相談所規則及び簡易保険健康相談所

取扱規定が制定せられた。（簡易保険局 1936: 9）

一方で民間保険会社であった日生でもこの流れを捉えていた。そのため一九二三（大正一二）年から一年間、社員を海外視察に派遣していた。その結果として翌年には日生が「済生事業を行う財団法人の設立」のために百万円を支出し、財団法人日生済生会が発足した。その常任理事に就任したのが、小河滋次郎であった。そして済生会が当初事業として取り組んだのは、簡易生命保険と同様に健康相談所だった。だが小河は、健康相談所の事業開始を見届けるが如く、一九二五（大正一四）年四月四日、済生会在籍一年にも満たず鬼籍に入った。

ところで、小河の社会事業民営論からすれば、日生済生会の組織そのものは（多数の篤志家による寄付かどうかという点は議論があるとしても）、小河の考え方に沿っている。だがすでに逓信省管轄で公的に取り組まれていた健康相談を済生会でも行うのが適切と考えていたか疑問に思う。

この後の日生済生会は一九三一（昭和六）年に日生病院を開設して以降、病院中心の事業運営になっていく。確かに医療保険制度や医療保護制度の不十分な当時、貧困者・低所得者に対して無料診療も行っていた点では、救療事業の一端を担っており、社会事業的色彩は濃かったと言える。しかし財団法人設立当初の寄付行為第三条三には「生命保険事業に関係ある社会問題又は社会事業の調査研究」を行うと規定されていた。また同時期の日生済生会規則では、事業部が管掌する事務として第二十一条に「官公署並に官公私設の社会事業との交渉連絡に関する事務」の一項がある。小河にとって「社会事業の調査研究」や「社会事業との交渉連絡」とは、どういうイメージだったのだろうか。早すぎる小河の死のため、彼の構想自体も、またその事業化可能性も確認できない。日生済生会側の公式記録は「当初は前任の小河常任理事の構想を受けついでその実現をはかられたのは当然のことである」としつつも、小河逝去直後の五月一八日理事会では、健康相談所の拡張を決定する一方で「小河常任理事によって設定された救急救護班の構想」は「見直す」ことになったとしている（『日本生命済生会五十年史』27-8）。さらに後年には「日本生命済生会の原点は、この〝小河構想〟にありと言わなくてはならない」としているが（『日本生命済生会七十年史』41）、その具体的内容に確かな輪郭はないようだ。

さて第二次大戦後の日生は、相互会社として再出発した。一方で日生済生会は社会福祉法人になることを選択せず、財団法人のままで日生病院の再建と拡大に注力し、早期に生活保護法による医療機関の指定を受けた。一九五六（昭和三一）年には社会事業課を設けた。また無料低額診療事業を明確に位置づけるとともに、無料健康相談や街頭検診等を再開した。さらに翌々年には、社会福祉事業拡充のため課を社会事業局に格上げし、事業課と福祉課の体制となった。

その初代局長が、本社から転出した川村一郎であった。川村は応召中に米軍機の機銃掃射によって貫通銃創を受け、左足を切断した傷痍軍人であった。局長就任後に初めて小河滋次郎を識った川村は、強く共感した。そして啓発活動を含めた社会福祉事業を拡大していく。記録には、以下のように記述されている。

川村は前後九年間にわたって社会事業局を率い、様々な事業展開を試みては独自の成果を重ねていくが、彼の胸の内には〝小河滋次郎の手で始められ、戦争で中断された当会の社会事業を、自分こそが受け継ぎ、復活し、再興させるのだ〟という強い使命感で満たされていたことであろう。その後の川村の言動とひたむきな精進とが、何よりもそれを物語っている。

（『日本生命済生会七十年史』142）

そして川村自身も「民間の我々の仕事は、先駆的な開拓的実験的なところに我々の存在価値があるのです」と語っている（川村 1961：8）。もちろん実際にも先駆的・実験的活動を実施した。たとえば大阪市の民生局長や東区長を務めた池川清を社会事業局嘱託に迎えて行った研究がある。当時、池川は社会福祉分野で学識者であり、異色のブレーンとして「池川清を囲む会」と称された研究会等でアイデアを提供した。家事を背負っている主婦が入院中の家族を支えるホームヘルパー派遣や多彩な老人福祉活動、児童福祉活動は、その成果であろう。池川を通して関西学院大学の竹内愛二、大阪市立大学の岡村重夫等の気鋭の社会福祉研究者も協力した。また事務局には後に学界で活躍する高森敬久を迎え入れ、同じく上田官治を『保健と福祉』（後の季刊『地域福祉』）の編集主幹（嘱託）とした。この体制でこそ多様な出版活動が可能だったのであり、その成果に啓発されて先駆的・実験的な民間社会福祉事業が実現していった。

こうして自分なりの「小河構想」を実現してきた川村は、一九六六（昭和四一）年八月に日生済生会を退職する。「在任時代において特筆すべきものは、何としても、一つは助成事業としてのボランティア育成と、いま一つは小河のなさんとして果たさなかった、広報活動であろう」とする見解がある（上田 1973: 168）。退職年度の済生会事業計画に社会事業局では「ボランティア活動の育成」とともに、「特にボランティア活動推進のために必要な調査に重点をおく」との方針を示した（『会報』43号2）。すでに前年にボランティア協会大阪ビューローが開設されていたが、この方針は川村の示した意地だったと感じる。

ここでビューロー開設前後の状況を辿ってみよう。

戦後早々から大阪では少なくないボランティア・グループが活動していた。そのためボランティアたち自身によって学習の場が設けられた。それは、当時大阪市立大学家政学部社会福祉学講座助教授の柴田善守を核にしており、月例会であったため「柴田例会」と呼ばれていた。当初の会場は浪速区にあった「さかえ隣保館」（前述の上田官治が館長をしていた）であったが、後には交通至便な上本町六丁目の社会福祉会館（大阪市社会福祉協議会）に移った。だがその会場も確保しにくくなった(8)。打診を受けた川村は済生会の会議室を提供し、活動を支援する等の世話役を引き受けた。[9] そしてボランティアの育成事業等も行われるようになった。一九六五（昭和四〇）年には、それが発展して「ボランティア協会・大阪ビューロー」となったのである。

## 3　大阪ボランティア協会の実験——岡本榮一への再継承

ビューローの常任理事となった川村は、その事務所を社会事業局に置くことを認めた。[10] 後には独自事務所を確保したが、これも済生会の支援であった。[11] さらに一九六九（昭和四四）年六月には、組織改編して「社団法人大阪ボランティア協会」となり、川村はその常務理事となった。それ以後も一九八一（昭和五六）年に没するまで、日生済生会とのパイプ役となりつつ、自前の財源を確保するために募金活動の先頭に立って協会の発展に寄与した。多数の篤志家が少しずつでも負担するのが良いという小河思想の実践である。川村の募金活動は「川村さんの協会へのミッションというか、その情熱や意思が（日生の - 小笠原）副社長を動かし、それが募金活動に多くの人が参加することに繋がって（2億円の - 小笠原）基金を生んだ」のだという（岡本 2009: 13-4）。

さてここで登場するのが岡本榮一である。岡本は、学生時代のワークキャンプを経て就職した児童養護施設の職員を経験した後、家庭養護寮の普及を進めつつ大阪キリスト教社会館でセツルメント活動に携わった。館の移転問題を契機に退職、失業していた時に大阪ボランティア協会からの誘いがあった。社団法人になる前年に入職し、翌年には事務局長になった。それまで「柴田例会」に何度か参加したこともあり、また日生済生会が家庭養護促進運動を支援していた時期もあって、柴田や川村とはすでに面識があった。[12] 岡本は、この頃を回想して「ボランティア運動の行先には不確実性がありながらも、ある種の『幻』[13] を見ていました」とも（岡本 2004: 110）、また「なぜボランティア問題に関わろうとしたかといえば、あの頃のボランティア問題は、重要でありながら、まだまだ未開拓な分野だったからにすぎない」とも（岡本 2008：121）、さらに「協会をなんとか『助けてくれ』と言われた時は、明確な日標はなかったんですが、しばらくして、日本社会に『ボランティア』が果たして根を下ろすのかどうか。仕事を通じて実験して見ようという《ママ》気が起こったんですね」とも言っている（岡本 2015a：80）。まさに「新分野を開拓して先駆的・実験的活動」に取り組もうとする姿勢である。こうして川村によって引き継がれた「小河構想」からスピンオフした大阪ボランティア協会は、岡本を迎えて本格的に小河が主張した「寄付による社会事業民営論」を具現化していくはずであった。

ところが実際の財源確保は、ほぼ川村ひとりの人脈に依存する脆弱な体制であった。その実情は川村の体調悪化によって露呈する。その存亡の危機に際して生み出された工夫が「参加システム」である。その事情を後に岡本を襲って事務局長を務めた早瀬昇は以下のように説明している。

それまで職員だけで事業を担ってきた体制を改め、講座や情報誌の発行などをボランティアが主体的に実施する体制が導入されたのです。／この「参加」の範囲は事業の企画・推進という段階だけではなく、組織経営というレベルにも及んでいます。（中略）「予算会議」や「創出会議」と名づけた合宿も開き、事業計画を具体的にまとめる作業にもボランティアが参加する仕組みが作られていきました。／こうした仕組みが軌道に乗るには、ボランティアの努力もありましたが、ボランティアと協働する職員をリードする事務局長、岡本先生の存在がとても重要でした。（早瀬 2011：85-6）

この参加方式に対して岡本自身は「ボランタリズムの実践と学習過程の場として重視している」としていて（大阪ボランティア協会編 1981：291）、単に財源問題の解決方策とは捉えていない。実際にこれ以後も財源の確保は、民間団体たる大阪ボランティア協会の宿命であった。岡本は、以下のように「痩我慢の説」（福澤諭吉）を述べた。

日本のボランタリーな団体は、本質的にみんなそう（財源不足－小笠原）なんです。行政にもたれかかっておれば、親方日の丸でいい。ある人から「大阪府ボランティア協会」にしてはどうなんですか？と言われたこともある。府の外郭団体化です。だが、ぼくは「公私分離論者」としての姿勢を通してきた。行政依存、これは「ボランタリズム」の本質が分からない人が言う日本的な落とし穴なんですね。川村さんとも話した。独立です。（岡本 2014：18）

つまり「ボランティアの本質からして、行政が直接的にボランティア活動の育成に手出しすることは実践矛盾であると考えている」という姿勢をとり続けてきたのだ（岡本 1977：30）。しかしこの「痩我慢」は、重要な局面で不可欠であった。たとえば一九七〇年代後半の「誰でも乗れる地下鉄をつくる会」の運動に対する行政への反応である。大阪市は、大阪ボランティア協会への補助金の窓口である民生局を通して運動に対して干渉する姿勢を示した。それに対して岡本は以下のように対応した。

あくまでボランティア協会はこの運動を支援する。もし決裂したら補助金は返し、そのことを新聞で報道する――そんな覚悟やったんや。（中略）あのとき協会内部では、「行政と密着しすぎると、運動ができん。いざというときにＮＯがいえるように〝民間性〟を貫徹することが大事なんや」といった議論になった。それで補助金を全体の予算の三分の一以上はもらわないことにした。（岡本 2009：12）[14]

小河の言う「寄付による社会事業民営論」は理想であるが、現実には相当の困難がある。岡本は終始悩まされた財源問題を念頭に「voluntaryなるものの活発化をはかるためには条件として自前の財源を如何にして確保するかが重要である」とした。行政からの補助の原則はサポートするがコントロールしないだと主張する一方「voluntaryな活動団体、グループ等への寄付に対しては税制上抜本的な優遇処置がとられ、一般民間人からの財政的支援が容易になるような配慮が必要」としている（岡本 1984: 30）。

## おわりに

民間からの寄付推進策について岡本は、公益法人制度改革による公益社団・財団法人や認定特定非営利活動法人への税制上の優遇措置が本格化する数十年前に指摘した(15)。この卓見は、小河の言う多数篤志家の少額寄付に象徴される「理念」の正統な継承である。その成果は三代が培った「痩我慢の説」となり、民間社会福祉にとってある種の決意表明ともなっている。

### 注

（1）金子は、これらの理論が公表された時期について、以下のように指摘している。

それらの理論を命名し体系的に明らかにしたのは、『貧困の予防』や論文「民間博愛事業と国家あるいは地方自治体活動との関係における繰り出し梯子理論」においてであり、それらが刊行されたのは「救貧法および貧困救済に関する王立委員会」の会期後の一九一一年あるいは一九一四年である。（金子 2007: 48）

つまり、一九二一年段階では小河はこの考え方を知り得ていたはずである。また、小河自身が『社会問題救恤十訓』においで出版前年（一九一一年）に来日していたシドニー・ウェッブが講演で日本の社会事業が外国の模倣に走っていることを批判した内容を「ウエッブ氏の苦言が我が斯業に対する頂門の一針たるべきは固より言ふを俟たず」と引用している（小河 1912: 5）。それからすればウェッブ夫妻の理論をそのまま利用するのではなく、解釈しているはずである。

（2）本稿は社会学院調査部編で冬夏社から刊行された「現代社会問題研究」叢書（全25巻）の第8巻である『本邦社会事業』（一九二一年発行）に「序論」として収録されているものをほぼ同時に『救済研究』9巻の1号から3号に3回にわたって再録連載したものである。本論部分の執筆者は杵淵義房であり、発刊当時は中央慈善協会主事である。発刊時点で小河は、大阪府内務部社会課長であり、中央慈善協会評議員、社会事業調査会臨時委員でもあった。

（3）当時の社会福祉事業法による第2種社会福祉事業としての「生計困難者のために無料又は低額な料金で診療を行う事業」である。

（4）この背景には法人税制の改正という事態があった。この時の税制改正とは、一九五〇（昭和二五）年のいわゆるシャウプ勧告による所得税法の改正のことであろう。これについては、以下のようであった。

一九五〇年改正法人税法では、すべての内国法人の所得について法人税を課した上で、公益法人等の所得のうち収益事業以外の所得（非収益事業）については法人税を課さないという構成になる。それまでの法人税法では、公共団体、神社等、および公益法人は非課税とされていた。ここに一九五〇年の税制改正における大きな転換がある。すなわち、一九五〇年の税制改正前後の課税方法の断絶である。（石坂 2014: 26）

つまり、当時の民法による財団法人であった日本生命済生会は、一層公益性を明確にすることが求められたのであろう。社会福祉事業の実施は、その有力な方策であったと思われる。

（5）岡村重夫が社会福祉やボランティアにこだわる理由を川村に聞いたところ「社会に対する報恩のため」と言われ「頭上一撃」だったと書いている（川村一郎先生追悼文集刊行委員会 1982: 67）。傷痍軍人として生き残ったという感情に発する強い思念であったように思える。

（6）川村自身の発言として、「私自身、日本生命済生会は、小河滋次郎先生の頃から先駆的、開拓的な事業をやってきた歴史をもっている。だから私たちも、その精神的伝統を受けつがなければならん、ということでやっておりました」というものが残されている。（『なにわに拓く——大阪ボランティア協会二十年史』317）

（7）ここで引用したインタビューでは「コモン・グッド・ファンド」という、現在のいわゆる民間助成活動のような先駆的活動についても日生済生会の特長として言及している。

（8）大阪ボランティア協会十周年座談会での柴田善守の以下のような証言が残されている。
昭和三七年か三八年頃だったでしょうか。市社協の矢内（正一）さんと話していて、福祉施設に訪問しているボランティアのことが話題になった。／新聞に載ったあるボランティアの投書で、「自分たちは施設に行っているが、先方ではあまり喜んでいないようだ」という。そこで、その他の投書やグループメンバーの募集状況などを調べてみたら、十五位のグループがあることがわかった。みんな活動上悩んでいる、ということも。それで、その人たちに連絡をとって、社協の会議室に集まってもらったんです。三〇数人集まったでしょうか。私は学生が多いと思っていたのですが、案外勤労者が多かったですね。（『なにわに拓く――大阪ボランティア協会二十年史』316）
その後、この集まりは月1回の例会として1年半程続いたが、社会福祉協議会会議室の時間制限（夜8時まで）や反安保的イデオロギー色への困惑等があって他の拠点を探した。そして柴田が日本生命済生会の川村、高森に依頼して、済生会が支援することになったと続く。

（9）同じく川村一郎の以下のような証言が残されている。
私はボランティアのことがよく分からない。そこで、柴田先生はもとより、日頃から何かと相談にのっていただいていた竹内愛二先生、上田官治先生、池川清先生や、当時社会事業局の新進気鋭のスタッフだった高森君などに相談をもちかけました。また、済生会の理事長だった若林源蔵さんに、「社会福祉の増進に今後重要な活動だから、ボランティアの促進を引き受けたいのだが」と進言し、了解を得ました。（『なにわに拓く――大阪ボランティア協会二十年史』317）

（10）理事長には、前述の柴田善守がなった。

（11）これについて岡本榮一は、日生病院2階の済生会事務所に患者でもないボランティアが出入りして苦情が出たが「そうこうする内に、川村さんの（日本生命済生会からの - 小笠原）退職となった。その機に、川村さんはボランティア協会の常務理事となり、三百万円の支度金をもらい、心斎橋事務所に独立する。実は、その金一封は『手切れ金』だったという話もありますがね（笑）」と回想している（岡本 2004：111）。この時点で岡本はまだ職員ではないので、伝聞であろうが、川村の心意気と済生会の支援を感じられるエピソードとして紹介しておく。

（12）岡本自身は「ボランティア協会発足の頃から、いやそれ以前からの知り合いが多くて違和感はありませんでした」と表現している（岡本 2015b: 18）。
(13)「幻を見る」という表現は、岡本が最初に働いた大阪水上隣保館を創設した中村遙の言葉「吾ら苦難の中に美はしき幻を見ながら此山を拓く」に拠っている（岡本 2004: 105）。
(14) これに関して別の場所では「大阪市は、その運動がどこを拠点にしてなされているのか調べたら、大阪ボランティア協会だった。僕は事務局長をしていましたから、民生局から電話がかかってきて、『地下鉄運動について知りたいので役所まで来てくれないか』ということで役所に出向きました。その当時、千二百万円ばかり大阪市から補助金をもらっておりましたが、間接的に地下鉄の運動を止めさせようとしたかもしれません」と述べている（岡本 2015a: 90）。
(15) 社会福祉法人に対する優遇措置は、性格の異なるものであると考えられる。

**史資料**

「日本生命済生会」年史及び「大阪ボランティア協会」年史を参照した。

**参考文献**

土井洋一（1980）「解説——小河滋次郎の感化教育論」土井洋一・遠藤興一編『小河滋次郎集』（社会福祉古典叢書2）鳳書院、三八一—九一。

遠藤興一（1980）「解説——その社会事業思想」土井洋一・遠藤興一編『小河滋次郎集』（社会福祉古典叢書2）鳳書院、三九二—四〇二。

早瀬昇（2011）「我が師を語る［28］岡本榮一先生——『参加する福祉』の論理を築き、実践の輪を広げる」『ソーシャルワーク研究』36（4）、八四—七。

星豊三久（1932）『生命保険福祉施設論』賢文館。

石坂信一郎（2014）「わが国における非営利法人税制の起源」『札幌学院大学経営論集』6、一九—二九。

金子光一（2007）「公私関係論に関する史的研究（Ⅰ）」『東洋大学社会学部紀要』44（2）、三九—五三。

簡易保険局（1936）『簡易生命保険郵便年金事業史』簡易保険局。

川村一郎（1961）「社会事業局長にきく」『（日生済生会）会報』19、七―九。

川村一郎先生追悼文集刊行委員会（1982）『不倒――川村一郎先生追悼文集』私家版。

小河滋次郎（1912）『社会問題救恤十訓』北文館。

小河滋次郎（1921）「『本邦社会事業』杵淵義房氏執筆序論」『救濟研究』9（3）、一八三―一九〇。

小河滋次郎（1924）『社會事業と方面委員制度』嚴松堂書店。

岡本榮一（1977）「住民参加としてのボランティア活動」『月刊福祉』60（7）、二六―三一。

岡本榮一（1984）「今日の社会福祉状況とマンパワーとしてのボランティア問題――その組織化をめぐって」『地域福祉研究』12、二四―三〇。

岡本榮一（2004）「ボランタリズムは休みなき人間尊重の運動」『地域福祉研究』32、一〇四―一九。

岡本榮一（2008）「わが出会い、聖書と福祉と人権と――関西（大阪）を舞台とした先達の生き方を中心として」『キリスト教社会福祉学研究』41、一一五―一二三。

岡本榮一（2009）「巻頭インタビュー岡本榮一氏おおいに語る――3つの『大阪』勤めで貫いてきたこと」『日本ボランティア学会学会誌』2009、二―一八。

岡本榮一（2013）「私の社会福祉実践と福祉境界論‐何を実践し、何を考えてきたか」『同志社社会福祉学』27、三―九。

岡本榮一（2014）「『ボランタリズムの精神』が〝美しき幻〟を現実のものにする②」『市民活動総合情報誌 Volo』49（1）、一六―二〇。

岡本榮一（2015a）「インタビュー　福祉の歩みを語る（第1回）」『キリスト教社会福祉学研究』48、七七―九五。

岡本榮一（2015b）「インタビューⅡ 日本のボランティアの歩み、これからの道しるべ――『福祉は実践』を旨として」『月刊福祉』98（13）、一七―二一。

小野修三（1994）『公私協働の発端――大正期社会行政史研究』時潮社。

小野修三（2012）『監獄行政官僚と明治日本――小河滋次郎研究』慶應義塾大学出版会。

大阪ボランティア協会編（1981）『ボランティア‐参加する福祉』ミネルヴァ書房。

柴田善守（1964）『小河滋次郎の社会事業思想』日本生命済生会。

上田官治（1973）「大阪社会事業の流域」『地域福祉の諸問題―地域福祉研究紀要』1、一五四―七三。

# 第Ⅲ部

# 参加・学び・実践

# 第7章　ボランティアの本質とケアリングコミュニティの構築にむけて

原田　正樹

## はじめに

ボランティアをめぐる動向は時代とともに移り変わる。それはボランティアを必要とするニーズの変化もあれば、ボランティアをする人たちの意識や活動の変容もある。同時にボランティアを活用、あるいは利用しようとする人たちの思惑が絡み合い、ときにボランティアは翻弄されることになる。しかしボランティアは巻き込まれるだけではなく、時代を切り拓いてきたという事実もある。

そこで改めて、ボランティアの本質について、岡本榮一氏と同時代を生き、日本のボランティア活動の普及に尽力した盟友である木谷宜弘氏（一九二九―二〇一二）の思想を紐解きたい。彼の残したメッセージを辿ることで、当時の関係者がボランティアの世界に込めた意義と期待を論考したい。木谷（2009）はボランティアのことを「相互実現の途」と語っていた。彼のいう「相互実現」、すなわちボランティアの世界観が、地域共生社会で核となるケアリングコミュニティの構築につながることを論考する。

## 1　ボランティアをめぐる「ゆらぎ」と危機

日本におけるボランティアや市民活動をめぐる歴史的な変遷については、岡本榮一氏らにより膨大な資料を編纂した『日本ボランティア・NPO・市民活動年表』（2014）に詳しい。本章では一九九〇年以降、近年の施策等を中心にボランティアを取り巻く概況をスケッチしておきたい。

「ボランティア元年」と言われたのは一九九五年である。このように称されたのは、阪神淡路大震災で多くの人たちが被災地のボランティア活動に参加したという契機がある。しかし人数だけの問題ではない。大規模な災害に対して、ボランティアと行政が「対等な」関係性のもとで、「協働」していくことの重要性が確認されたからである。従来はともすれば行政の補完的な役割に位置づけられていたボランティアであるが、その有用性や固有性が認識され、関係性や構造が変わったことが「元年」と言われた本意である。その後一九九八年に、こうしたボランティア・市民活動を促進していくために、特定非営利活動促進法（通称NPO法）が制定された。

こうしたボランティア活動への本格的な施策化は一九九〇年の社会福祉事業法改正から始まっていた。改正された社会福祉事業法では、「地域に即した創意と工夫を行い、及び地域住民等の理解と協力を得るよう努めなければならない」（第三条）とされ、第七十条二にもとづき「国民の社会福祉に関する活動への参加の促進を図るための措置に関する基本的な指針」（一九九三年）が告示された。こうした動きに対応して、全社協では同年（一九九三年）に「ボランティア活動推進7カ年プラン」を策定した。同時期に、全国ボランティアフェスティバルの開催（一九九二年）、「広がれボランティアの輪」連絡会議の結成（一九九四年）など、相次いでボランティア活動の普及や推進にむけた事業が展開された。その矢先に、先述した阪神淡路大震災が起こり、ボランティアをとりまく状況が大きく変わることになる。

こうした九〇年代の動きを踏まえて、二〇〇一年には日本政府の提案により国連で「国際ボランティア年」が採択され、世界各地でボランティアを普及する取り組みがなされた。同年、全社協・全国ボランティア活動振興センターは、「第二次ボランティア・市民活動推進5か年プラン」を公表し、より多くの市民活動等とのネットワークの必要性を提起した。関係団体が「協働」していくことの重要性とその取り組みが推進されてきた。

二〇一一年、東日本大震災でのボランティアや市民活動、企業などの協働の取り組みは、社会的にも高く評価された。その後、相次ぐ自然災害の経験も踏まえて、災害ボランティアセンターや全国規模の組織化など被災地支援のシステムも整い始めた。災害対策基本法のなかにもボランティアが位置付けられた。

全社協「市区町村社協ボランティア・市民活動センター強化方策２０１５」では、全国や都道府県のみならず市区町村を範囲とした多様なプラットフォームの必要性と、センターにおける個別支援と地域づくりの役割と求められる新たなコーディネーション機能について整理している。

また「広がれボランティアの輪」連絡協議会は、現在約六〇団体により構成され、日本のボランティアプラットフォームとしての役割を果たしてきた。シンポジウムやフェスティバル（二〇一六年からはフォーラムに改組）等の開催や推進にむけての「提言」を発信してきた。

このように一九九〇年以降の三十年間は、ボランティアの存在と活動が社会的に認知され、その普及と推進にむけた施策化や全国規模でのネットワークが展開されてきた。しかしこうした動きを批判的に検証していく研究が十分でないことも課題である。たとえば、不足する介護サービスの代替として、安易に「有償ボランティア」とか、「ボランティアのポイント制度」などが事業化されている現状がある。あるいはボランティアコーディネートの現場では、イベントなどに「ボランティアを派遣します」といったやりとりをしている場面も見受けられる。ボランティアを安価なマンパワーとして活用したり、一定の社会的な役割を代替させようとする動きが強まる傾向にある。

直近では二〇二〇年のオリンピック・パラリンピックにむけてのボランティア募集のあり方をめぐって、賛否の議論がなされている。主催者側の都合が優先され、「やりがいの搾取」になるのではないかという懸念、あるいは文科省が大学等に学生ボランティアを動員しようとしていることへの批判もある。「無報酬」と「無償性」の議論が混在しているなど整理が必要な点もあるが、一方で「ボランティアの終焉」とも言われる今日、改めてボランティアとは何かについての広く議論が深まることを期待したい。

しかしながら、さらに危惧するのは、直接的な動員を促す動きに留まらないことである。たとえば国民保護法ではすべての市町村に国民保護計画の策定を義務付けている。そこでは有事（武力攻撃事態等）の際、自主防災組織やボランティアが円滑に活動できるよう役割が想定されている（原田 2010）。ボランティアは武力攻撃が為されたとき、すなわち戦争が始まったときに活動を期待されるものではない。戦争を起こさないためにこそ活動があるのであって、その反対はあり得ない。ところがこのことに対する批判的意見がボランティアのなかから出てこないことも今日的な特徴であり、大きな問題ではないだろうか。

ボランティア活動が社会的に評価され、期待が高まるほど、ボランティアが多様に解釈され、それぞれに都合のよい運用がなされるようになる。ボランティアは常に変化していくという柔軟性があってよい。しかし一方でボランティアの本質を問い、ボランティアが失ってはいけない価値を共有していかなければならない。ボランティア自らが原理論に縛られるというジレンマからは解放されなければならないが、ボランティアが意識しないうちにそれに反する動きのなかに巻き込まれてもならない。そのためにこそ、私たちはボランティア活動を通して、ボランティアの本質について問い、ボランティアを通して実現していく社会像や人間像を考えるという学びが必要である。

とはいえ、それは「楽しく」なければならない。高島巌（1963）は、「ボランティアとは人間だけにあたえられた楽しき権利なのである」、と記している。

## 2　木谷宜弘によるボランティアの世界観と「相互実現」

こうしたボランティアへの期待と危機というゆらぎのなかにある今日のボランティアについて、その本質を考えるとき、歴史を遡ってみたい。そこで一九六〇年代から、日本においてボランティアの普及に尽力された木谷宜弘氏が、ボランティア活動あるいはその世界をどのように構想していたのかを概観してみる（原田 2013）。

木谷宜弘は徳島で生まれ、戦後は大阪府立社会事業学校で学び、セツルメント活動に参加する。その後、郷里に戻り、徳島県社協の職員として従事する。「心の里親」運動をはじめ、「老人大学」、「子ども会育成みつばち運動」「青年ボランティアの養成と遊び場づくりの運動」を開始するなど、新しいプログラムの開発とその組織化（彼はこのことを「運動」と称した）を通して新規事業の拡大を図った。また徳島県で一九四六年から始まっていた子供民生委員活動の強化にも力を注いだ。こうした事業や拡大の蓄積が一九六二年の「善意銀行」（後の社協のボランティアセンター）の創設へとつながった。

その後、彼は全国社会福祉協議会に転職し、初代の全国ボランティア活動振興センター所長を務めた。ボランティア活動の普及とボランティアセンターの充実のため、全国各地を東奔西走した。全社協時代には「遊び場づくり」の運動、ボランティア保険の創設、学童・生徒ボランティア活動普及校事業の拡大、ボランティアコーディネーターの養成、おもちゃの図書館の普及、東南アジア難民救済活動などに取り組んだ。全社協を退職後は、大学教員を務めたのち、晩年は徳島県に戻り「ボランティア研究所」を主宰した。彼のこうした功績については、徳島県社協のホームページに「木谷宜弘資料館」としてアーカイブが作成されている。

本論では、木谷の思想的、実践的な特徴として四点をあげ、紹介したい。

### （1）子ども中心主義の視点

木谷（2008）は子供民生委員活動の活性化に力を注いだ。子供民生委員制度は一九四六年一二月平岡国市によって創案された徳島県の取り組みである。終戦直後、子どもたちを主体にした地域福祉活動の先駆けである。この「子供民生委員」の原風景が木谷のなかでは、子どもたちへの福祉教育の必要性を確信することになり、後に全社協のボランティア活動振興センター所長として創設に尽力した「学童・生徒ボランティア活動普及校事業」へとつながっていく。

木谷の福祉教育論の特徴は、常に子どもを中心にすえ、その成長への期待が根底にあった。大人が子どもに教えるという視点からの福祉教育、あるいは子どもにボランティア体験をさせるという発想、これらは木谷が考えていたそれとは違う。彼は、よく「子どもはすごいんだ」と語り、その後に必ず「子どもがこんなことを考えた」、「あんな活動を自分たちでやり遂げた」といった事例をあげた。もともと子どもが有している力をどう引き出すか、そのことに大人が気づくことの重要性を指摘していた。

木谷は青年の頃から児童文学に関心を持ち、子ども会を組織して、自らボランティア活動を通して子どもたちと関わってきた。しかし彼は「いつの間にか、子どもによる子どものための子ども会が変質し、大人による大人のための子ども会になっていった」と嘆いていた。子どもが主体になるということ、子どもを中心に考えるということ、これは彼が大事にしていた立ち位置である。

彼が晩年、郷里に戻って取り組んだ運動が、現代版の子供民生委員活動といえる徳島県のＴＩＣ運動である。Ｔ

ＩＣ運動とは、Teens＝十代の少年少女が、In Community＝地域の中で、自発的・自主的にボランティア活動に取り組むことができるよう支えていく運動である。ＴＩＣ運動では十代のボランティアを「ティーンズボランティア」と呼び、彼らを支える大人のボランティアを「サポーター」と位置づけている。あくまでも、十代の少年少女が主役であった。彼は、この運動を通して「十代世代が育つ地域ネットワークづくり」を推進し、十代のうちに「地域社会でのボランティア活動」を十分に実体験できることを保証する地域づくりが大切だと訴えていた。

また木谷（1988）は、青少年は社会に積極的に関わることによって、自己認識や忍耐と努力、人間関係能力や生活技術を身につけていけると考えた。同時に青少年の存在は、社会にとって「明日」を意味するとも言っている。青少年が過去の遺産を継承し、新しい歴史と文化を創造していく社会は、絶えず明日へ向かって進んでいく活力のある社会であると考えていた。つまり、青少年のために社会が何かを支援するのではなく、また社会のために青少年が参加するのでもない。青少年の成長にとっても、社会の発展にとっても社会参加が不可欠であるという立場をとり、具体的な参加のカタチが青少年のボランティア活動だったのである。

### （2）ボランティア活動がつくる「相互実現」

木谷（2008）の大切にしてきた思想として「相互実現」がある。彼はボランティアとは何かと質問されると、「相互実現の世界を旅する人のことだ」と答えていた。それは「自己実現」ではない。双方向の、善意の交流を大切にした関係性を強調していた。あるとき、どうしてそういうことを考えられたのか質問すると、徳島の「お接待の心」として、「旅の御方よ、お茶など上がられ、私も旅することがある」という話をされたことがある。木谷は「お互い様」という思想が広がれば、人はお互いに人生を豊かに出来る、そんな社会はきっと住みやすくなるという世界観を大切にしていた。

このことは長年ボランティアをしてきた経験者にインタビューをしたとき、よく回答される内容である。「最初は何か人のために役立つことができればと思い活動をはじめた。でも活動のなかで私の方がいろいろと教えられた。あの人と出会えたことが、私の人生を豊かにしてくれた」という類の語りである。

ボランティアする人とボランティアされる人といった一方通行の関係ではなく、双方向の関係になっていく。ボランティアの活動を通して、それぞれの役割が相互に生じ、互酬関係を意識しつつ、信頼と感謝が深まる。そのやりとりのなかで「お互い様」という意識が醸成されていく。

ただし時間が経過すれば自然に、双方向の関係性が形成されるわけではない。あらゆるボランティア活動が予定調和的にお互い様になるわけでもない。生身の人間同士の関わりであるから、ときには相互に対立したり、傷つけあうこともある。

互酬関係を意識していくためには、そのことに気づく機会、つまりふりかえりが大切である。自分自身でふりかえることで、自己省察することもある。でもすべてのボランティアがそれをしているわけではない。意図的に活動をふりかえる機会をつくり、気づきを意識化したり、課題を整理してみたりすることが大切である。その機会をつくり、ふりかえりを促すことがボランティアコーディネーターとして大切な役割である。

このふりかえりのことを「リフレクション」という。私たちは行為を振り返ったときに「反省」になってしまうことが多い。よかったか、悪かったか、自己を内省するだけに留まってしまう傾向がある。もちろんそのことは大切であるが、自分のことだけではなく、周りとのこと、活動をとりまくことなどにも視野を広げて考えてみる。活動を通して見えてきた変化、意義や課題についても整理しながら、「これから」のことも考えてみる。こうした一連の省察のことをリフレクションという。

こうしたボランティア活動のなかで、自らの体験とリフレクションを通しての学びをボランティア学習という。

相互実現に向けてリフレクションや学びを促していくことがボランティアコーディネーターの重要な機能であると考える。

### （3）相互実現を促す善意銀行の機能

木谷が一九六一年に構想を提案した善意銀行が、徳島県内に誕生したのは一九六二年である。同年に大分県でも始まり、この取り組みはすぐに全国に広がった。やがて一九七三年には各地の市町村社協ボランティアセンターへと発展していく。

この善意銀行の創設にあたって、彼は「社会福祉には、私を助けて欲しいというニーズだけではなく、私も何かをしたいというニーズもある。助けてほしいニーズを制度やサービスで解決するのではなく、お互いのニーズを結びつけていくことも必要だ。そのことでみんなが幸せになれる」と抱負を語っている。また「善意を貯蓄して、必要な人がそれを活用する。銀行では需要と供給の調整をする。ただし、人はいつも助けられてばかりでは卑屈になる。銀行だから、自分にも出来ることがあったときは、いつでも貯蓄しておけばいい。貯蓄をしたり、引き出したり、それが自由にできるのが銀行なんだ」と話していた。

善意銀行とは、まさに相互実現を実現するための具体的なシステムであった。とくに当時は少なかった社会福祉に住民参加を促しかけとして、大変効果的であったといえる。

また善意銀行が誕生した一九六二年は、「社会福祉協議会基本要項」が制定された年でもある。基本要項では、社協組織の性格や運営理念として「住民主体の原則」が位置づけられた。その後、善意銀行が全国に急速に普及した背景には、この住民主体の原則に即した具体的な社協事業のモデルとして、住民のボランティア活動が受け止められたということも大きかった。

ところが今日の社協ボランティアセンターを考えるとき、この「相互実現」という関係性、あるいはその理念にもとづく社会をつくるという理念は継承されているだろうか。ボランティアコーディネーターは、一方的な需要供給の調整だけに留まってはいないだろうか。善意銀行が目指していたのは、ボランティアを紹介するだけではない。ボランティアをしたいという気持ちを喚起し、それを行動に移し、新しい出会いをつくる。その新しい出会いが、また新しい関係をつくり、新しい社会をつくっていく。そのための拠点が善意銀行であった。繰り返しになるが、木谷はこのボランティア活動のなかで起こる関係性のダイナミズムとプロセスを「相互実現の途」と言ったのである。

### (4) ボランティアの「活動」・「学び」・「変革」の構造的な理解

木谷はこうしたボランティア活動と学び、そしてまちづくりを連続のものとして捉えて、自ら実践し、それに基づき発信してきた。地域のなかでボランティア活動だけが盛んになればいいのではなく、活動を通して社会をより良くしていくこと。社会がよくなることで、そこに生きる人たち一人ひとりが豊かに生活していけるのである。

こうしたボランティア活動と福祉教育、さらには地域福祉計画や地域づくりを総合的に捉えるという発想は、彼が全社協・ボランティア活動振興センター所長の折に、「ボランティア基本問題研究委員会」（委員長・大橋謙策）によって示された「ボランティア活動の構造」にも通底している。ちなみに、この枠組みを示した大橋謙策は、木谷のことを「日本のボランティア活動の父」と評している。

この「ボランティア活動の構造」は今日的にも大きな意義がある。その目的を自立と連帯による社会・地域づくりとして、①近隣における助け合い等ができる地域づくり、②地域に住んでいる生活のしづらさを抱えている人を支援する個別対人サービス、③市町村の地域福祉計画づくりという三つの側面を有し、行政と地域住民の協働のもと、その基盤に人間形成があるという体系を示した。

ボランティア活動が活動だけで終始するのではなく、その活動を通して「学び」が生じ、福祉教育を通して活動が発展する。かつ活動を通して、地域課題を解決しようとすることで、地域福祉計画の策定にも参画していくなど、その活動は地域づくりへと広がる。

活動のある部分だけに目を奪われることなく、社会のなかでボランティアの果たす役割や機能を構造的に整理されている点は今日的にも大きな意義がある。ボランティアの機能や効果などに着目しすぎると、全体の世界観が貧しくなる。私たちは、ボランティアの大きな輪郭を描きながら、各論を丁寧に議論し、実践を積み上げていくという作業を重ねていかなければならない。

## 3　ケアリングコミュニティと相互実現的自立

社会保障改革の一連の流れのなかで登場してきた「地域共生社会」であるが、ニッポン一億総活躍社会の閣議決定されたなかで、次のように説明されている。「全ての人々が地域、暮らし、生きがいを共に創り、高め合うことができる地域共生社会を実現する。このため、支え手側と受け手側に分かれるのではなく、地域のあらゆる住民が役割を持ち、支え合いながら、自分らしく活躍できる地域コミュニティを育成し、福祉などの地域の公的サービスと協働して助け合いながら暮らすことのできる仕組みを構築する」と。

まず考えなければならないのは、この背景には人口減少社会による労働力減少への対策として、すべての人が活躍できる環境を整備することが第一義的なものであるとされた点である。よって国から押しつけられる「強制」社会ではなく、生活者の視点からこのことを読み解き、多様性を受け入れ、すべての人たちが「共生」できる社会であることを示さなければならない。つまり権利保障の視点から、地域共生社会を構築していかなければならない（原田 2018）。

その視点から解釈したときに、「支え手側と受け手側に分けてきたのは誰か」という問いがあげられる。社会福祉基礎構造改革によって福祉サービスの市場化が進み、現場では経営利益をあげるために顧客満足度が指標化され、サービスの提供者と利用者という二分化が固定化されてきた。福祉サービス自体を否定するものではないが、結果として社会福祉はサービスの提供者と利用者（消費者）という二者間の関係性を固定化させ、より多く利用してもらおうと過剰なサービスを宣伝し、住民はせっかく支払ってきた介護保険料の元をとろうとするという歪んだ構造を生み出しているのではないだろうか。社会福祉がサービス至上化すると、地域の中で「しんどさを分かち合う」とか、「喜びを共感する」という機会はうすれ、地域が有していた地域の福祉力は解体し、所得によってサービスを利用できる層とサービスが利用できない層という格差がうまれていく。

サービスも生活を支えていくためには必要であるが、社会福祉はサービスの提供だけがすべてではない。あらゆる住民が役割をもち、支えあいながら、さらに仕組みを構築していくということは、今日のサービス至上主義に陥った社会福祉への警告としてとらえることもできる。

岡村重夫（1976）は、「対等平等の個人が、全体的な自己実現の機会を提供されるように組織化された地域共同社会において、人々はサービスの客体であると同時に主体にもなりうるような相互援助体系こそ、福祉的人間観から発展する新しい社会福祉体系であり、そのなかで社会の果たすべき責任と個人の果たすべき責任とを明確にすることが福祉教育の目的である」と指摘している。この社会福祉的援助方式では、地域共同社会において「ある援助の対象者は、他の援助においては援助の主体者となるよう工夫されなげはならない」としている。岡村は、社会福祉的援助方式による地域共同社会を創出していくために、福祉的な人間観、社会観の獲得こそ福祉教育の目的であるとした。

こうした新しい社会福祉体系としての援助方式は、まさに地域共生社会の理念と重なり、さらにこのことを「ケアリングコミュニティ（caring community）」ということができる。

ケアリングコミュニティとは、社会福祉の新しい概念である。ケアリングとは看護の領域で用いられてきた。人と人との関係性、ケアする側とケアされる側との人間関係のなかで、双方向性が大切にされ、その結果、相互に成長していく過程の重要性などが指摘されてきた。

上野谷加代子（2015）は同様の文脈で、古くから「たすけられ上手」というメッセージを発信してきた。「人間は弱くある自由を持ち続ける社会的存在である。お互いが、たすけられたり、たすけたりする中で、社会関係を継続させ、持続可能な社会を知恵と技術、そして価値を生み出す」として、ケアリングの本質を提起している。

大橋謙策（2014）は、こうしたケアリングの考え方をコミュニティにまで広げて展開しようという考え方を示した。大橋は、ケアとコミュニティの今日的な位相について論考するなかで、「従来の地域の支えあいではなく、意識的に活動する住民による新しい地域づくり」を問題提起し、日常生活圏を基盤として行政の制度的サービスと近隣住民のインフォーマルサービスとを結びつけ、地域自立生活を支援するコミュニティソーシャルワークによるケアリングコミュニティの構築を構想した。

また筆者（原田 2014）はケアリングコミュニティを、「共に生き、相互に支えあうことができる地域」と定義し、それは地域福祉の基盤づくりであると考えてきた。そのためには、共に生きる（共生）という価値を大切にし、実際に地域で相互に支えあうという行為が営まれ、それを支えていくために必要なシステムが構築されていかなければならないと考えている。こうしたケアリングコミュニティを創りだしていくためには、①当事者性の形成、②地域自立生活支援、③参加・協働の促進、④制度による基盤構築、⑤地域経営・自治といった五つの構成要素が必要であると考えてきた。

またケアリングコミュニティでは「相互に支え合う地域」を大切にするが、その根底には相互実現的自立（inter-dependent）という新しい自立観を据えなければならない。その際に、「自立」という概念の変化を踏まえなければならない。自立とは、ソーシャルワークにとって重要な目的概念である。戦後、社会福祉の諸制度のなかでも「自立」が用いられていた。当時の自立は、身辺的自立と経済的自立が強調されていた。そのときの自立は救貧的な自立観が根底にあったといえる。

その後、一九八一年の国際障害者年を前後して、自己選択・自己決定といった自立観が重視され、精神的自立や社会的自立が意識されてきた。定藤丈弘（1986）は、「身体的・経済的自立よりも、障害者の生活における自己決定、自己選択権の行為をとおしてその障害者に適した生活全体の質を高めようとする行為を自立と捉え」ている。こうした重度身体障害者たちの自立生活運動などを踏まえて、仲村優一（1982）は戦後の社会福祉行政が作り出してきた職業経済的な自立の捉え方の見直しを提起し、「公的扶助や福祉サービスを利用する人びとにとっての、真の意味の自立を実体化することに資する制度としての社会福祉のあり方が、ラディカルに問われている」と述べている。

大橋謙策（1986）は、生活の全体性を意識して自立を六つの側面から分析している。労働的・経済的自立、精神的・文化的自立、生活技術的・家政管理的自立、身体的・健康的自立、社会関係的・人間関係的自立、政治的・契約的自立である。大橋は地域生活を営む上での自立の歪みや形成の脆弱性を、社会や家族の変容のなかから問題を指摘し、ひとつの解決策として教育と福祉の連携、なかでも福祉教育の重要性を述べている。

こうした自立観の拡大の議論を経て、さらに二〇〇〇年以降、ポストモダンの潮流のなかでもっと人間の弱さに注目してよいのではないかという問いかけが為されてきた。人間は弱い存在である。その弱さは悪いことではなく、むしろその存在の弱さを認めあい、そのことを前提に自立を捉え直そうという文脈である。

つまり従来の自立プログラムでは、依存（dependent）から自立（independent）へ、すなわち援助を受けなくてすむようになることを援助の目標にしてきた傾向がある。しかし最近注目されている「寄り添う支援」とか、伴走型支援というのは、その人に寄り添い続け、必要なときはいつでも支援をする。その意味では細く長く、途切れることなく見守り続けることも含めた支援である。同様な文脈で、東日本大震災のときに被災地から「受援力」というメッセージが発信された。つまり大変なときには「助けて」と言えることが大切だという。それは被災したときだけのことではない、奥田知志（2013）は「助けてといえる社会」こそが必要ではないかと問題提起している。いずれにしても、こうした人間の弱さを受け入れた支援という今日的なキーワードは自立観を変えようとしている。

このことは日本だけではなく、今日的にソーシャルワークで「interdependent」が注目されていることと重なる。心理学の分野では依存的自立などと訳されている。ただし共依存（codependent）とは異なり、相互によりよく生きていこうというベクトルを有する。このことは先述したボランティアの世界観で言われてきた「相互実現」という概念に近い。木谷がこだわったのは、自己実現ではなく、相互実現なのである。よってこの「interdependent」を、社会福祉の文脈では「相互実現的自立」と名付ける（原田 2014）。

個人が他からの援助を受けずに自立するのではない。お互いが支えあいながらより良く生きていけるような自立観の転換が求められているのである。それは個人の生活における可能性としての自立だけではなく、他者、あるいは社会における関係性としての自立である。ケアリングコミュニティで求める自立観はこの視点が基本になる。

ケアリングコミュニティは、人と人の支えあいだけを意味しない。人、集団・組織、制度とも相互関係が生じていく。例えば地域包括支援体制を構築していくためには、「公助（formal）・共助（nonformal）・自助（informal）」のバランスが大切である。これは政府がいう、まず自助が基本で、それができなければ共助、さらに難しい場合は公助で支援するといった順列を意味しない。また最近では「自助・互助・共助・公助」として社会保険を共助とする枠組みを用いることもあるが，それはサービス提供者側からの区別であって，生活者の視点からわかりにくい区分けである。

3つのバランスという意味は，それぞれがよりよく機能することで相乗効果が生じるということである。公助の質が保障されることで，自助が促されることもある。あるいは共助が機能するためには，公助と自助が必要である。自助と共助が機能することで，公助に頼らずに，あるいは公助を越えた共生が実現していく。ボランティア活動を活発にしていくということは，共助（nonformal）を地域の中でどう蓄積していくかが問われているのである。それは地域住民による参加，協働，自治につながる。

さらに言及すれば，地域共生社会を意図した地域づくりを考えるとき，それはまさに持続可能な社会を開発していくという「ＳＤＧｓ」の視点と重なる。ＳＤＧｓとは「Sustainable Development Goals（持続可能な開発目標）」の略称であり，二〇一五年の国連サミットで採択したもので，二〇三〇年に達成しようという目標である。気候変動や経済的不平等，イノベーション，持続可能な消費，平和と正義，パートナーシップなどを優先課題として盛り込んでいる。本稿ではこのことに関しての論考は割愛するが，ケアリングコミュニティの構築の目標として，「誰も取り残されない」世界を実現しようという「ＳＤＧｓ」を射程に検討しておくことも必要である。

## 4　福祉教育・ボランティア学習の必要性

ケアリングコミュニティを構築していく過程を考えていくとき，福祉教育・ボランティア学習が不可欠である。ただそれは啓発的なものに留まらない。健常者が障害者を理解する，といった一方的なものでもない。福祉教育・

ボランティア学習でコアになるのが当事者性を育むということである。

ケアリングコミュニティの視点からすれば、地域福祉の当事者とは誰かという視点が重要になる。地域福祉の当事者とは、そこに暮らしを営む住民自身である。とはいえ、全ての地域住民が「当事者意識」を持っているわけではない。

地域共生社会の実現には、他人事の福祉を「我が事」にしていくことが大切になる。地域力強化検討会では、「我が事にする土台として、幼少期から地域福祉に関心を促し、地域活動への参加を通して人間形成を図っていく福祉教育が必要である。就学前から義務教育、高等教育といったそれぞれの段階で地域貢献学習（サービスラーニングやボランティア活動）などに積極的に取り組み、福祉意識の涵養と理解を深めていくことが大切である。またこうした地域福祉の学びは生涯学習の視点からも取り組んで行かなくてはならない」といった議論をした。

しかし、このことは新しい知見ではない。福祉教育は「共に生きる力」を育むことを目的にしてきた。福祉教育では「総論賛成・各論反対」の福祉意識をどう変容させていくかが問われるが、まさに実際の地域福祉の推進にあたっても、この地域内で生じるコンフリクトをさけては通れない。障害者施設の建設反対運動をはじめとする抑圧や排除が生じるのも同じ地域なのである。そのことを無視して、福祉コミュニティだけを理想化してしまうことは、本来の社会福祉問題の固有性と運動性を曖昧にしてしまうことになりかねない。

福祉サービスの利用者へのスティグマを払拭していくということは、同化させていくことではなく、むしろ福祉コミュニティを推進することによって、地域コミュニティとの関係性を問い、その緊張関係のなかで地域コミュニティを変革していくことである。すなわち「福祉コミュニティの普遍化」ではなく、「地域コミュニティの福祉化」が今日の地域福祉に必要なことであり、方法論であると考える。そのためには地域コミュニティに対して、福祉コミュニティがつねに問題提起を繰り返し、その緊張関係のなかで権力構造を変革していくことが必要になる（原田

2014b）。ここでいう権力構造の変革とは生活者主体という構造をつくりだしていくことである。その際に、当事者の代弁者であり、共鳴者としての地域住民、ボランティアの役割は大きな意味をもつ。このアドボカシーできる地域住民やボランティアの存在が、つまり共助を創出する福祉コミュニティの形成の上では不可欠なのである。

とりわけ福祉教育の推進にあたっては、社会福祉協議会だけではなく、すべての学校、社会教育施設、そして社会福祉法人やＮＰＯ法人が積極的に協同実践をしていく体制をつくる必要がある。自治体ごとに福祉教育推進のプラットフォームをつくり、計画的に推進していく必要がある。

こうした福祉教育の推進方法のひとつとして、「協同実践」という方法が試みられている。この「協同実践」とは、福祉教育に関する一連の実践を担当者個人が担うのではなく、プロセスそのものを、複数の人間がお互いに学びあいながら進めていくという実践方法である。企画の段階から複数のスタッフがかかわることによって、すでにスタッフ自身の「学び」が始まる。この学びあいを大切にしながら進められるプログラムでは、参加者相互の学びあいが拡張されていく。この双方向的な「学び合うという関係性」を大切にした実践の方法が「協同実践」の特徴である。その中核にある協同学習理論のなかでは、相互に学び合うという行為、Positive Interdependence が基盤となるが、まさに相互実現的自立を踏まえた、ケアリングコミュニティの構築にむけた学びの展開方法といえる。

**参考文献**

岡本榮一・石田易司・牧口明編著（2014）『日本ボランティア・ＮＰＯ・市民活動年表』監修：大阪ボランティア協会ボランタリズム研究所、明石書店。
木谷宜弘（1988）「青少年の社会参加とボランティア活動」『学校外の福祉教育実践』光生館、三。
木谷宜弘（2008）『福祉とそのとなり』ボランティア研究所。

木谷宜弘・原田正樹（2009）「この人に聞く――木谷宜弘」『ふくしと教育』第3号、大学図書出版、四七―五〇。

高島巌（1963）『子どもは本来すばらしいのだ』誠信書房。

大橋謙策（1986）『地域福祉の展開と福祉教育』全国社会福祉協議会。

大橋謙策編著（2014）『ケアとコミュニティ』ミネルヴァ書房。

岡村重夫（1976）「福祉教育の目的」『福祉の思想・入門講座　3　福祉の教育』柏樹社、三五。

奥田知志・茂木健一郎（2013）『「助けて」と言える国へ――人と社会をつなぐ』集英社。

上野谷加代子（2015）『たすけられ上手　たすけ上手に生きる』全国コミュニティサポートライフセンター、一一。

原田正樹（2010）「ボランティアと現代社会」『ボランティア論――広がりから深まりへ』みらい、一八―五〇。

原田正樹（2013）「福祉教育の礎としての木谷宜弘の思想」『ふくしと教育』第15巻、大学図書出版。

原田正樹（2014a）「ケアリングコミュニティの構築にむけた地域福祉」『ケアとコミュニティ』ミネルヴァ書房、一〇〇。

原田正樹（2014b）『地域福祉の基盤づくり――推進主体の形成』中央法規。

原田正樹（2017）「ケアリングコミュニティの構築をめざして」『月刊自治』第59巻696号、一六―二一。

仲村優一（1982）「社会福祉行政における自立の意味」小沼生編『社会福祉の課題と展望』川島書店、四―一八。

定藤丈弘（1986）「障害者の自立と地域福祉の課題」岡田武世編『人間発達と障害者福祉』川島書店、一二九―一七五。

# 第8章　「参加の力」を活かす組織、社会を築くために

早瀬　昇

## はじめに

一九七七年に大阪ボランティア協会の職員となった著者の最初の大きな仕事は『ボランティア＝参加する福祉』（ミネルヴァ書房刊、1981）の編集だ。[1] 同書の発行をリードした岡本榮一先生は、ボランティア活動は何らかの権威に「奉仕」する活動ではなく、社会課題解決に向けた市民の主体的な「参加」の取り組みだという点を常に強調されていた。

主体的な参加には、組織（ＮＰＯ）や社会、それに参加する人自身を劇的に変える「参加の力」[2]と呼べる働きがある。以下、まずこの「参加の力」が生み出す効果や意味を確認し、さらに主体的な参加、つまり「参加させる／参加させられる」のではなく、「参加できる／参加したい」参加となるための条件について考察したい。

## 1　市民の主体的な社会参加活動の意味

社会課題解決のための市民の取り組みには多様なスタイルがある。選挙の投票のようにすべての主権者の参加が期待されるものや、商品購入時に社会的な影響を考慮するエシカル消費、ＳＤＧｓ[3]の実現を目指して日々の仕事に取り組むことも社会参加活動だといえる。

ただし本章では、こうした日常的な取り組みの重要性もふまえつつ、より意図的に取り組まれるボランティア活動や寄付などに焦点を当て、その意味を見ていきたい。

### (1) 市民の参加がＮＰＯにもたらす七つの意味

ボランティアや寄付者など共感的な支援者の広がりはＮＰＯにとって大きな意味を持つ。以下、主にボランティアの参加について七つの意味を解説する[4]。

#### ① 共感で行動する人々の力で課題を解決できる

まず、ボランティアの参加や寄付などの参加を得ることで、活動の苦労を自分たちだけで抱え込まず、多くの人々とともに課題を解決することができる。

内閣府が実施する「社会意識に関する世論調査」の回答者の3分の2が「日頃、社会の一員として、何か役に立ちたい」と思っている[5]。またボランティア活動に「とても関心がある」「少し関心がある」人の合計は五九・六％であった（内閣府 2016）。私たちの周りには、社会の役に立ちたいと思う人々がたくさんいる。こうした人々の存在を信じ、その人々に「参加の機会」を提供して人々の社会貢献意欲を満たすとともに、共に課題を解決する体制を作り出す。これはＮＰＯ特有の運営形態でもある。

② 意欲的な人々の関わりで組織が活力を得る

よく使われるＮＰＯ（Nonprofit Organization）という言葉はアメリカ英語。イギリスではVoluntary Organization が一般的だ。団体に関わる人々の自発的な（voluntary）思いを元に事業を進めていくのがＮＰＯの特長だし、時に機動性や多彩さ、創造性などの点で行政を越えるＮＰＯの特長は、ボランタリーな人々の結集があるから生まれる。それぞれが自らの関心や特技を生かすことで多彩な事業が生まれ、先駆的な取り組みにも自己責任で挑戦していくことができる。しかも、営利を目的としないから、「収益が得られないから」と企業が手をつけない分野でも、活動を進めてきた事例が数多くある。

そこで、多くのボランティアが参加し、寄付金などが財源の一定部分を占めることは、ボランタリーな組織としての基盤を築くことにもなる。

③ 個々人の「多様な経験や専門性」が活きる

「ボランティア＝素人」とみなす人がいる。確かにＮＰＯの取り組む事業については、事業に専従し経験も蓄積される職員に比べれば、ボランティアは「素人」かもしれない。

しかし、多くのボランティアは、それぞれ自身の職務や生活体験を通じて職員にはない高い専門性や豊富な経験を持っている。それらの専門性や経験がＮＰＯで活かされれば、ＮＰＯの事業展開力や組織運営の質が高められる。

最近、「スキルド　ボランティア」「プロボノ」といった形でＮＰＯに参加するスタイルが普及しつつあるのも、ボ

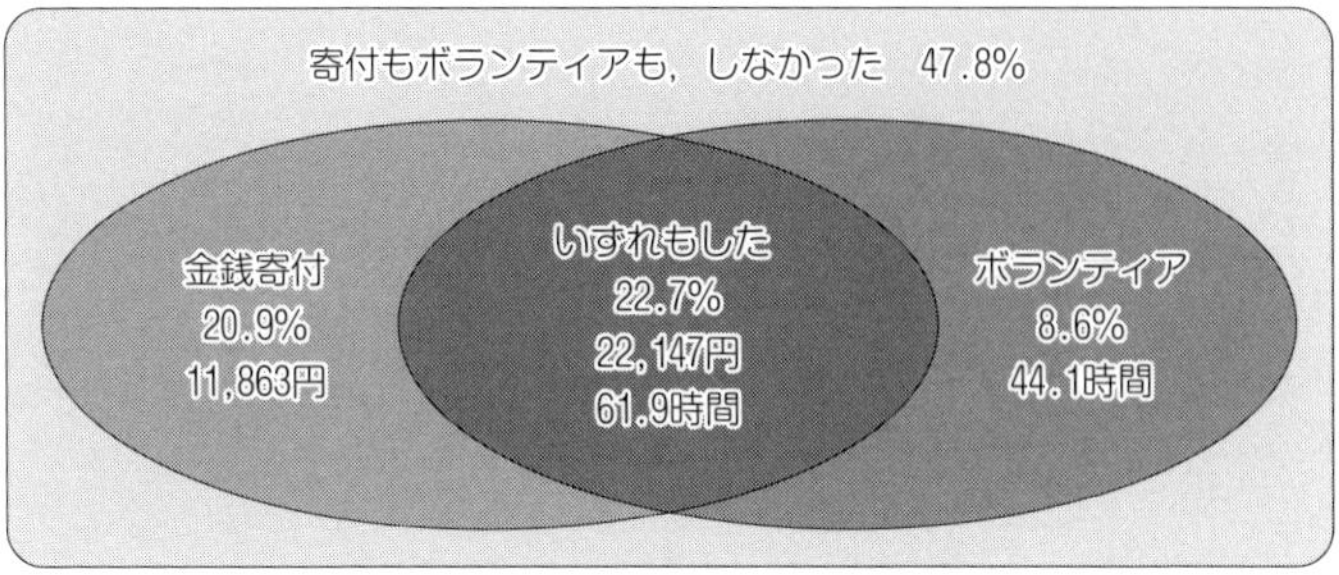


**図8－1 寄付とボランティアの関係**

出典：『寄付白書 2015』日本ファンドレイジング協会。

ランティアの持つこうした専門性が注目されているためだ。

ボランティアが持つ専門性や経験が社会的に活かされれば，当のボランティア自身も活動への意欲が高まるし，自己の成長や研鑽の機会にもなる。そこで，ボランティアの特質をきちんと評価し，それぞれに合った活躍の機会を提供することが大切だ。

### ④ 財政基盤の強化につながる

ボランティアの参加で財政基盤が強化されることも少なくない。ただし，その理由はボランティアの無償活動で人件費が抑制されやすいからではない。

ボランティアがＮＰＯの中で自主的に活動できる環境が整うと，ＮＰＯを「私（たち）の団体だと思う意識」（一種のオーナーシップ）が高まり，活動の場である組織自体を支えたくなる。その結果，会員や寄付者になる場合も多いし，活動の継続が難しくなった後も会員などの形で支援を続ける場合が多い。しかも『寄付白書２０１５』[6]のデータのように，寄付だけする人より寄付もボランティアもする人の方が，寄付額が多くなる傾向にある。

さらにボランティアの中から，周囲にボランティアへの参加や寄付の協力を呼びかける勧誘者（寄付の場合はファンドレイザー）になる人も出てくる。この際，無償で活動するボランティアの発信や勧誘は，「私欲のない行動」として訴求力が高くなる。さらに個々のボランティアがそれぞれの知人に依頼することで応援の幾何級数的な広がりも期待できる。

また、多くの会員や賛同者がいると、支援者がいわば〝保証人〟的存在となって団体の信頼性を高め、補助金や助成金なども得やすくなる。実際、ボランティアの参加数や寄付額の多さは、その団体の信頼性を客観的に示す指標の一つだ。

無償で活動するボランティアの参加で支出が抑制される可能性もある[7]が、団体の財政的基盤を強化する点がより重要だと言える。

### ⑤ 意思決定の質が向上する

後述する内発的動機付けに関する研究で明らかなように、活動意欲を高めるには、事業の企画や組織運営での意思決定に参加する（参画する）機会を提供することが大切だ。

その際、ボランティアは、上司—部下という指揮命令系統の下で動くのではなく、自身が共感し納得することで行動する。つまり、活動が必要な背景や活動の意義・目標などが明確で納得できなければ、ボランティアは意欲的に活動しない。そこで、ボランティアの参加を進めようとすると、団体が合意と共感を大切にし透明性の高い組織になっていくことになる。また、企画や意思決定過程に職員も参加することで、職員自身がボランタリーに仕事に取り組み、ボランティアとの協働がスムーズに進む好循環も期待できる。

さらに、意思決定段階からのボランティアの参画で、ＮＰＯ自体も多様な視点やアイディアを得て広い視野から意思決定ができるようになり、意見交換のプロセスを経て意思決定の質が高まることにもなる。

### ⑥ アドボカシー力を強化できる

ボランティアは活動を通じて感じたこと、考えたことを周囲に発信する存在でもある。その発信力により団体が取り組む課題が広く共有され、解決のための対策や政策提言を多様なチャンネルで広げ、賛同者を増やすこともできる。先にファンドレイジングでのボランティアの意味を解説したが、それはこのキャンペーン時のボランティア参画効果の応用でもある。つまり、市民の参加はＮＰＯのアドボカシーを増幅していく力となる。

またボランティアなど共感的な支え手の厚みが増すと、ミッションに従って主体的に事業を進め自由に発信するための組織基盤が強化される。近年、社会福祉分野のＮＰＯなどでは、各種の制度を担う事業者として動く場合が増えているが、制度系収入への依存度が高まりすぎると、発注者の立場となる行政の意向に反対しにくくなりがちだ。しかし、権威的存在におもねるなど自分たちが正しいと考えることをきちんと表明しなくなれば、ボランティアは離れてしまう。ボランティアはアドボカシーの基盤となる存在であるとともに、団体の共感力を示す指標ともなりうる。

### ⑦ 課題や団体運営を「自分事」とする人＝当事者＝が増える

ボランティア活動や寄付などの形でＮＰＯの活動に参加する人々が増えると、他人事と捉えがちだった社会の課題が身近なものとなる。そこで、「私はこの課題解決に責任はないのか」「私はどう関われば（生きれば）よいのか」「私はどう関われるのか」といった自分自身への問いを起点に、課題を「自分事」と捉え、その課題に対する当事者意識が高まってくる。第三者的に社会課題を傍観するのではなく、課題を自ら解決していこうと行動を起こし、あるいは解決していけるという自信と自負をもつ人々を生み出していくことは、ＮＰＯの重要な役割の一つだ。

## （2）民主主義社会を実現する市民の参加

以上、市民がＮＰＯに参加する意味を見てきたが、特に最後の「当事者」として意識し行動する市民が増えることは、市民が主体となるという意味で民主主義的社会を築く基盤づくりにつながる。人々が課題解決の担い手となる体験と実績が蓄積されれば、「社会を創っているのは、私たち市民だ」という認識と自信が高まるからだ。

しかし現実には、事態はかなり深刻化している。この点を、映画監督の想田和弘氏が、その著書『日本人は民主主義を捨てたがっているのか？』（想田 2013: 55-56, 58）の中で、以下のように指摘している。

「政治家は政治サービスの提供者で、主権者は投票と税金を対価にしたその消費者であると、政治家も主権者もイメージしている。そういう『消費者民主主義』とでも呼ぶべき病が、日本の民主主義を蝕みつつあるのではないか。／だとすると、『投票に行かない』『政治に関心を持たない』という消極的な『協力』によって、熱狂なきファシズムが静かに進行していく道理もつかめます。／なぜなら、主権者が自らを政治サービスの消費者としてイメージすると、政治の主体であることをやめ、受け身になります。そして、『不完全なものは買わぬ』という態度になります。それが『賢い消費者』による『あるべき消費行動』だからです。最近の選挙での低投票率は、「買いたい商品＝候補者がいないから投票しないのは当然」という態度だし、政治に無関心を決め込んでいるのは、『賢い消費者は、消費する価値のないつまらぬ分野に関心を払ったり時間を割いてはならない』という決意と努力の結果なのではないかと思うのです。…（中略）…／民主主義の原点は、『みんなのことは、みんなで議論し主張や利害をすりあわせ、みんなで決めて責任を持とう』であったはずです。しかし主権者が消費者化してしまうと、そんな発想からは遠くなります。消費者の態度は、『お客様を煩わさないで。面倒だから誰か決めてよ、気にいったら買ってやるから』になります。／そして、そのような受け身の主権者が、誰にも騒がれずにファシズムを進めようとしている為政者の狡猾な行動を食い止められる道理はないのです。」

以上、あえて長い引用をしたのは、この「消費者民主主義」という状況が、ＮＰＯの取り組む社会課題に対する人々の態度でも生じうるからだ。

元来、私たちはみな、この時代に起こっている社会課題の当事者だ。日本国内での課題については主権者としての責任があるし、海外での深刻な貧困や紛争、環境破壊などについても、同時代に生きる者としてまったく無関係とはいえない。ただし、すべての課題に関われるわけではないため、テーマを選び、できる範囲で課題解決に向けて頑張る……というのが、市民活動に関わる人たちのスタイルだ。しかし、専門性を磨いた有給スタッフだけで質の良いサービスの提供をめざすＮＰＯは、ＮＰＯの周りに受益者、つまり消費者として関わる人しか生み出さない。だからこそ、人々に参加の機会を提供し、社会課題の当事者となれる場を提供することもＮＰＯの重要な役割だと言える。

## （３）参加する市民自身も元気になる

### ①　社会参加で健康寿命が伸びる

市民活動への参加で、活動する人々自身が元気になるという点も見逃せない。

静岡県総合健康センターが一九九九年度から二〇〇八年度までの十年間、六五歳以上の高齢者一万四千人[(8)]を対象に実施した「高齢者コホート調査」では、「外出などにより１日に合計30分以上歩きますか」との質問で週５回以上の回答者を「運動要因あり」、それ以下を「運動要因なし」とし、「肉・魚・大豆製品・卵などを含むおかずを食べましたか」との質問に１日に３回以上の回答者を「栄養要因あり」とし、それ以下を「栄養要因なし」とし、「町内会の作業・ボランティア活動などの地域活動をしていますか」との質問に「週２回以上」の回答者を「社会参加要因あり」、それ以下を「社会参加要因なし」とした。

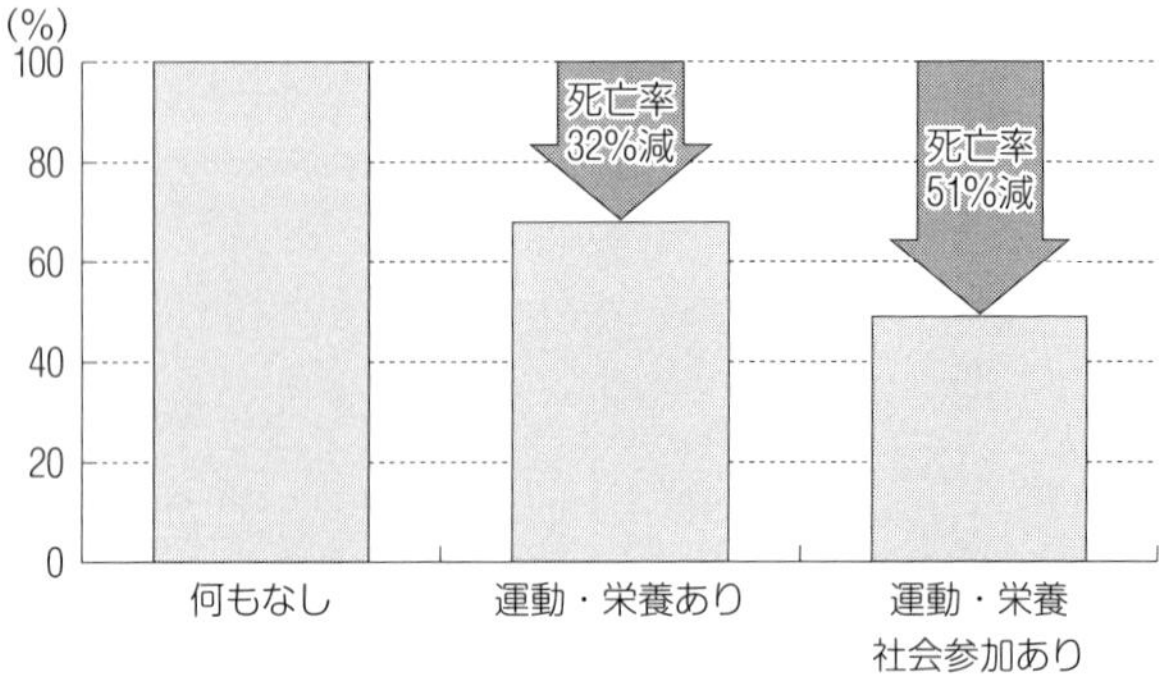


**図8－2　高齢者1万4千人の10年後（静岡県）**

出典：静岡県「第1期高齢者コホート調査」2012年（東海公衆衛生学会発表資料から）。

最初の調査で、この3項目の「あり」「なし」で回答者を分類し、その後を追った結果、十年後に図8-2のような結果が出た。つまり、3項目とも「なし」と答えた人の死亡率に対して、運動面と栄養面が「あり」という人は死亡率が三二％も下がり、これに加えて社会参加面も「あり」だと死亡率が五一％も下がった。

市民活動への参加で参加者自身が元気になることを示すデータは他にも多い[9]が、社会活動への参加でこうした効果が生まれるのは、なぜだろうか。

### ②　生きる意味をもたらす体験

この理由を考える際に示唆的なのは、哲学者の鷲田清一氏が『しんがりの思想――反リーダーシップ論』（2015）で述べている以下の記述だ。

ひとがじぶんがここにいていい理由をみずからに納得させることができるのは、自分がここにいることが別のだれかにとって（どんなに小さくても）意味があると確認できる時である。『居場所がない』というのは、わたしがここにいることがだれからも求められていないということである。特定のだれかにとってじぶんの存在がどのような意味をもっているか、その確認がひとの存在を支える。（傍点筆者）

人は周囲から意味があると認められることによって、生きる意欲が沸いてくる。逆に「それに何の意味があるの?」「そんなこと、意味ないよ!」などと言われると、たじろいでしまう。私たちは「意味がある」状態を求める存在で、「意味を求める病い」を患《わずら》っているとさえ言える。

市民活動への参加は、共感で結ばれる仲間とともに社会的課題の解決に取り組むものであり、自身の生きる意味を実感する体験となる場合が多い。静岡県総合健康センターなどの調査結果は、その効果を端的に示すものと言えよう。

## 2 主体的な参加が進むための条件

第1節では、市民の参加がNPO、社会、さらに参加する市民自身にもたらす意味を解説してきた。次に、この市民活動への参加を進めるための条件を見てみよう。

### (1) ボランティア・マネジメント：市民の主体的参加を進める支援の体系

ボランティアが組織の中で生き生きと活躍し、かつボランティアならではの特性が組織やその利用者に生かされるための援助方法は、「ボランティア・マネジメント」として体系化されている。その展開プロセスを図8-3に示す。

この図は米国での先行研究や日本のさまざまな場での実践をふまえて日本ボランティアコーディネーター協会がまとめたものを、筆者が一部加筆修正したものだ。その具体的プロセスを解説する紙数はないが、ボランティアとの協働を始める前に十分な準備作業が必要であり、募集に応えたボランティアの配置調整やオリエンテーションを

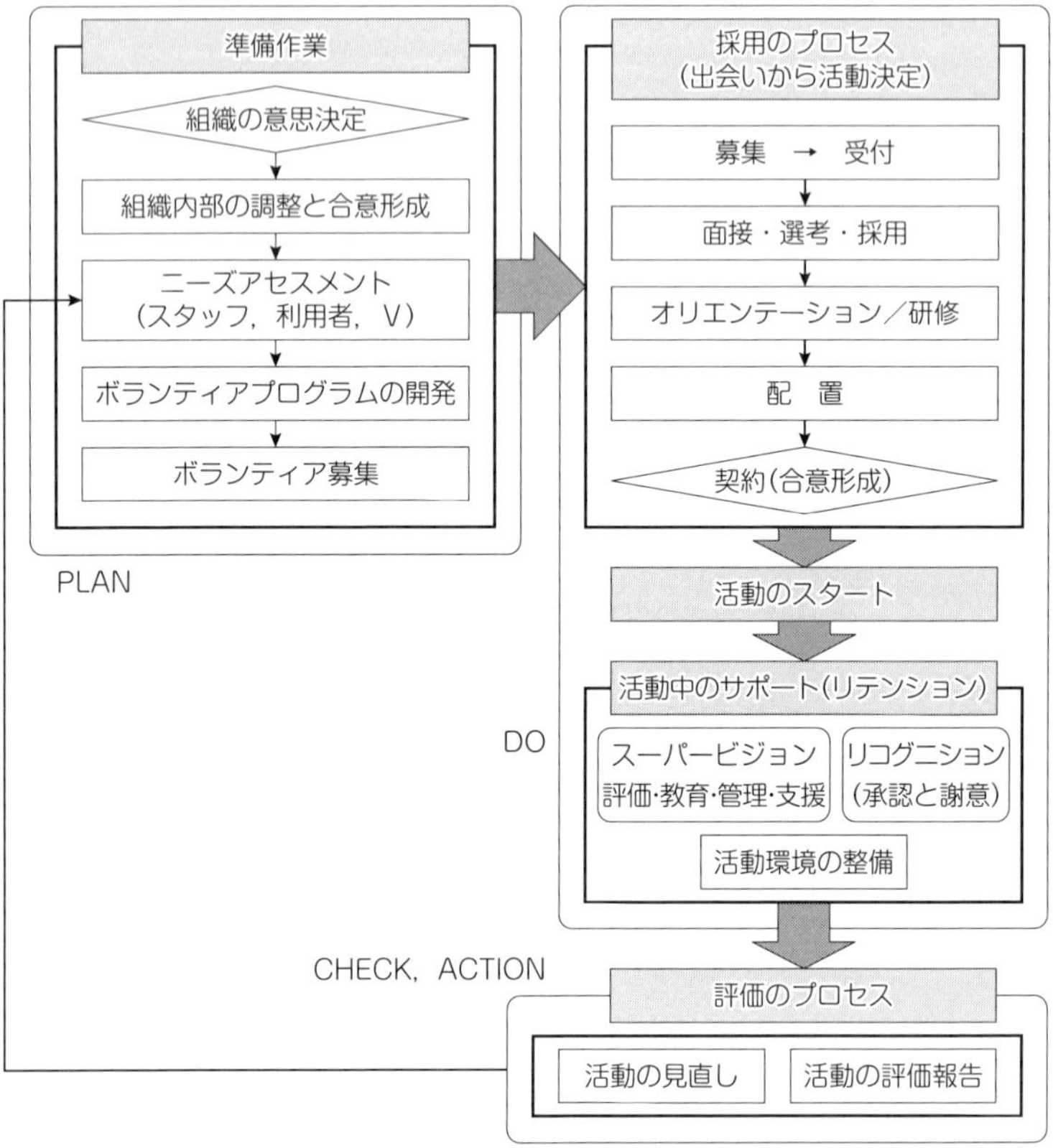


図８-３　時系列に捉えたボランティア・マネジメントの業務

出典：ボランティアコーディネーション力２級検定サブテキスト（日本ボランティアコーディネーター協会）。

丁寧に行い、活動開始後もフォローアップに努めなければならない点がポイントだ。

この点、周到な準備をした後は計画に則って募金活動を進め、寄付者に丁寧に感謝の意を伝えることで完結するファンドレイジングとは、かなり様相が異なる。ボランティアとの協働が始まった後に、さまざまな形でのコーディネーションが必要になるからだ。

ボランティアは、本来、主体的に活動する存在だけに、活動に熱心になると「遠心力」が生まれることがある。逆に「自発性は揮発性」とでも呼べる活動意欲の不安定さもあり、意欲を保つための支援＝リテンションも大切だ。さらに、熱意ゆえに仲間と対立したり、孤軍奮闘の結果、燃え尽きてしまうこともある。こうした状況に対応するため、ボランティア・マネジメントはファンドレイジングよりも〝手間〟がかかる面もある。

しかし第1節で見たように、ボランティアがＮＰＯに参加する意味は極めて大きい。それに丁寧にボランティア・マネジメントを進めれば、ボランティアは主体的にさまざまな活動を創造していくことになる。確かに〝手間〟がかかり、効率的でないことも多いが、その〝手間〟をかけるに値するのがボランティアなのである。

## （2）「やる気」を高める三つの鍵

ボランティアの活動意欲が高まる環境を整える上で、内発的動機付けに関する研究は多くの示唆を与えてくれる。外発的動機付け（外部から金銭・表彰など報酬を与えたり罰を課したりする動機付け。要は「アメとムチ」）に対して、内発的動機付けは、内側から湧いてくる意欲（要は「やる気」）自体を高めるものだ。[10]

この内発的動機付けについては、アメリカの心理学者エドワード・デシ（Edward L. Deci）らによる研究の蓄積がある。その成果をまとめた『モチベーション3.0――持続する「やる気！」をいかに引き出すか』（ピンク 2010）では、内発的動機付けが高まる鍵を、①「自律性」を高めること、②「熟達」できる状況を作り出すこと、③社会と自分自身にとっての「意味づけ」を得ること、の三つに整理している。以下、それぞれについて解説する。

① 「自律性」を高める

「自律性を高める」とは「強いられない」ということだ。私たちは他者から強いられると意欲が萎える。逆に、自律的に、自主的に、自分の意志で自由に行動できることで、私たちは意欲を高めることができる。だから、自分自身で決められること、選べること、企画段階から参加できること……などが重要だ。このためには、まず参加する人々の力を信じ、さらに団体の目標や使命、大切にしたい価値観を明確化し明示・共有し、任せられる体制を整えた上でサブグループに権限移譲していく仕組みを整備する必要がある。

② 「熟達」できる状況を作り出す

参加する人々の達成感や成長感、それに有能感が高まることも重要だ。人は自分自身が価値あるものとして成長したいという願いがあるから、それが実現できた、あるいは実現できつつあると実感できると意欲が高まる。困難を克服し、うまく成し遂げられた。新たな出会いや体験を通じて学びや気づきが深まり、新たな能力を身に付けたと感じ、その力を活かしたくなる。こうした気持ちが高まると、意欲が向上するということだ。

換言すれば、「やる気」があるから「できる」のではなく、「できた」実感を得ることで「やる気」が高まる、ということになる。「やる気がない」となじっても、批判を聞きたくないと心を閉ざすばかり。逆に、少しでも前向きの動きに気づき、それを肯定的に評価し続けることで、「やる気」が湧いてくる。要は「北風よりも太陽」の作戦が重要だ。

そこで、達成できた成果を共有し合う、活動を通じて成長できる機会を積極的に設ける、目標を実現可能な範囲で少し高めに設定し到達時の達成感を高めるなどの工夫が大切だ。

③ 社会と自分自身にとっての「意味づけ」[11]を得る

第1節第3項で指摘した「意味づけ」の実感は、内発的動機付けを高める鍵でもある。活動が他者や社会に、どんな意味のあるかを理解できる（腑に落ちる）と、意欲が高まる。しかも、自分の強みを活かすことでそれが実現できると思えると、さらに意欲が高まる。

以上、内側から活動意欲が湧くためには、自律性を保証し、熟達できる状況を整備し、活動の意味が腑に落ちる形で理解できるように働きかけることが必要なのである。

## 3 「参加」のモデルとしての大阪ボランティア協会

最後に、この「参加の力」が活きる体制づくりのモデルとして、岡本先生が心血を注いで組織づくりを進めた大阪ボランティア協会（以下、協会）について見ていこう。

協会は一九六五年に創設され、二〇一八年で創立五十三年となる。民間財源が大半という協会が長い歩みを続けられたのは、事業の企画推進から組織経営まで「市民の参加」を徹底してきたからだ。創立から五十年間でのべ七七五〇人、毎年平均一五〇人以上のボランティアが、職員とともに協会のスタッフとして事業を進めてきた。

発足当時「事務局（職員）主導」だった協会運営に多くの市民が参加することになった契機は財政危機。そこで、市民（ボランティア）と幹部職員で事業や組織運営を総合的に協議する「常任運営委員会」が発足し、ボランティアと職員で構成する「チーム」や「委員会」で事業を推進する体制が導入された。また、事業の将来戦略を話し合う「創出会議」、チームや委員会から提案される事業計画や予算を話し合う「事業計画会議」といった合宿も毎年開催されている。特に理事会の日常的代行機関である「常任運営委員会」の権能は高く、委員長は職員採用試験の試験官にも加わる。

事業企画や組織の意思決定への積極的参加を支える仕組みも用意されている。協会では、事業に関わるボランティアと職員を「アソシエーター」という造語で総称し一体感を生み出すとともに、その参加のルールを「アソシエーター参加規程」で明文化している。この中に「推進チームは、委任された業務を、チームチーフを中心にチーム員自身が主体的に遂行するものとする」という規定がある。つまり、前章で解説した「自律性」が保証されている。事業計画会議や常任運営委員会などで事業の実施が承認されたら、具体的な内容は担い手のチームがすべて決められる仕組みだ。ボランティアも参加するオープンな場で議論することで上意下達的な運営にならず、みんなが納得できる結論が民主的に決まるという意思決定上の効用もある。

この意思決定への参画は職員にも保障されている。たとえば常任運営委員会には一般職員もオブザーバーとして参加し、自由に発言できる。企画段階に参加できないまま、「この事業を担当しなさい」と命じられても、意欲的に取り組みにくい。ボランティアのパートナーである職員が意欲的でなければ、ボランティアの活動意欲もそがれる。意思決定への職員の参加保障は、組織をボランタリーな参画の場とする上で不可欠の条件だ。

ボランティアと職員の参加と協働の仕組みは、協会の事業を進めるエネルギー源だ。協会は「参加の力」を示すモデルの一つとして、今後も精力的に事業を進めていくだろう。

## 注

（1）本書の編集過程も含めた岡本先生にまつわるエピソードは、早瀬（2010）。

（2）「参加の力」という表現は、東日本大震災の発災にあたって発表された（認定特活）日本ボランティアコーディネーター協会のメッセージで使われたスローガン「『参加の力』を信じよう！」に由来する。
（3）Sastinable Developpment Goals（持続可能な開発目標）。二〇三〇年まで一七の目標（Goals）実現を目指す。
（4）この部分は筆者が編集委員長を務めて認定特活）日本NPOセンターから発行した『知っておきたいNPOのこと4参加編』を編集する過程で、編集委員との議論で整理したものをベースにしている。
（5）「日頃、社会の一員として、何か社会のために役立ちたい」と思っている人の割合は、二〇一七年調査で六五・四％であった。
（6）日本ファンドレイジング協会発行。ほぼ二年ごとに発行されている。
（7）ボランティアの受入体制を整備するには、専門性をもったボランティアコーディネーターの確保や研修、オリエンテーションの実施、受入体制整備などが必要で、一定の投資が必要なことも看過してはならない。
（8）調査は静岡県内七四市町村の高齢者（六五～八四歳）二万二千人をランダムに抽出して実施され、初回に回答があった一万四〇〇一人に対して追跡的なアンケート調査を実施した。解析に用いる質問項目の欠測により、最終的な解析対象者は一万三六三人。
（9）早稲田大学の根本裕太氏が愛知県内一万三八五〇人の高齢者を調査した結果、前期高齢者では、地域活動の不参加者は、参加者に比べ認知症の発症率が二二％高く、逆に地域活動の役員は一般の参加者より認知症発症率が一九％低かった。An additive effect of leading role in the organization between social participation and dementia onset among Japanese older adults: the AGES cohort study (Geriatrics: Boston Medical Center 2017)
（10）Edward L. Deci, 1942～。ローチェスター大学教授。内発的動機付け研究の第一人者。
（11）『モチベーション 3.0』では「目的」として挙げられているが、自分自身の行動を引き出す表現として「意味づけ」という言葉を使うこととする。

**参考文献**

ダニエル・ピンク著、大前研一訳（2010）『モチベーション 3.0――持続する「やる気！」をいかに引き出すか』講談社。

早瀬昇（2010）「我が師を語る『参加する福祉』の論理を築き、実践の輪を広げる　岡本榮一先生」『ソーシャルワーク研究』36（4）。

早瀬昇（2018）『「参加の力」で創る共生社会――市民の共感・主体性をどう醸成するか』ミネルヴァ書房。

内閣府（2016）『平成27年度 市民の社会貢献に関する実態調査報告書』。

日本ＮＰＯセンター（2016）『知っておきたいＮＰＯのこと４【参加編】』。

日本ボランティアコーディネーター協会（2010）『ボランティアコーディネーション力２級検定サブテキスト』。

想田和弘（2013）『日本人は民主主義を捨てたがっているのか?』岩波ブックレット。

鷲田清一（2015）『しんがりの思想――反リーダーシップ論』角川新書。

# 第9章　若者のボランティア活動と成長

石田　易司

## はじめに

私が大学教員になったとき、岡本榮一先生から「大学教員になったのなら、自分の大学の学生のことだけでなく、関西の大学生をみんな集めて、ボランティア組織を作りない」と言われた。岡本先生には大阪ボランティア協会でのさまざまな活動を通して、学生がボランティア活動を体験して成長するということと、学生の若い力が社会をいい方向に動かす原動力になるということを信じられることがあったのだと思う。

私にはアサヒキャンプというボランティア組織で学生時代を過ごした。人前でしゃべることなど、本当にできない学生だったが、活動をしているうちにそれなりにしゃべれるようになった。人の好き嫌いも激しい方だったが、いろんな人を受け入れられるようになった。

そんな、ボランティア活動を通して育つ体験をもって私も社会人になった。

## 1　M大学のボランティア学習

自分の体験と岡本先生の励ましを受けて、まず大学の中で科目としてボランティア活動を通して、学生の成長を図る取り組みを始めた。

私がM大学に赴任した時、大学の講義科目として「ボランティア論」があった。これを岡本先生に担当していただいていた。社会福祉士を養成することを目指した学科であったけれど、3年次や4年次に体験する「社会福祉現場実習」まで、現場のことや福祉の対象者と触れ合う機会のないことに、教員の不満と不安が募った。一方、地域の福祉施設やボランティア団体から、学生のボランティアがほしいというニーズも高まってきたので、「社会福祉フィールドワーク」という、一年間、同じ活動場所で継続してボランティア活動をし、教室では福祉の仕事をするために必要な記録の取り方や安全意識、人権意識などを育む科目を作った。地域の各種団体が約三〇。1年生を前にして、自分の団体と活動をプレゼンテーションし、学生たちがそれを聞いて、自分で選択し、責任をもって1年間、地域団体のニーズに合わせて活動するというもの。

この活動について、山田[1]と、学生の社会的スキルの向上について調査したが、その論文要旨に「調査結果からボランティア体験が青年期において貴重な体験となり、社会的スキルを向上させ、『生きる力』を育む上で必要な体験であるということがわかった。しかし、ボランティアを体験するだけでは、社会的スキルは向上しない。自ら考え、より主体的にボランティアをすることが必要である。そして、それをより有効的にするには、ボランティアをしている学生たちを支援する側がどのように関わっていくかが大きなポイントなってくるといえる」と結論づけている。

少し説明をすると、病院や社会福祉施設などボランティアがシステムに組み入れられ、運営の一翼を担っているところより、地域団体や未成熟なNPO団体などで、金銭的な支援や安全などは配慮するけれど、活動は学生の主体性に委ねられているところの方が、学生の社会的スキルはより発達するという結果になった。

あわせて、こうして社会的スキルを伸ばすことができた学生たちは、決められた1年の活動期間を終えても、2年、3年と活動を継続することがわかった。この、より主体的に活動を続けている学生のために、「ボランティアコーディネート論」という講義科目と、「コミュニティサービスラーニング」という実践科目を作った。一ボランティアとしての活動で終わらず、NPO法人などの組織の側に立って、ボランティア活動を支援する立場の学習を進める体制を作ったのだ。

このことで、学内のボランティアサークルが大いに盛んになり、学生支援課の中にボランティア活動支援室が設置され、大学を挙げてボランティア活動を推進するようになった。

## 2　東日本大震災支援ボランティア

そして、東日本大震災が起こった。学生たちはまさに主体的に被災者支援に立ち上がったし、文部科学省の要請もあって、大学としてもその活動を支援する体制を作った。遠い東北地方でのこと。交通費や宿泊費などの経費をはじめ、情報がない中で学生が活動するには大きな障壁があった。

そこで大学として、全学を挙げて募金活動に取り組み、経費を補助する仕組みと、公欠、単位認定、現地との交渉、学生への説明のルールを明確にした。大阪での県外避難者支援も含め、1年間で約五百人の学生が被災者支援に取り組んだ（桃山学院大学 2011）。

単位認定の必要から参加した学生には出発前に活動の動機を、帰阪後にその結果をそれぞれ二百字で書いて出してもらい、それらをまとめ、次のような成長が整理された（谷内ほか 2012）。

①　動機の充足や目標達成による自己実現
②　対人関係能力やコミュニケーション能力の向上
③　社会的承認欲求の充足による自己有用感の向上
④　問題解決能力の向上
⑤　他人を人として尊重する力の向上
⑥　地域を基盤とする生活力の向上

## 3　十日間の活動に参加したYくんの場合

たくさんの学生に参加してもらうために、最初は金曜の夜から日曜の朝までのボランティアバスを出したが、それよりも長期間現地に滞在し、被災者や他の団体のボランティアと関係をつけ、学生側にも成長が確かめられるように、少人数で十日間の長期にわたる活動を継続するエマオ(2)の活動に参加したY君を考えてみよう。

### (1)　エマオの活動に求めていたもの

私たちがエマオに求めていたのは次のような点だった。

①　継続的に、長期にわたって支援活動が続けられる場所
②　私たちの大学が関西にあるので、宿泊が可能な場所

③ 多様な活動を広域にわたって展開しているところより、住民と継続した関係ができるような定点
④ 未熟な学生を支え、指導してくれる人のいるところ

などであった。

つまり、長期に少人数で定点で活動することによって、被災者との深い関係性や出てくる様々な課題に主体的に取り組むことによって、よりボランティアらしい成長を期待したのである。

### （3）Yくんの活動の動機と学習効果

Yくんは当時、桃山学院大学社会学研究科、つまり、大学院の1年生で社会福祉、特に児童養護施設の子どもたちに関するソーシャルワークを学んでいた。

先天性四肢障がいで、生まれた時両手の指が密着し、じゃんけんのグーの状態であった。幼児期にその指を開く手術をしたが、一見してわかるほどの指の欠損と変形をしている。

どちらかというと慎重な性格で、自分から進んでボランティアに行くような学生ではなかった。

ただ、大学1年生の最初に行われたオリエンテーションキャンプで仲間と触れ合うことに感動し、2年生でそのリーダーに立候補し、より充実した仲間との時間を過ごし、仲間と上級生に押されて3年生時には組織の代表になった。

また、その時の仲間と一緒にエイズの啓蒙活動をするボランティア活動サークルMAPPを立ち上げ、活動をしていたり、児童養護施設児の大学進学を勧めるサークル「みらくるみん」でキャンプをしたり、福祉学科の普通の学生と同様に、様々なボランティア活動には参加していた。

そして、この災害に際し、彼は十日間のエマオの活動に参加した動機を次のように綴っている。

「これまで、様々なボランティア活動をしてきたが、それらは自分でしたいと思ったわけではなく、友達に誘われてという外的動機によるものでした。今回、連日の報道を見て、何かしなくてはいけないと、自分の中から湧いてくるものがありました」

彼はどちらかというと引っ込み思案で、主体性を隠しているタイプだったが、この大震災を目の当たりにして、大学入学以来体験を通して学習した、見知らぬ人と一緒に行動することも悪いもんじゃないという考えと、キャンプのような素朴で不便な生活に自信が芽生えていたのだと思われる。

そして、学部生が試験で支援活動に参加できない七月中旬、仙台に向けて旅立った。

### （3）1週間の活動の中で

毎日記録しているYくんの日誌を振り返ってみよう。

7月23日（土）到着したばかりで何をすればいいのかわからないし、ボランティア仲間とも関係ができていないので、エマオの掃除をしながら、出会う人と打ち解けるためにできるだけ話すことを心掛けた。

24日（日）キリスト教の団体なので、日曜日は活動がない。そこで、列車が動く東松島へ被災の状況を見に行った。ニュースで見ていたのと全く違うすさまじい様子に言葉もなかった。

25日（月）担当するSさん宅を訪問。自宅周辺の草を刈るという仕事を与えられたが、手が不自由で、鎌をうまく握れないので、なかなか草刈りができず、どうすればいいのか戸惑った。Sさんは草刈りが進むことより、僕と話がしたいらしく、すぐに休憩しようという。もしかしたら、僕の手のことを配慮してくれたのかもしれない。

26日（火）僕はボランティアとして、草刈りをしっかりすることが大切だと思っていたが、前日のシェアリングの場で、話し相手になってSさんの気持ちをほぐし、Sさんの話しに耳を傾けることもボランティアだと言われたので、無理に草刈りをしようとせず、Sさんの思うように動いてみようと思った。

しかし、自分がここにいる間に全部終わらせたいという思いを払うことができなかった。

27日（水）Sさんは今日も温かく迎えてくださって、まるでお客さんを歓迎するようにお茶やアイスを出してくれる。草刈りの時間がどんどん短くなって、話している時間の方が長くなった。Sさんは「犬ころと自分一人だからしゃべりたいんだ」と寂しそうな表情を見せる。被災前同居していた息子さん家族はこの家に戻ってきていない。

28日（木）あいにくの雨で笹屋敷に行くことができなかった。Sさんに電話して、「今日は行けないんです」と言うと、「タクシー代出すから来てくれ」と。

たくさんの人が数か月にわたってこの場所を使うので、フローリングのワックスが剝げているので、事務所のワックスがけをする。多くのボランティアに思いを馳せる。

29日（金）今日は新しい試みをしようと張り切って行った。Sさんに縁側に座ってもらって、しゃべりながら草刈りをした。おしゃべりと草刈りの両方がうまく行っているように思った。

休憩時にはゆっくり話すことに徹した。その時、Sさんは津波が来た時の話をしてくれたが、想像を絶する恐怖体験で、このままこの家に住まなければならないSさんと、明日には安全な大阪に帰る自分とのギャップで胸が苦しくなった。

しかし、草刈りは予定通り進み、明日に全部終えることができるだろうとの見通しが立った。いろんなことを体験させてくれたSさんに大きな感謝の気持ちを持った。

30日（土）朝、今日で最後ですと伝えると、Sさんは「最後だから今日こそゆっくり話していけ」と言う。しかし、ここまで来たら草刈りをやり切りたいという思いと、もっと話を聞きたいという葛藤があった。

そして、草刈りをやりきった。庭を見渡すと、来た時とは全く違う風景が広がっていた。ボランティアは小さい、けれど日々の積み重ねが復興の力になるという実感を持った。

この日の夜行バスでYくんは仙台を発った。

帰阪後、彼は翌春から1年間のカナダへの語学留学を決心する。以前から家族にも大学の教員にも勧められていたのだが、決心がつかなかったらしい。それが、このボランティア活動を通して、一人での生活への自信と自分の未熟さを自分で許せるきっかけになったようだ。

このようにボランティア活動を通して若者たちは育っていく。

その後二〇一六年に起こった熊本地震の時も、同じ条件で学生たちは大挙して熊本へ行き、支援ボランティアとして活動した。

先日、一人のボランティア学生Nくんが訪ねてくれた、「この秋4か月間、アジアの国々を旅してきます」という報告に。彼はボランティアコーディネーターとして一か月間、災害ボランティアセンターに寝泊りして活動してくれたのだが、「あれですっかり自信がつきました」と旅立つ決心をしたのだ。

## 4　体験するボランティア論

講義科目の「ボランティア論」「ボランティアコーディネート論」の授業も体験型に変化させてきた。『体験するボランティア論』『体験するボランティアコーディネート論』[3]というテキストを作り、授業の中でもワークショップの方法を活用し、体験的な授業をするだけでなく、自分でボランティアセンターを訪ね、ボランティア活動をし、最後にパワーポイントで活動をまとめてプレゼンテーションするという授業をしている。

その中で大阪ボランティア協会の機関誌『ＶＯＬＯ』（以下ウォロ）で「ボランティア初体験」という連載記事を十数年にわたり掲載しており、同じテーマで学生たちにもエッセイを書いてもらった。ウォロ編集部が選んだボランティア界の著名人（以下達人）と学生の活動の違いを見たいがためである。

元のデータはともに文章だったので、時期や活動のテーマ、活動の形態、動機などの枠組みを作り、文章をその枠組みの中に落とし込んで、基礎データにした。たとえば達人の初体験が、学生に合わせた大学時代までの年代区分に合わず、その他が圧倒的に多いなど、学生用に用意した枠組みに合わないところはあったが、その原因も明確で、理由のわからない不明やその他がほとんど出なかったので、同じようなことを記述していることがわかった。

その結果、まず、学生と達人の単純なデータの違いを比較してみよう。年齢の違いや、読者を意識して書かれた体験は、必ずしも全くの「初めて」の体験ではないだろうという違いはあるにしても、様々な違いに驚きの連続だった。

例えば、初めてのボランティアはどんな活動だったのだろう。活動分野をＮＰＯ法の二〇分野に合わせて整理してみた。初体験として一四の活動分野が出てきたが、学生では約五〇％が「5．環境整備」で突出していた。さらに「4．文化・スポーツの振興」と「1．医療・福祉」の分野を合わせると約八〇％になり、この三分野でほとんどといってもいい結果になった。一方、達人は「11．子どもの健全育成」が二五％と少し多いが、多様な活動分野を初体験として挙げていた。

ほかに、初めてボランティア活動にかかわった時期も大きな違いが出た項目である。学生は約三分の二が学生に

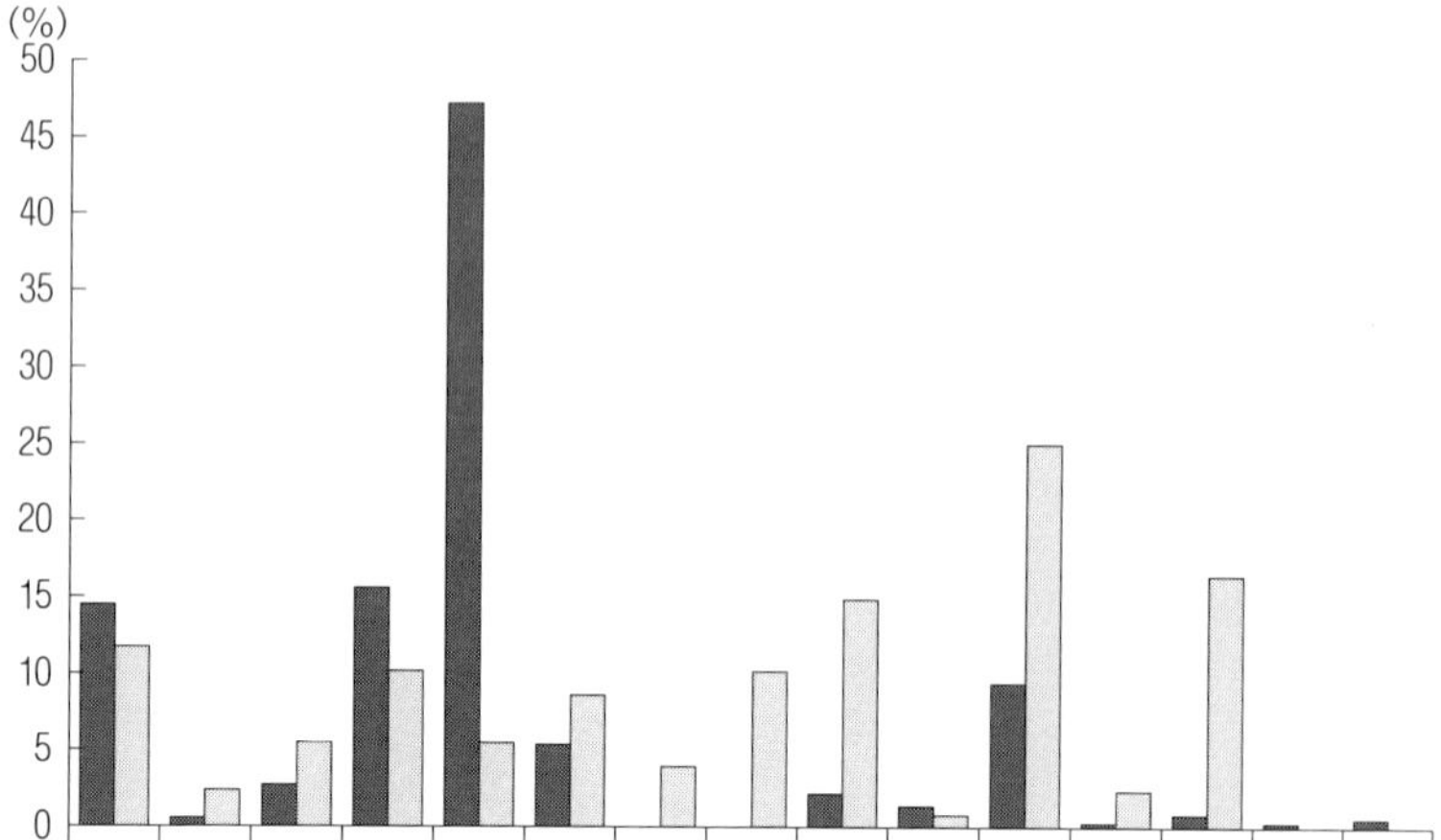


| | 1 | 2 | 3 | 4 | 5 | 6 | 7 | 8 | 9 | 10 | 11 | 12 | 13 | 18 | その他 |
|---|---|---|---|---|---|---|---|---|---|---|---|---|---|---|---|
| 学 生 | 14.5 | 0.5 | 2.7 | 15.5 | 47.2 | 5.4 | 0.0 | 0.0 | 2.1 | 1.3 | 9.4 | 0.3 | 0.8 | 0.3 | 0.5 |
| VOLO | 11.7 | 2.3 | 5.5 | 10.2 | 5.5 | 8.6 | 3.9 | 10.2 | 14.8 | 0.8 | 25.0 | 2.3 | 16.4 | 0.0 | 0.0 |

図9-1　活動分野（数字はNPO法の20の分野　学生N375　ウォロによる達人N128）

注：NPO法の20分野の中で初めての体験として抽出されたのは次の14分野。①保健・医療・福祉　②社会教育　③まちづくり　④学術・文化・芸術・スポーツ　⑤環境　⑥災害救援　⑦地域安全　⑧人権・平和　⑨国際協力　⑩男女共同参画　⑪子どもの健全育成　⑫情報　⑬科学技術　⑱農山村漁村の振興

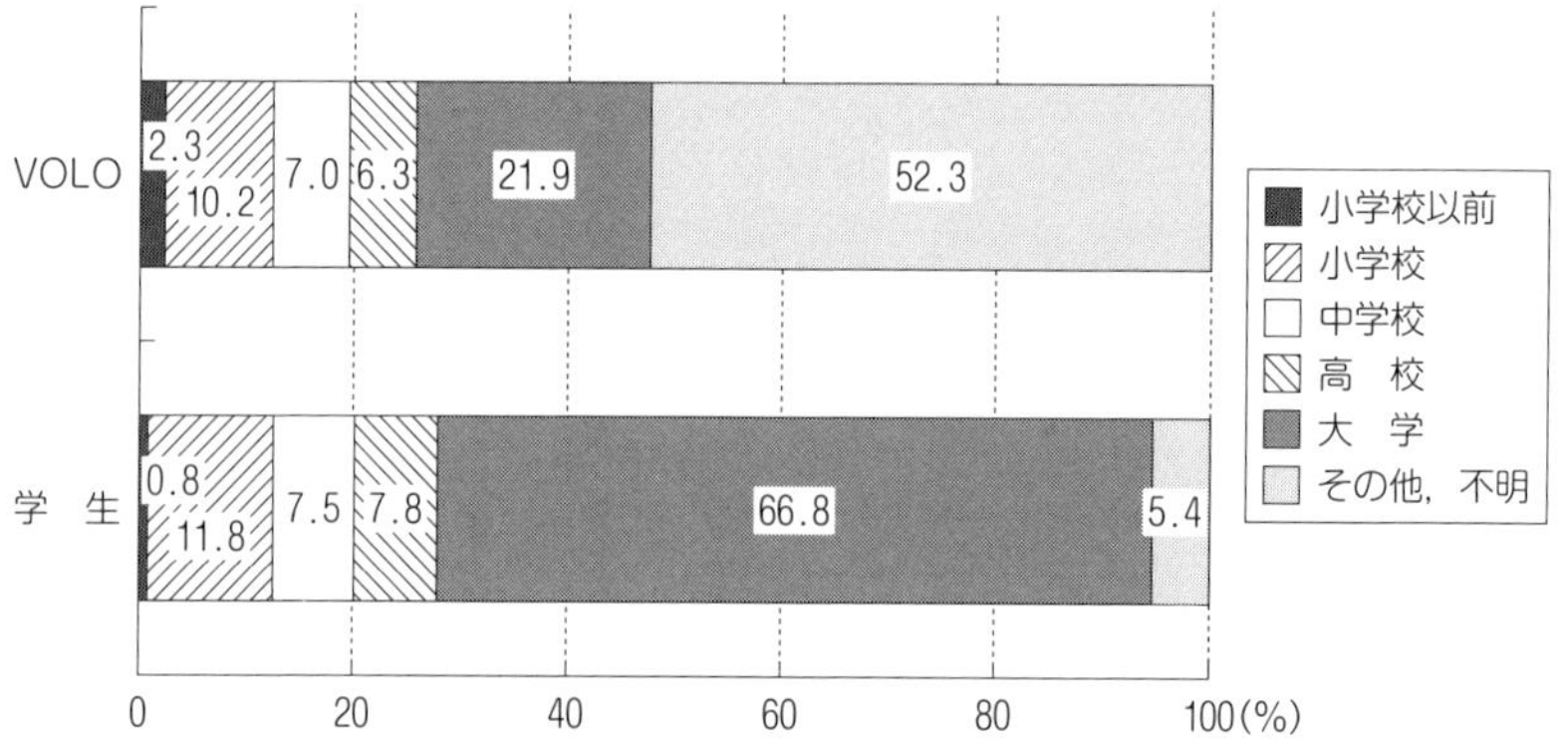


図9-2　初めての活動時期

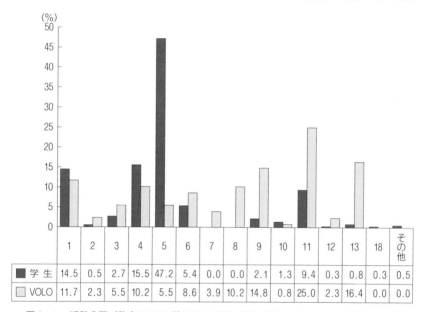

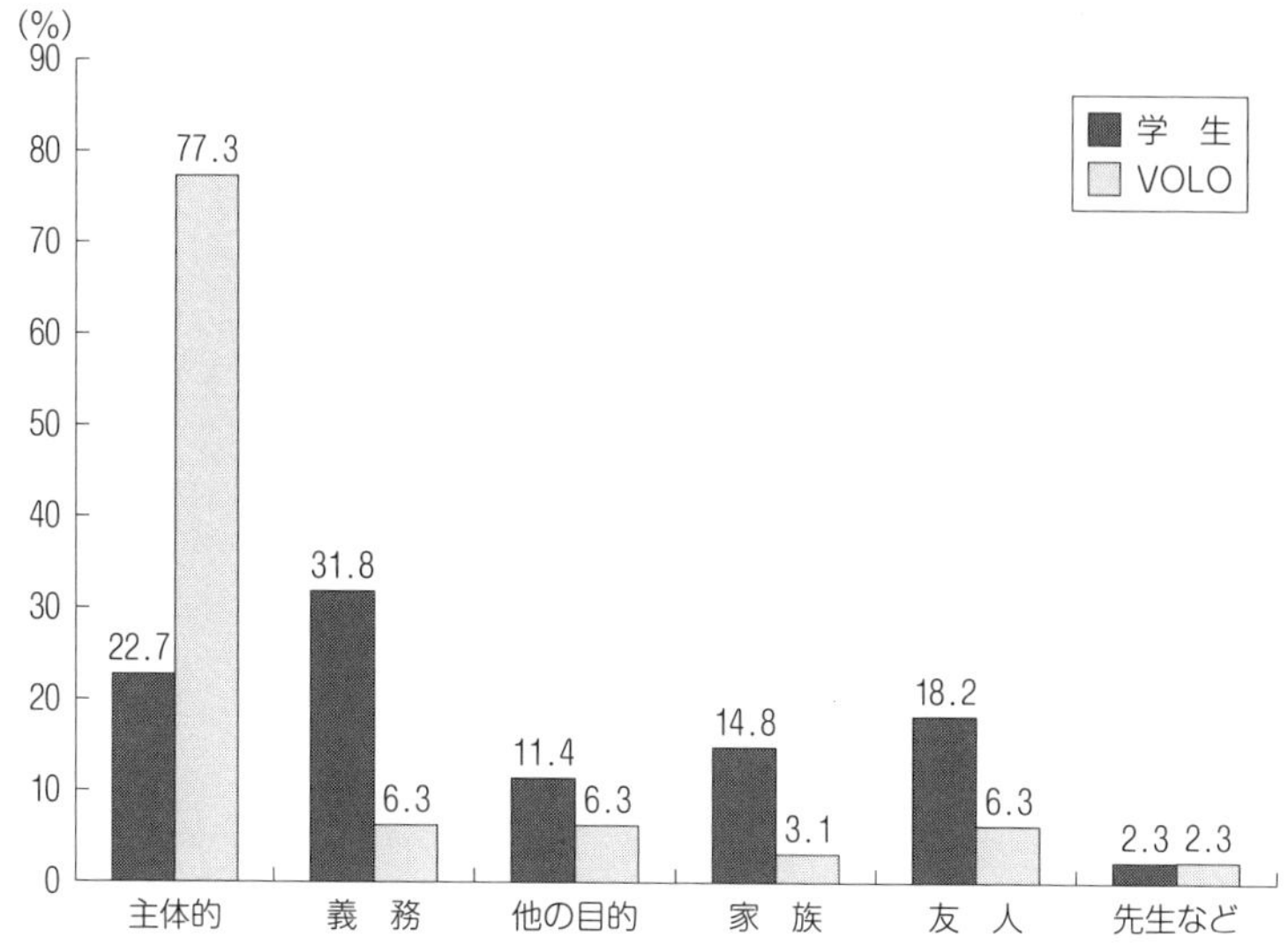


図9-3　活動の動機

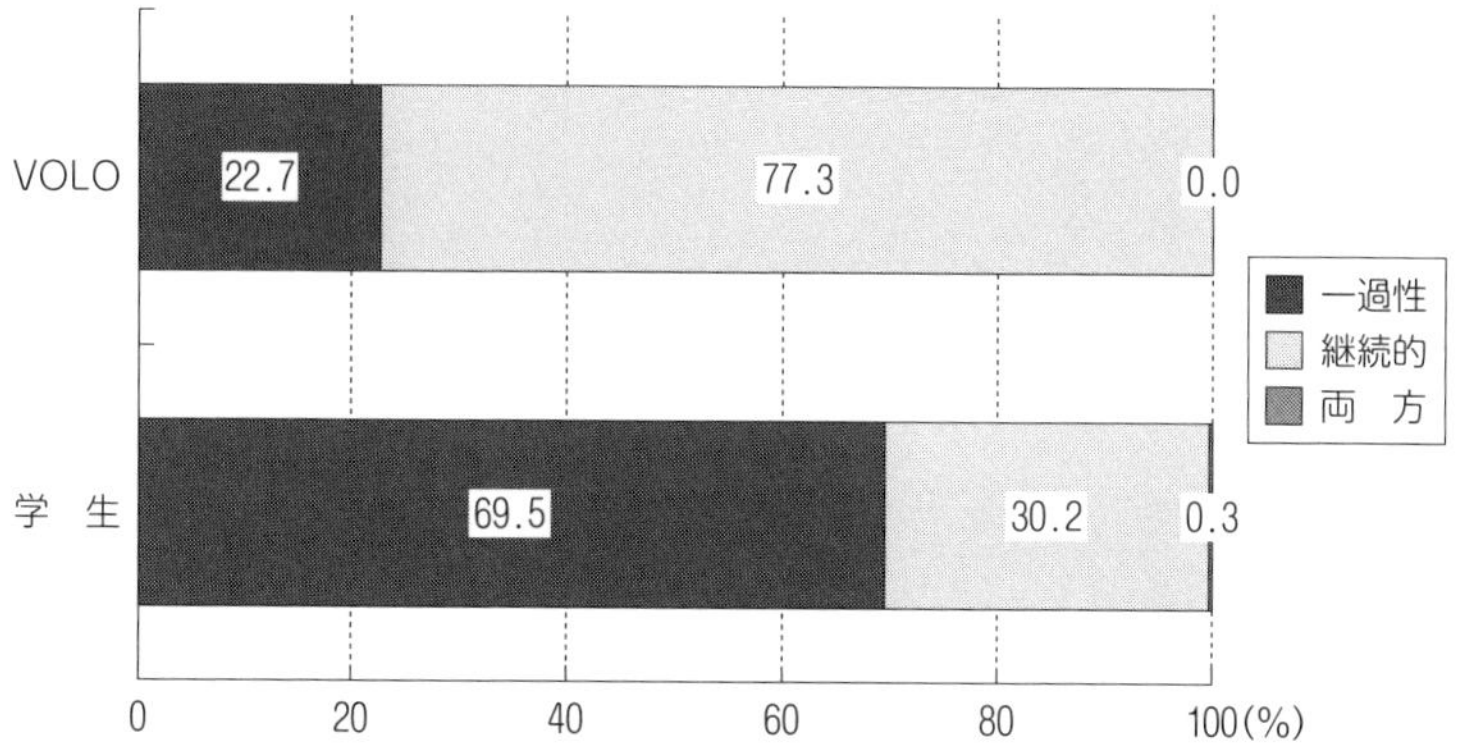


図9-4　活動の継続性

なって初めて体験しているが、達人は社会人になってからが半分いる。時代の影響だろうが、若者はこの授業で強制的に活動させられている。これだけ福祉学習が言われていても大学入学までにはどちらも三〇％しかボランティアを体験していない。

活動の動機も達人は主体的が約八〇％あるのに対して、学生は義務、家族や友人、先生の勧めが七五％あり、主体的に活動したのは二二・七％しかない。

さらに、その活動を達人は七七％が継続しているが、学生は反対に七〇％が1回限りである。

こうした違いは何が原因なのだろうか。

学生たちの活動のきっかけは、家族や友人から誘われ、学校や地域団体による呼びかけや、強制や義務で活動に参加し、自分でやらなければならないテーマがある訳でない。一方、達人たちは今、これをやらなければならないと強く意識して主体的に活動を始めているのである。

達人たちが活動を始めた時代にはまだＮＰＯ法人というものが十分機能していなかっただろうし、ボランティアセンターもどこにでもなかった時代かもしれない。学校も児童・生徒たちにボランティア活動を体験させようという意識がなかっただろうし、エリア型の活動をボランティア活動だとは思いもしなかった時代だろう。達人たちはその多くがコーディネート機関を通さずに、自分と仲間でという答えが圧倒的だった。

つまり、作られた団体の中で活動するというより、自分たちで活動の場を作ることから始めているのである。そして、させられた活動というより、自分たちで始めた活動こそ、ボランティアのボランティアたる活動と認識しているのである。

地域や学校でたくさんの人数の若者や子どもが一斉に活動しようとすれば、草引きやごみ拾いなどの環境整備の活動が最も手っ取り早い活動なのだろう。結果も活動もだれにも理解できる活動が、草引きやごみ拾いなどの環境整備の活動なのだろう。

しかし、ある種の義務で参加してもそれを継続することは難しく、多くの場合、達人、つまり組織の責任者や呼びかける側に回ることなく終わってしまっている。

これらの結果、やらなければならないテーマを見つけることができ、主体的に自分たちで活動を作り出したかどうかが、現在の大学生と、ボランティア活動を作り出し、支えてきた達人を大きく分けているように思う。

## 5　平野みんな食堂パイオニア

このように、現在のボランティア学習は、生涯にわたってボランティア活動をライフスタイルの一部にするような若者を育ててはいない。ボランティア学習が効果を保ち、生涯にわたってボランティア活動を続ける学生、ボランティア活動を通して、自分も成長しようという学生を育てる仕組みになるよう、私の居住地大阪市平野区で、今、日本中でテーマになっている「子ども食堂」を活動の場に、区社協と協力して、地域に根付いて、生涯活動できるよう、区内在住の学生、区内の大学に通う学生、いずれでもないけれど、ボランティアや子ども食堂に関心のある学生が、2か月で4大学から一六人集まってきた。

最初に岡本先生がおっしゃっていたオール関西の学生というにはほど遠いけれど、区内一三か所の子ども食堂での運営の手伝い、新規の子ども食堂づくりの支援、夏休みや春休みのキャンプ（自然の中のみんな食堂）の運営など、学生主体の活動が始まった。

私たちはお金を集めるなど大人の役割は果たすけれど、若者が失敗を恐れず、ボランティアらしく主体的に活動できる体制を作ったつもりだ。彼らのボランティア活動を通しての成長を見守りたい。

Yくんや N くんのように突出して成長する学生は珍しい。しかし彼らのような学生時代のボランティア体験が生涯に渡る可能性を若者たちは秘めている。

注

（1）　山田日和　現在、京都府向日市社会福祉協議会。
（2）　エマオ　日本基督教団が仙台市の都心にある教会を活用し、全国からボランティアを募集し、仙台市若林区七郷笹屋敷地区で長期間にわたって被災者支援活動に取り組んだ。
（3）　石田易司、エルピス社刊。15回の授業の概要と体験のアドバイスを掲載し、活動報告とレポート提出を毎年更新。

**参考文献**

桃山学院大学（2011）「2011年度東日本大震災支援事業報告」。
谷内祐仁他（2012）「学生の災害ボランティア活動と教育効果」『桃山学院大学社会学会紀要』
山田日和（2009）「ボランティア学習による社会的スキルの向上に関する一考察」（2009年度桃山学院大学修士論文）。

# 第10章　ワークキャンプ実践に見る福祉教育そしてボランティア学習

名賀　亨

## はじめに

岡本榮一先生のこれまでの功績と実践から紡ぎだされた理論、その底流にある思想を継承するためにこれまで岡本先生にお世話になった人たちで書物を編纂することになった。岡本先生の思想・理論をいくつかのカテゴリーに分類し、それぞれの分野で関係する人たちが「岡本先生の思想と理論を引き継ぐ」という観点で執筆するというものである。そうした中で福祉教育そしてボランティア学習に関して筆者が執筆の機会をいただいた。そこで、これまで取り組んできた京都府南丹市美山町でのワークキャンプの実践を一つの事例として紹介しながら、福祉教育そしてボランティア学習に関してその意義と今後の可能性について論じてみたい。

筆者は現在、短期大学教員として学生たちに授業の場面で関わっているが、現職になる前十八年間は、大阪ボランティア協会の専従職員として多くの大学生や高校生などの若者たちに授業外の場面で関わってきた。それは、ボランティア・市民活動の支援や教育事業（市民学習）などである。とりわけ教育事業では、〝サマーボランティア計画〟、〝高校生ワークキャンプ〟、〝バリバリ元気天国（青少年ボランティア大会）〟、〝日韓青少年ボランティア交流事業〟など、若者たちが中心にいるプログラムに長らく関わる機会があった。筆者はそれらに担当職員として関わる中で、若者たちがさまざまな活動に参加することの面白さや魅力を感じていた。それは、若者たちが多彩な活動やプログラムに参加することで、ボランティアの応援を必要としている人や組織あるいは地域の課題の解決につながることはもとより、参加した若者自身が多彩な学びを得て人間力を向上させ、思考や行動変化のきっかけを摑むということである。

この魅力は、筆者自身が一九七三年に初めて大阪ボランティア協会に出会った後、さまざまなボランティア活動に参加する中で実感してきたことでもあった。

そこで、二〇〇六年四月に短期大学教員へと転職した後、想いを共有する仲間たちと京都ボランティア学習実践研究会を立ち上げ、ボランティア活動に内在する魅力と可能性を、特にこれから社会の主人公となる若者たちの中でさらに広げていくことを目的として、ワークキャンプの実践を京都府南丹市美山町で始めたのである。二〇〇八年九月に第1回目を実践して以来、十年で三十回の実践を行い延べ三千人を超える若者たちが参加してくれた。本稿ではこの美山でのワークキャンプを事例として取り上げ、その具体的な内容などを紹介しながらボランティア活動への参加を通した実践的な学びについて、福祉教育あるいはボランティア学習という切り口で、さらに岡本先生の思想と絡めながらその意義と今後の可能性について考えてみたい。

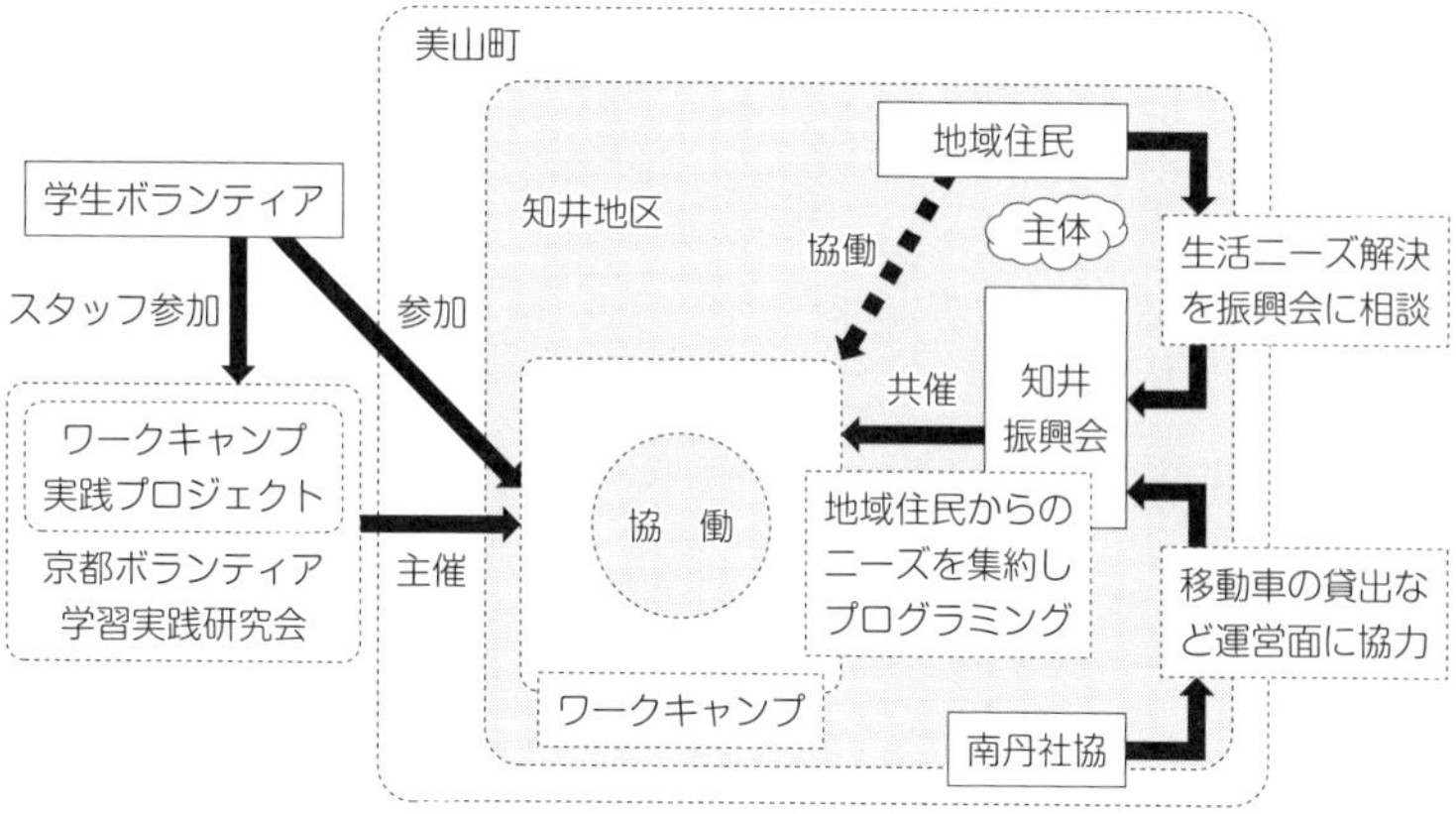


**図10-1　ワークキャンプ協働の構造**

出典：日本福祉教育・ボランティア学習学会　関西地域　第１回研究会（2016.10.22）

## 1　美山ワークキャンプの実際

ワークキャンプは日本の国内外を問わず各地でさまざまな形で実践されており、それぞれの団体によってさまざまに定義づけされているが、筆者らは「社会的課題解決のために他者の応援が必要な現場に、主体的な意思で集まった参加者たちが共に出向き、一定期間の宿泊を伴った共同生活をしながら、現地の人とともにその現場でのニーズにワーク（労働）というスタイルで直接的に関わっていくボランティア活動実践であるとともに、参加するボランティア一人ひとりに多様な学びの機会を提供する実践」と定義している。

筆者らはワークキャンプをこう位置付け、仲間たちとともに京都府南丹市美山町の知井地区で、二〇〇八年九月から実践してきた。この知井地区には、一〇の集落がある。そのうち高齢化率が五〇％を超える限界集落(1)が四集落あり、この限界集落がワークキャンプ実践の場である。主に夏と冬の学生たちの長期休み期間中に六泊七日の日程で、大学生を中心としたボランティアたちが、地元の自治組織である知井振興会や集落の人たちと連携して、住民から寄せられるさまざまなニーズに、ワークを通して関わってきた。集落の人たちとの協働の構造は図10-1に示すようにワークキャンプの参加者がお客さんとしてその集落を訪問するのではなく、またその集落の人たちが一方的に支援を受けるというのでもなく、ワークキャンプという課題解決に関わる実践を、参加者、京都ボランティア学習実践研究会、知井振興会、そして地元集落の住民といったさまざまな立場の人たちが協働で創りあげている。活動の内容すなわち住民から寄せられるニーズは、夏は田畑や家屋周辺の草刈りや獣除けネットに巻きついた蔓草刈り、道路側溝や用水路の泥上げ、そして冬は居宅周辺の雪かきなど生活に密着したものである。また、秋にも集落周辺の道路沿いでの植樹や植樹した樹木の手入れさらに清掃活動、時には獣除けネット張り等のニーズに対応する二泊三日のショートワークキャンプも実施してきた。

## 2　美山ワークキャンプ実践にある三つの意味

### (1)　外部のパワーを活かした地域福祉の実践として

このワークキャンプには三つの意味がある。その一つが課題解決のマンパワーである。ワークキャンプに期待される作業の多くは、集落で暮らす人たちにとって重要かつ欠かすことのできない作業であるが、重労働で高齢者には負担が大きいものも多い。そこで集落の人たちは従来から〝日役〟(2)という相互扶助関係の仕組みを構築し、協同で作業をすることで支え合い自分たちの生活そして地域を守ってきた。しかし、近年少子高齢化そして人口減少による過疎化がますます進行していく中で、この日役の仕組みも、そもそも日役の共同作業に参加できない人が増加し、一部の人の負担が増大するなど、本来的な機能が十分に発揮できなくなりつつある。ワークキャンプは集落の人たちだけでは対応が難しいそれらの作業に、取り組んでいる。技術的にも時間的にもすべてのニーズに百%完璧に応えられることはない。集落の人たちもそのことは了解してくれている。しかし、たとえ完璧ではないにしても、

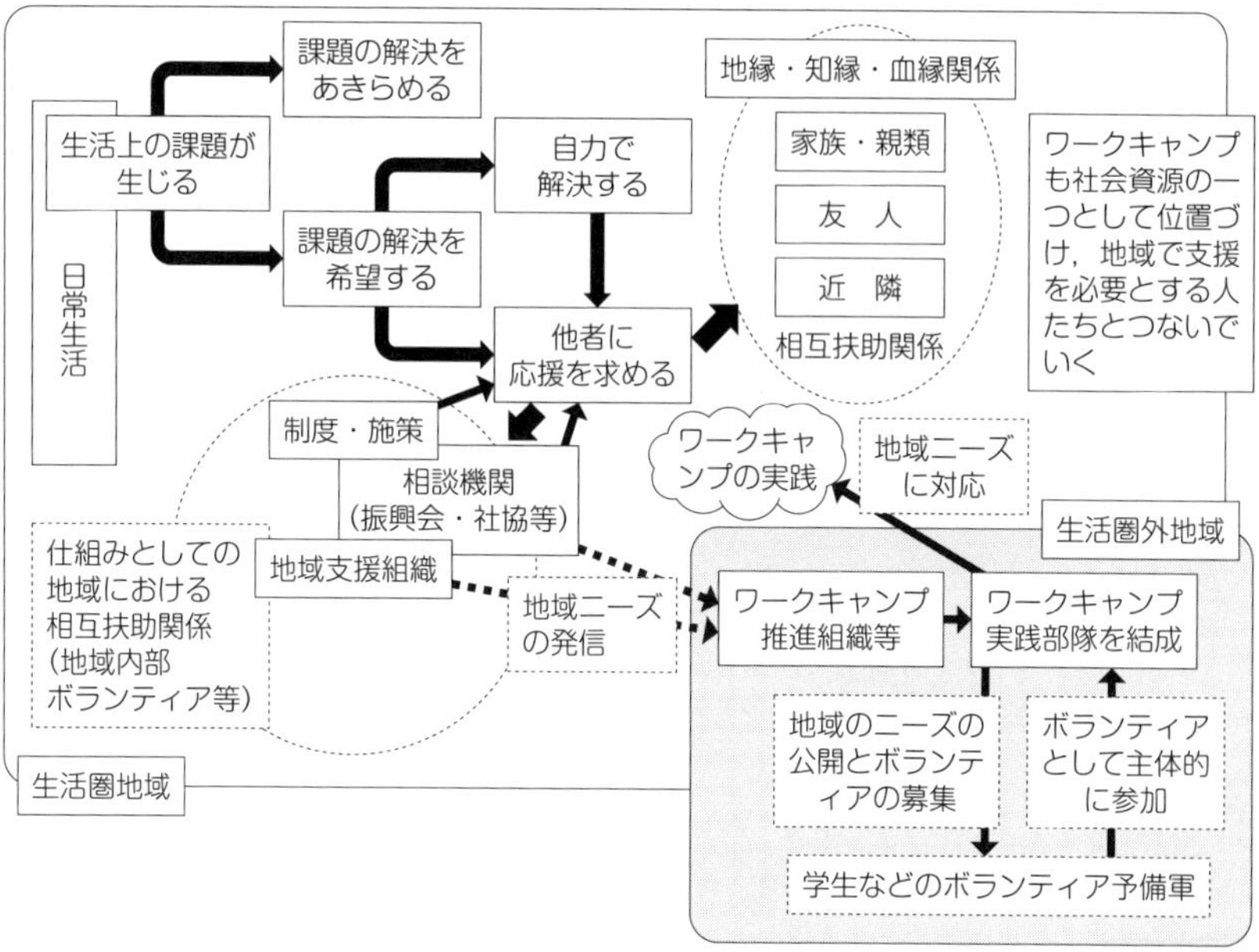


**図10-2　課題解決の流れとワークキャンプ**

出典：日本福祉教育・ボランティア学習学会　第14回徳島大会発表2008年。

地域課題の解決に少なからずともつながっているのは事実で、外部ボランティアのパワーを活かした課題解決実践としての意味がある。その流れを示したのが図10-2である。

この図にあるように我々は日常生活の中でさまざまな生活課題が生じたとき、まずは「課題の解決をあきらめる」または「その課題を何とか解決しようと思い、何らかの行動をとる」かのいずれかを選択するところから動き始める。そして、「課題の解決を目指す」場合、「自力で解決する」または「他者に応援を求める」という選択があり、他者の応援を求めようとする時「家族・親類・友人・知人・近隣にお願いする」か「地域の支援組織に依頼する」、「制度によるサービスを利用する」、または「地域外のボランティアに依頼する」となる。このようにいくつかの選択と行動のプロセスを経て課題の解決を目指していくことになる。

自力で解決しようとしても課題が想像以上に大きくて自力での解決が難しい場合は改めて他者に応

写真10-1　冬の雪かきワークの様子

援を求めることになる。しかし、現実には限界集落においては家族も都会へと移り自分一人または老夫婦だけで生活している、あるいは近隣の知人も徐々に少なくなっていく中で、他者に応援を求めたりといった相互扶助関係が成立しにくくなっているのが現実である。そこで、行政や社会福祉協議会などの相談支援機関を通して〝制度による支援〟を求めていくことになる。ただ制度による支援も、例えば冬の除雪支援制度は、高齢者等の自宅の玄関先から公道まで人が通れる程度の幅は除雪してもらえるが、家の周囲等は十分に対応してもらえないなどその支援には限界がある。こうした中で、知井地区では振興会を通して地域外のワークキャンプとの協働が一つの選択肢として選ばれることになった。これはワークキャンプを外部パワーとして活かした地域福祉実践ともいえよう。

二〇一八年二月、ワークキャンプ期間中に知井振興会と共同で、知井地区内全集落（一〇集落）において九七名の高齢者を対象にワークキャンプ参加者がヒアリング調査を行った(3)。その調査によると、「生活上の困りごとや心配事にはどのようなものがあるか」という質問に対して、健康面を心配している人が二六人（二七％）と最も多く、次に災害時のことや家業の跡継ぎ問題などこれからのことを心配している人が二〇人（二一％）、そして生活面を心配している人が一四名（一四％）、近所の人との関係や話し相手あるいは買い物や病院などへの送迎に不安を抱えている人が一七名（一八％）という結果が得られた。また、ワークキャンプを意識して「地域外のボランティアに応援を依頼したいか」という形で質問をしてみると、頼みたいが五六名（五八％）、頼みたくないが一九名（二〇％）、頼みたいけど不安もある三名（三％）、わからない一〇名（一〇％）、無回答九人（九％）となり、不安がある人も含めて五九名（六一％）の人が外部ボランティアに期待していることがわかった。さらに、「外部ボランティアにお願いするとしたら何をお願いするか」という設問では、雪かきが三四名（三五％）、次いで草刈りが二四名（二四％）、そして農作業一二名（一二％）、あとは無回答も含めて病院や買い物時の送迎、日常の話し相手、身の回りのことなどが二六％となり、草刈りや雪かきなどがすべての地域で応援が必要とされていることが明らかとなった。この調査からもワークキャンプが地域にあるさまざまな課題解決のマンパワーとして大きく期待されていることが再確認された。

### （2）地域住民のエンパワメント

マンパワーとして期待される一方で、地域住民からは「若い学生が来てくれると助かる」「若い人たちの声を聞くと元気がもらえる」などといった声も多く寄せられている。そこで、ワークキャンプでは集落の人たちとの交流サロンをプログラムの中に組み込んで、一緒に食事をしながら話をしたり、食後にゲームを楽しんだりしている。参加者たちが食事を作りゲームを進行するが、時には集落の人たちが美味しい地元料理を作ってご馳走してくれたりすることもあり、学生たちにとっても楽しみの一つとなっている。この交流サロンは集落の住民にとってもとても大きな楽しみとなっているようで、サロンのあとには「今日はありがとう、楽しかったよ」「久々に楽しい時間が過ごせて少し元気になった」「次はいつ来てくれるのかな」「今度は、今回来なかったあの新潟のお姉ちゃんも来てくれるやろか」といった声が寄せられている。また、ワークキャンプの最終日の前夜には各集落との作業調整をしてくれ、ワークにも一緒に参加してくれる知井振興会の役員さんたちが、〝お疲れさん会〟と称した交流会を催してくれる。ここでは参加した学生たちと地元の人たちが、ワークキャンプのことも語り合いながら交流する。振興会役員さんたちにとっての楽しみの一つでもある。こうした交流を通して地元の人たち自身の気持ちが高まりエンパワメントされるという点でも大きく期待されている。ここにワークキャンプ実践の二つめの意味がある。

### (3) 参加者にとっての意味

さらにワークキャンプにはもう一つの大きな意味がある。それは参加者一人ひとりの学びと言動の変化である。ワークや交流の中には新しい発見や気づきがある。それらを、毎日行う〝リフレクション〟[4]の中で参加者同士が互いに気付きを共有し深め合うことで、一人ひとりの中に新たな学びを生みだすことになる。そしてその学びを契機として一人ひとりの言動に変化が生まれてくる。この参加者の学びと変化が福祉教育あるいはボランティア学習としての一つの成果であり、ワークキャンプにおける三つめの意味である。我々はこの学びと変化をワークキャンプ後にさまざまな社会活動につなげてほしいと期待している。参加者の学びに大きく影響を与える参加者の意識変化の様相を表したのが図10-3である。これは、日々のリフレクション時に〝気持ちシート〟[5]を用いてデータを集計したものである。記入しているときの気持ちを、活動的快、驚愕、倦怠、集中、親和、敵意、非活動的快、抑鬱・不安の8項目で集約し全参加者の平均値を算出するが、グラフは、8項目のうち〝活動的快〟、〝集中〟、〝親和〟、〝非活動的快〟、〝抑鬱・不安〟の五項目のデータから作成している。このグラフを見るとワークキャンプ初日から序盤にかけては未知の世界で異質な他者との共同生活の始まりということもあってかなり緊張しているためか、〝集中〟の度合いが高くあるいは二日目には〝抑鬱不安〟の要素が少し高くなってきていることがわかる。活動に慣れてきた三日目には〝親和〟〝活動的快〟の要素が高まってきている。不安や緊張が解きほぐされ、他者との関

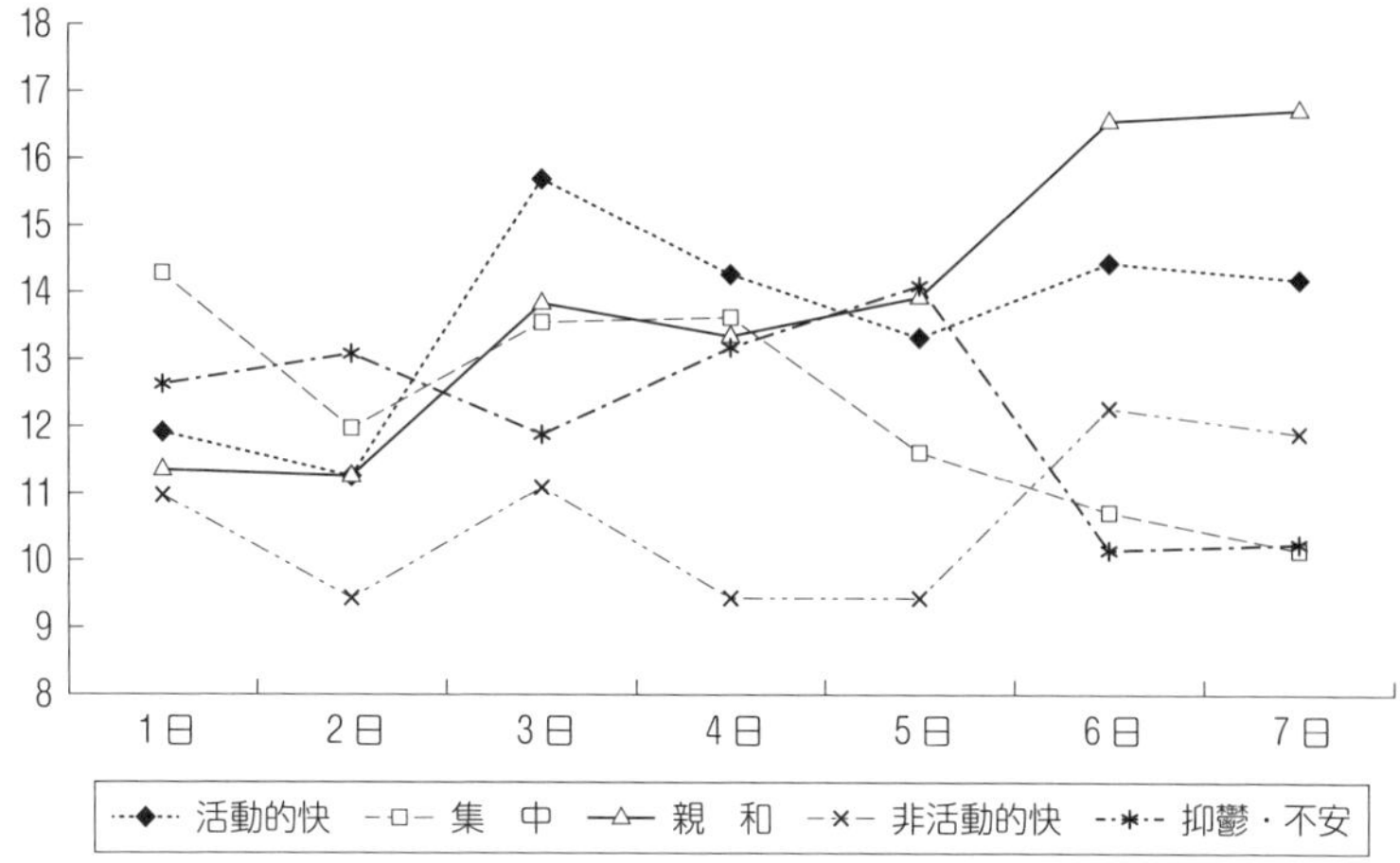


図10-3　参加者の意識変化の相様

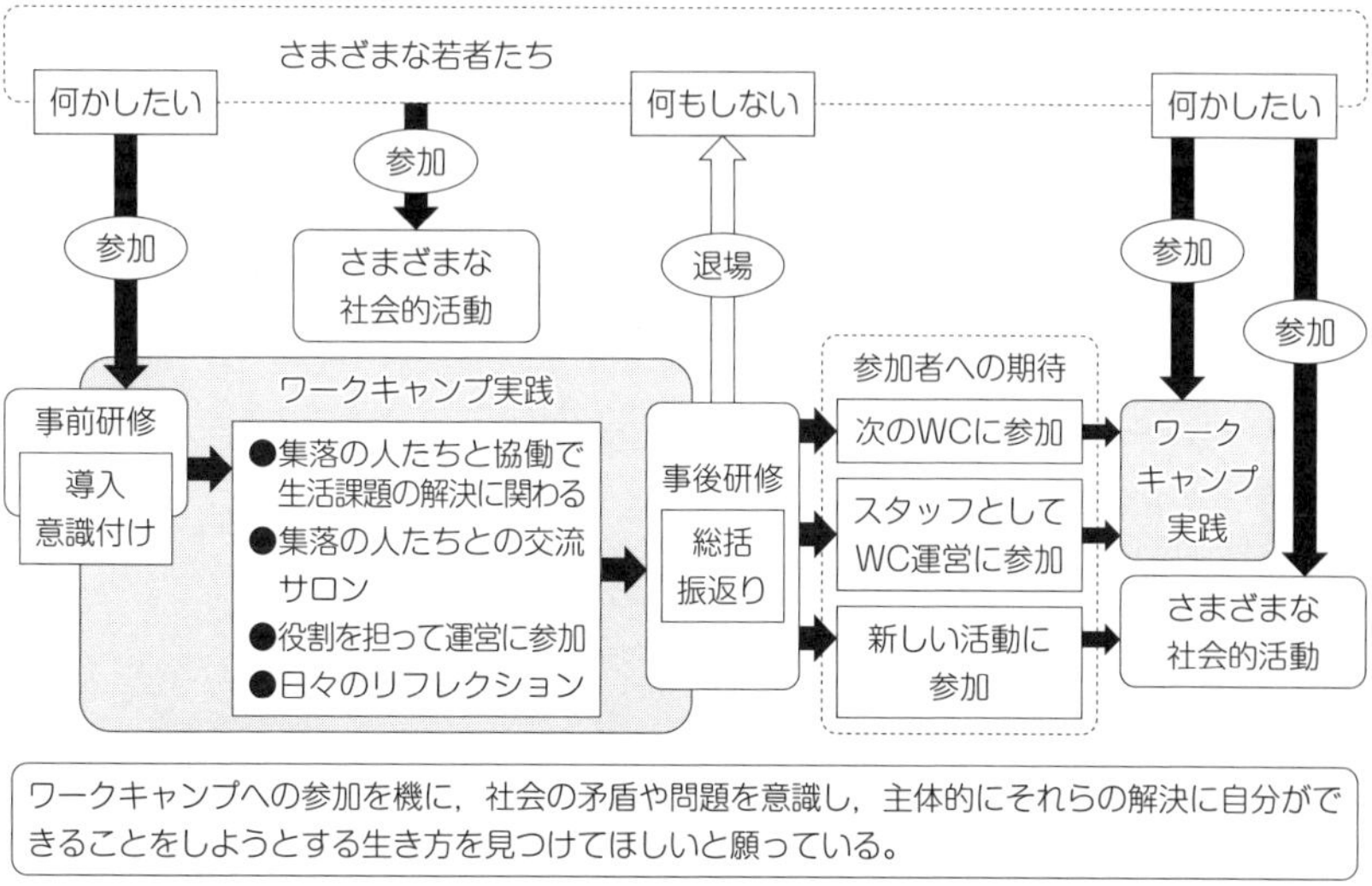


図10-4　ワークキャンプにおけるボランティア学習実践のめざすところ

係が深まるにつれて自己解放が起こり、ワークキャンプへの主体的参加の度合いが高まってくる。こうした心理状態の時に新しい事象や考え方あるいは意見に出会うと、それらが比較的スムーズに吸収され多様な学びが生まれてくるのである。こうした学びを機に社会の矛盾や課題に気付き、あるいは再認識し、主体的にその課題解決に自分ができることで関わっていこうとする生き方を見つけてほしいと願っているのである（図10-4）。

## 3　美山ワークキャンプから見る福祉教育そしてボランティア学習

ここまで美山でのワークキャンプの概要、そしてワークキャンプ実践が美山町知井地区での地域福祉実践に関して意味があること、合わせて福祉教育あるいはボランティア学習としての意味があることを述べてきた。ここでもう少し視点を変えて考えてみたい。

### （1）福祉教育そしてボランティア学習の根底にある思想

福祉をすべての人が人として当たり前に生きていくことができる社会の実現と捉えた時、岡本は、「福祉を充実しまたその課題を解決するためには、憲法二十五条にもとづいて、国や地方自治体が義務として責任として遂行する福祉政策としての〝制度的保障体系〟とあわせて、市民の自由な意思による自発的な参加としての〝直接的市民参加体系〟の二つが不可欠であり、福祉教育あるいはボランティア学習も、そうした福祉の充実した社会を実現することに自分たちが主体的に参加することの意味や大切を考えていく学びのプロセスであることを意識して実践する必要があるだろう」としている（大阪ボランティア協会 1998：36）。また、大阪ボランティア協会が一九六五年の創立以来取り組んできた市民学習プログラムについて、「単なる知識吸収型のボランティア講座で終わるのではなく、

①ボランティアの学習支援を通して人づくりに力点を置いた，②善意・奉仕概念の克服としてボランティア学習がなされた，③学習支援においてグループワークの方法を導入するなど〝承り〟の教育を克服しようとした，④学習過程では，ボランティアを客体化しないで，ボランティア自身が企画し，推進する方法を導入した，⑤現実主義に立ちつつ先駆的な学習支援事業を多様に展開してきた，という五つの特徴をもって推進された」としている（大阪ボランティア協会 2005: 59）。また「この人づくりの根本にある考え方は，ボランティアを単なる安上がり福祉マンパワーとしてとらえるのではなく，社会に参加・参画することでよりよい市民社会を創ることに主体的に参加する市民としてとらえているところにある」としている（大阪ボランティア協会 1981）。こうした思想に基づいて大阪ボランティア協会では，教育事業に大阪ボランティア協会ならではの人づくりの実践方法を実践してきた。それが参加型体験学習のスタイルで，美山ワークキャンプでも，この思想と参加型体験学習スタイルを基本として実践している。

### （2）参加型体験学習の意味

我々は日常のさまざまな場面において何らかの体験をすることで，これまでの学習や経験ですでに得ていた知識やスキルを再認識すること，あるいはこれまでの学習や経験の中には無かった新しい発見や気付きを得ることがある。この体験を通した知識やスキルの再認識あるいは新しい発見や気付きはさまざまな形で個々の中に取り込まれ，それぞれの新しい学びや成長へとつながっていく。ここに体験を通した学習すなわち体験学習がある。この体験学習は見る，聞く，味わうなどの感覚器官を通して体で学ぶことであり（新村・沢田 2001: 23），稲垣と波多野は，体験学習のプロセスについて「人は，通常，自分が既に獲得してきた知識を使って環境に働きかけ，これを自分のうちに取り込もうとする。この過程で，予期に反し，思ったようにならなかったとか，予期したこととまったく異なることが生じる、という場合も少なくない。これらは、〝あれっ？〟という驚きの感情を引き起こし、さらにそれについて調べてみたり、考えてみたりするよう動機づけるだろう」と概説している（稲垣・波多野 1989：48）。これらは体験学習の基本的な考え方であるが、美山でのワークキャンプも同様の考え方をベースに参加型体験学習のスタイルを意識して実践している。体験を通した学びの重要性について野本は「おそらく人間は、自ら体験し、その中でもがき苦しみ、傷つきながら、自らの生き方を探り出すことができる。自らがどうしてもとかねばならぬと考えた時、あるいは追いつめられた時（肉体的な要求がその課題へ自らを突き動かす時）その現実の解明に全力をそそぐべきなのだ。その源は、その原因は、とさぐりこみ、その成立への切り込みをはじめてゆく時、その歩みはのろくても、遅々たるものであっても、単なる知識の域を越えた（体験）として自らの中に定着するはずである。これが人間の行動の原理であり、認識の原理なのだ。」（野本 2001：28）としている。この野本の考え方は、岡本の思想とも共通する部分もあり美山でのワークキャンプにおいても少なからず影響を受けている。

### （3）ワークキャンプでの学びの場

参加型体験学習としてのワークキャンプには、実践の現場とその現場の外という二つの学びの場がある。ワークキャンプで参加者は日常生活の場から離れ、中山間地域の支援集落という参加者にとっては未知の、参加者にとっての〝非日常〟の場に入り活動に参加する。そこには日常生活や大学での授業などとは違う〝ワークキャンプならでは〟の体験を通した学びがある。一方、ワークキャンプ実践現場の外にも、企画から参加者募集や事前研修などの準備段階に現場での体験とは異なる体験そして〝ならでは〟の学びがある。そこで、この準備段階にも参加経験者の有志が関わることができるように協働の場を設定している。この方式は大阪ボランティア協会が長らくその運営に採用してきた参加システム[6]を参考にした方法で、我々のワークキャンプ実践でも大切にしており、現在一六名

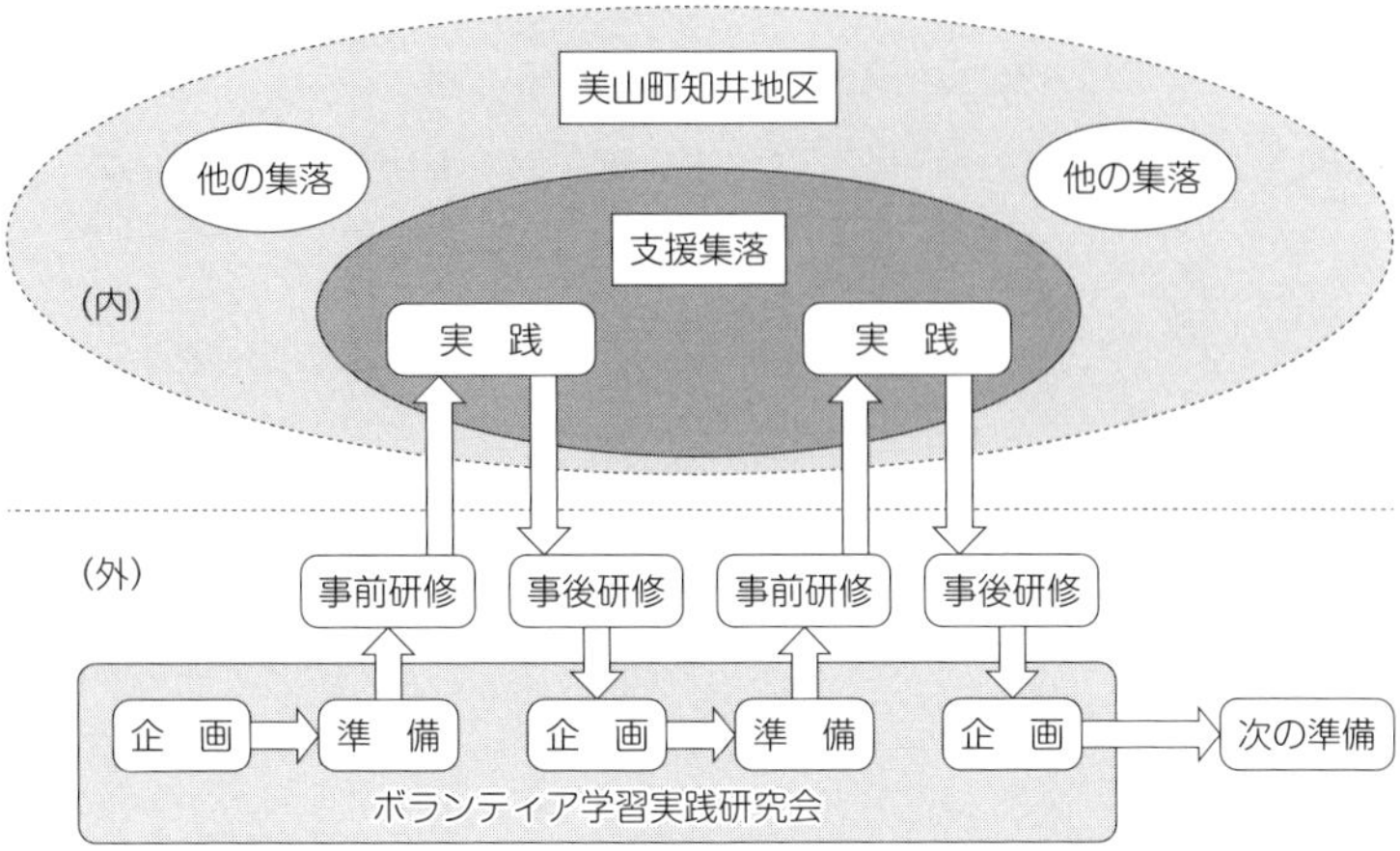


図10-5　ワークキャンプ実践の内と外にある学びの場の構造

図10-6　ワークキャンプ実践にある多様な学びの場とその要素

の学生や社会人がそれぞれの可能な時間でスタッフとして参画している。この構造を単純に実践現場の〝内〟と〝外〟と位置付けて整理してみた（図10-5）。そしてこの内と外それぞれの学びの場面や要素を整理したものが図10-6である。ワークキャンプに限らず実践の学びは準備段階も含めたさまざまな場にあり、それぞれの場に参加することが重要な要素であり、参加しやすい状況を創り出していくことが重要である。

### （4）学びの多様性

ワークキャンプの学びは内と外に存在するのだが、そこでの学びには〝期待する学び〟と〝偶発的な学び〟とがある。ワークキャンプでの学びは学校の授業のように学ばなければならないものではない。現場での実践を通して限界集落のことやそこにあるさまざまな社会的課題、あるいはそこで生活している人たちの実態、さらにはボランティアとしての支援の在り方や自分自身の関わり方など、またワークキャンプでの共同生活や協働でする作業の中での関係づくりやコミュニケーション方法など、人間関係を構築し維持していく上で大切な関係能力なども学んでほしいという期待がある。これが〝期待する学び〟であり、ワークキャンプにおいてはこの期待する学びが中核にある。

そしてもう一つが〝偶発的な学び〟である。この偶発的な学びに関して岡本は、学びのタイプを（1）教育、（2）学習、（3）偶発的な学びと三つに整理し、その上で「偶発的な学び＝Incidental learning は日常生活の中に埋もれているもの、そして、キャンプなどの偶発的学びは、多くの発見や感動があり参加した人を〈変える〉力を持っている」としている（岡本 2013：42）。この偶発的な学びは美山でのワークキャンプでも随所にみられる。それは、これまでしたこともないワークや、食事の準備や地域の人たちとの交流などの場面で、さまざまな体験を通して我々もそして本人も予想もしなかったいろいろなことを学ぶということである。この〝期待する学び〟と〝偶発的学び〟は自発性や主体性を育み社会参加を促す福祉教育そしてボランティア学習において重要な要素であり、美山でのワークキャンプにおいて最も大切にしている学びの要素である。

## まとめ

ここまでワークキャンプにおける福祉教育そしてボランティア学習について論じてきた。岡本先生自身の原点の一つに一九五〇年代に関西を中心にした〝学生キリスト者ワークキャンプ〟が取り組んだ京都山崎でのワークキャンプ実践への参加があると聞いている。このワークキャンプは、大阪水上隣保館が天王山の麓に移設する際に竹藪を切り開いて施設建設の基礎を築いたというものである。岡本先生自身がそのワークキャンプで大阪水上隣保館創設者の中村遥先生と出会い、水上隣保館に住み込みながら大学に通う中で福祉の世界に覚醒していくようになったとのことである。そしてワークキャンプの意義について、「ワークキャンプは、（中略）異質の対人関係や交流の喜びなどをナマで体験することころに意義があるのでは……」（岡本 2009: 8-9）、「体験というのは精神。痛み、苦しみ、喜び、悲しみといったものは身体性から発する精神。それが内的に体験されないと、人間を深いところで理解できない。文明はそれを希薄にしてきた。そこに今日の青少年問題がある。（後略）」（大阪ボランティア協会 2005: 52-54）と話している。つまり自らが現場で生の体験をすることに大きな意味があるというのだ。これは、ワークキャンプの根底を支える思想であり、筆者が美山で実践しているワークキャンプも、この考え方同様に現場での体験を大切にした実践である。

早瀬は「参加の力が創る共生社会の中で、市民活動に参加することによって当初は〝当事者ではない〟人々が、具体的な社会の課題と接し、当事者である人たちと話し合いや交流を深め、課題解決のために試行錯誤を重ねていくうちに、その課題が他人事ではない自分自身の問題でもあるという意識が高まってくる。他人事であったものが〝自分事〟化し、〝当事者になる〟わけです。これは課題を抱える当事者が社会の中で孤立せず、課題を理解し共にその解決に努力する仲間を得ることでもある。そして、その結果、人々は課題解決のための新たな取り組みを創造し推進する立場に立つことになる」としている（早瀬 2018：76）。筆者はここにボランティア学習の本質的な要素があると考えている。美山でのワークキャンプに参加した若者たちが、さまざまな〝出会い〟、〝気づき〟、〝発見〟、〝共感〟などを経て多彩な学びを掴み、意識や行動に変化が起こることは、見た目の豊かさと便利さの中で豊かな人間性を失いつつある現代社会において、その社会に一石を投じ自ら社会の主体者となって社会変革を生み出す意味でもとても重要なことである。ワークキャンプはこうした視点から、これまでの効果をしっかりと認識してこれからも新たな課題を見出し、その課題に真摯に向き合いながら継続していかなければならないと考えている。

注

（1）「限界集落」とは、過疎化・高齢化が進展していく中で、経済的・社会的な共同生活の維持が難しくなり、社会単位としての存続が危ぶまれている集落のことを指す。大野晃・高知大学名誉教授が最初に使い始めたと言われている。マイナスイメージが強く知井では支援集落と表現をしている。

（2）集落独自に、道路の草刈りや補修清掃作業、河川の草刈りや清掃作業、山林の下草刈りなどの作業を毎年数回集落維持のために住民が協働で作業を行う仕組み。

（3）ワークキャンプの受入れ先の知井地区一〇集落で九七名の高齢者を対象に「お年寄りの困りごとアンケート」と称して、ワークキャンプメンバーが個別訪問をしてそれぞれが抱える課題の聞き取り調査を行った。雪かきや草刈りといった重労働も含めて電球の交換や買い物あるいは話し相手が欲しいなどのニーズも聞かれ今後のワークキャンプの内容を検討する大きな材料となった。

（4）美山でのワークキャンプにおいては、日々の活動の中で気づいたことや感じたことなどを、振り返り用紙を用いて毎晩振り返っている。さらに、その振り返りに基づいてグループディスカッションも行い一人ひとりが学びを深めるように仕掛けている。

（5）寺崎、岸本、古賀らによる、多面的感情状態尺度（1992）を援用して意識の変化をみている。

以下の40項目それぞれに対して　全く感じていない（1点）、あまり感じていない（2点）、少し感じている（3点）、はっきり感じている（4点）、という選択肢の中からその時の気持ちにピッタリのものを一つ選び集計する方法

【気持ちシート項目】

1. いとおしい　2. うらんだ　3. おっとりした　4. 驚いた　5. 活気のある　6. 気がかりな
7. のんびりした　8. 気力に満ちた　9. くよくよした　10. 元気いっぱいの　11. 恋しい
12. 攻撃的な　13. のどかな　14. 自信がない　15. 思慮深い　16. 慎重な　17. 好きな　18. すてきな
19. あいらしい　20. 退屈な　21. ぴくりとした　22. 注意深い　23. 疲れた　24. つまらない
25. 丁重な　26. ていねいな　27. 敵意のある　28. はつらつとした　29. 動揺した　30. 悩んでいる
31. 憎らしい　32. のんきな　33. はっとした　34. だるい　35. びっくりした　36. 不安な
37. 無気力な　38. むっとした　39. ゆっくりした　40. 陽気な

【項目の分類】

「活動的快」5. 8. 10. 28. 40.　「驚愕」4. 21. 29. 33. 35　「倦怠」20. 23. 24. 34. 37
「集中」15. 16. 22. 25. 26　「親和」1. 11. 17. 18. 19　「敵意」2. 12. 27. 31. 38
「非活動的快」3. 7. 13. 32. 39　「抑鬱・不安」6. 9. 14. 30. 36

**参考文献**

早瀬昇（2018）『「参加の力」が創る共生社会』ミネルヴァ書房。
稲垣佳世子・波多野誼余夫（1989）『人はいかに学ぶか』中公新書。

新村佳史・沢田石登（2001）「体験学習の必要性と今後の課題」『教員養成セミナー』第24巻3号、一二三。

野本三吉（2001）『生きる場からの発想——民衆史への回路』社会評論社。

大阪ボランティア協会（1998）『ボランティア＝参加する福祉』ミネルヴァ書房。

大阪ボランティア協会（2005）『市民としてのスタイル——大阪ボランティア協会40年史』大阪ボランティア協会。

大阪ボランティア協会（1981）「大阪ボランティア協会基本要項」。

岡本榮一（2009）「ボランティア講演会『若者は夢を見ることができるか』」桃山学院大学。

岡本栄一（2013）『福祉と教育「ボランタリズムとボランティア学習について」』大学図書出版。

# 第11章　学校・地域・家庭の協働による福祉教育の今日的意義
## ――教育支援協働学への模索

新崎　国広

## はじめに

私も、岡本榮一先生から数え切れない多くのことを学んだ一人である。最も強く影響を受けたのは、「制度的保障と直接的市民参加との関係」（大阪ボランティア協会 1981: 37）であり、主体性を重視したボランタリズムであった。岡本先生と「なぎさの福祉コミュニティ」について共同研究させていただく過程で、異なる他者・存在の重なり合う部分にこそ学びが創出されるといった「境界学」なるものを熱く語っていただいた。

今、ふりかえってみると「施設ボランティアコーディネート研究」「なぎさの福祉コミュニティ研究」、そして、学校と地域・家庭の協働による「なぎさの福祉教育コミュニティ研究」等、私の研究のいずれもが、複数の異なる専門領域の重なり合う部分における学際的研究であり、岡本先生の強い影響を受けていることが再確認できた。

本章では、学校と地域・家庭が連携・協働することの今日的意義について、福祉教育・ボランティア学習や教育支援・教育協働の観点から考察する。

## 1　教育と福祉に関する問題意識

本節では、福祉と教育の協働が求められている背景や教育・福祉分野の動向を概観する。

### (1) 教育と福祉の協働が求められる今日的背景

近年、不登校・いじめ・いじめによる自死問題・子どもの貧困問題の深刻化等、学校教育現場には困難な問題が山積している。社会に視点を移すと、核家族化・ひとり親家庭の増加等による家庭の養育機能の低下に加え、経済的格差の拡大とこれによる不安定な生活環境が社会問題となっており、国民全体が「生きづらさ」を痛感している状況があるといえる。このような状況の中で、コミュニティ機能の脆弱化や「福祉の外在化」(岡村重夫)や一般市民の「福祉や教育への無関心化・専門職依存」が進行しており、社会的孤立による自死や孤立死、児童虐待、子どもの貧困、貧困の連鎖等の問題が深刻化し、大きな今日的社会問題となっている。

このような問題の解決をめざすためには、教育と福祉が個々の課題に即時的・対症療法的に対応するだけでなく、問題の社会的分析を踏まえ、将来の市民である子どもの「共に生きる力」を育むための教育実践が求められている。子どもを護り育むのは学校教育だけではない。子どもの成長発達にとっては、家庭教育や社会教育・地域教育も非常に重要な役割をもつ。教育と福祉が協働して今後の具体的な対応を模索していくことが社会全体の責務である。

## （2）最近の教育と福祉の動向

このような状況を背景として、教育サイドでは二〇〇六年に教育基本法が改正され「学校、家庭及び地域住民等の相互の連携協力」の規定が新設された。また二〇一五年一二月二一日に文部科学省中央教育審議会は、「チームとしての学校の在り方と今後の改善方策について」(第一八五号)、「新しい時代の教育や地方創生の実現に向けた学校と地域の連携・協働の在り方と今後の推進方策について」(第一八六号) を答申した。これらの答申は、初等中等教育分科会と生涯学習分科会が協働して審議を行いこれからの教育活動について取りまとめたことに意義がある。まさに「学社協働（学校教育と社会教育の協働）」による答申であるといえる。これらの答申を具現化するためには、学校教育に関してさまざまな分野の専門性を活かして支援を行う教育支援人材や学校と家庭・地域の協働を促進する教育協働人材の育成が必要である。

一方、社会福祉サイドに目を向けると、従来の日本の公的な福祉サービスは、高齢者・障害者・子どもといった対象別に福祉サービスを行ってきた。しかし、少子高齢化の進行に加え、従来の分野別の施策・サービス提供では解決できない複合的かつ深刻な問題が顕在化している。その対応策として二〇一六年七月一五日に、『我が事・丸ごと』地域共生社会実現本部が「地域包括ケアの深化・地域共生社会の実現」に向けて構想を打ち出した。この構想は、全ての人々が地域、暮らし、生きがいを共に創り高め合う地域共生社会を実現するため、支え側と受け手側に分かれるのではなく、あらゆる住民が役割を持ち、支え合いながら、自分らしく活躍できる地域コミュニティを育成し、福祉などの公的サービスと協働して助け合いながら暮らすことの仕組みを構築することを目指している。また、二〇一七年四月に施行された「社会福祉法等の一部を改正する法律（改正社会福祉法）」の第四条（地域福祉の推進）二項では、福祉、介護、介護予防、保健医療、住まい、就労及び教育が、「地域生活課題」という概念として新設された。

このように、教育と福祉の学際的・実践的協働が必要不可欠であり、両者をつなぐコーディネートができる人材を育成することの必要性は明らかである。しかし、このような方向性が打ち出されただけでは「理想論＝絵に描いた餅」であり、我が事どころか他人事に終わってしまう可能性が高い。これらの構想を具現化するための新しい福祉教育の理論構築と具体的な実践を積み上げていくことが必要不可欠である。

## 2　福祉教育の史的展開・目的・現状と課題

温故知新。本節では、福祉教育の史的展開と目的を整理し、学校における福祉教育の現状と課題を概観する。

### （1）福祉教育の萌芽

戦後の福祉教育の萌芽は、一九四七年に社会事業専門教育委員会が設置されたことを起点として「社会福祉専門教育」から始まった。福祉教育という用語が公的に初めて用いられたのは、全国社会福祉協議会（以下、全社協）が一九六八年三月に策定した「市町村社協当面の進行方策」だとされている（阪野 1998: 115）。福祉教育は「福祉専門教育」からはじまり、「福祉一般教育」に拡大した（岡村 1976: 14-17）。「福祉一般教育」とは、一般市民の社会福祉に対する理解を高めるための福祉教育である。義務制諸学校において展開されている「学校を中心とした福祉教育」と、地域の公民館（社会教育機関）・社会福祉施設（社会福祉機関）や社会福祉協議会等において行われる「地域を基盤とした福祉教育」に区分し整理できる。（図11-1）

## （2）福祉教育の目的

岡村重夫は、福祉教育の目的（福祉教育原理）として①福祉的人間観（社会的・全体的・主体的・現実的存在）の理解と体得、②現行制度の批判的評価、③新しい社会福祉援助方式（対等平等の個人が、全体的な自己実現の機会が提供される地域共同社会の相互援助体系）の発見をあげている（岡村 1976: 19）。

一九八三年全社協は、福祉教育を次のように定義した。

「憲法13条（幸福追求権）、第25条（生存権保障）などに規定された基本的人権を前提にして成り立つ平和と民主主義を作りあげるために、歴史的にも社会的にも疎外されてきた社会福祉問題を素材として学習することであり、それらとの切り結びを通して社会福祉制度・活動への関心と理解を進め、自らの人間形成を図りつつ、社会福祉サービスを受給している人々を社会から、地域から疎外することなく、共に手をたずさえて豊かに生きていく力、社会福祉問題を解決する実践力を身につけることを目的として行われる意図的な活動」

（（　）内注釈と傍点、新崎）

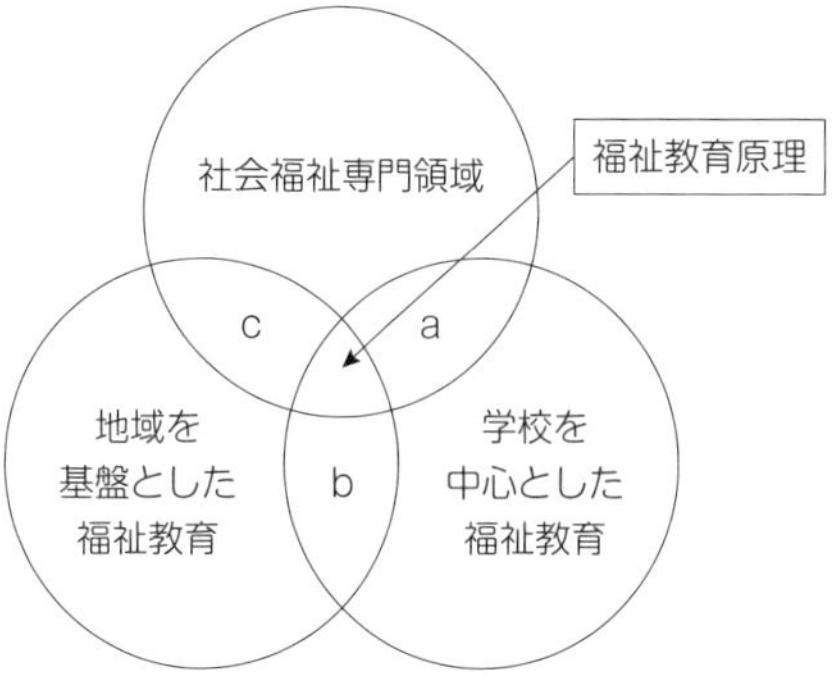


**図11-1　福祉教育の三領域**

出典：原田（2014: 25）。

二〇〇五年に全社協福祉教育推進検討委員会が、「平和と人権を基盤にした市民社会の担い手として、社会福祉について協同で学びあい、地域における共生の文化を創造する総合的な活動」として、「地域福祉を推進するための福祉教育」を提唱し、学校や社会福祉協議会（以下、社協）を中心に福祉教育が展開されている。このように、福祉教育・ボランティア学習は、単に知識として福祉を学ぶだけではなく、人権意識や共生意識の醸成や、社会的課題に立ち向かう力を育成することで、「人間の尊厳」「共生社会の創造」「コミュニティの中の一員としての責任感や連帯感や問題解決力の育成」「地域における共生の文化を創造」をめざすことが教育目標である。これらは、前述した中教審答申第一八六号「新しい時代の教育や地方創生の実現に向けた学校と地域の連携・協働の在り方と今後の支援方策について」の見解とも通底している。

### （3）学校における福祉教育実践の現状と課題

私は、福祉教育に関する実践と研究を進めるうちに、学校教育における福祉教育の目的・理論と実践の乖離を痛感している。

現在、学校で行われている福祉教育は、「障害・高齢者疑似体験」「施設訪問」「手話・点字の技術講習」「障害当事者の講話」等が、中心に展開されている。筆者も関わった滋賀県福祉学習開発研究会が二〇〇八年に教育委員会の協力を得て滋賀県内の全小中高等学校対象に実施した「学校における福祉教育（福祉活動）の取り組みに関する調査」においても、同様の傾向がみられた（滋賀県社会福祉協議会 2006: 11-17, 57-95）。この傾向は、現在でも同様である。

これらの疑似体験は、障害者の生活を理解することなく「障害」のネガティブな部分だけを取り出し、マイナスのイメージだけを子どもに学ばせ、「手助けをしてあげる」という一方的な意識をもつ危険性がある（冨永 2011: 52）。例えば、「障害・高齢疑似体験」や「施設訪問」のみの実施では、「恐かった。不便だ、大変だ、かわいそう」から「私は、障害がないことを本当に良かったと思いました。これからは、かわいそうな障害者をみたら助けてあげたいと思います。」といった感想をもつことも懸念される。また、「手話・点字の技術講習」においても、手話や点字の技術だけを教え込み、手話コーラスの発表会や自分の名前等を点字で打てるようになるといった技術習得のみで終わっている体験もある。体験すること自体が目的化し十分な省察（リフレクション）を怠ると、「福祉の外在化」や「貧困なる福祉観の再生産」（原田 2000）を引き起こす結果にもなりかねない。これでは「共に生きる力」を育むことは不可能である。このような体験学習にとどまる福祉教育は、個人の経験による能力・技術の向上・習得に収斂されがちで、「人間としての尊厳（生命の大切さ、人間尊重）」を基盤とする本来の教育目標の達成に向けた実践と理論化が乏しかったという点が指摘できる。

山住勝広（2004）は、「伝統的・標準的な学校学習（school learning）は、学びの多くの過程を切り捨てることによって成立している。長い間、学校学習の環境は、典型的に、能力の個人的形態、ツールの利用から切り離されたスキルなどを、主要に焦点化し強調してきた。それは、「閉じられた課題」の殻の中で、バラバラの機械的な学習行為を繰り返している。この場合、教育された人々は、唯一学校の状況において良き学び手なのであり、学校の外でパワフルに学ぶ主体として成長するように十分支援されているわけではない」（山住 2004: 285）と閉鎖的な環境で行われる学校教育の在り方について厳しく非難した。

「協働」とは、共通の目的を達成するために異なった立場や専門性をもつ組織や人々が、個別性・専門性を尊重しながら相互に協力・連携することを意味する。「協働」が機能し実体化するには、構成メンバー相互のパートナーシップが必要不可欠となる。パートナーシップとは「友好な協力関係」であり、メンバーシップが同質性・同属性を求めるのに対し、パートナーシップは個々の個別性や専門性を尊重した上で、同じ目的のために力を合わせ協力・連携することを意味する。この場合、単に学校や行政機関が財政不足・人材不足を補うために教育支援人材や地域住民・ボランティアといった人財を活用するという発想ではない。公平・平等の原則に基づく学校や行政機関では対応できない多様化・複雑化した教育ニーズに対応するために、専門性の異なる教育支援人材や、主体性・柔軟性・先駆性のあるボランティアやNPO等の人財との協働による「開かれた教育課程」の創造と実践を意味する。具体的には、教員と他の専門職との連携や地域住民等との協働することが双方のストレングス（強み）を活かし、弱点を補い合ってパートナーシップを構築するうえで、非常に重要である。

## 3　学校と社会福祉協議会による協働実践

本節では、福祉教育にける社会福祉協議会の役割、コミュニティ・スクール・学校地域協働本部事業について概説し、筆者が学校と社会福祉協議会による教育協働実践事例を紹介する。

### (1) 福祉教育における社会福祉協議会の役割

社会福祉協議会（以下、社協）は、民間の社会福祉活動を推進することを目的とした営利を目的としない民間組織で、一九五一年に制定された社会福祉事業法に基づき、全国に1カ所と、それぞれの都道府県、市区町村で、設置されている。社協は、社会福祉法第一〇九条に規定された地域福祉の推進を目的として福祉機関である。

二〇〇五年には全社協福祉教育推進検討委員会が、「平和と人権を基盤にした市民社会の担い手として、社会福祉について協同で学びあい、地域における共生の文化を創造する総合的な活動」として、「地域福祉を推進するための福祉教育」を提唱し、学校や社協等を中心に福祉教育が展開されている。

二〇一二年に出された『社会的課題の解決に向けた福祉教育のあり方研究会報告書「社会的包摂にむけた福祉教育～共感を軸とした地域福祉の創造～」（全社協）』では社会的包摂を社会的孤立や排除の問題としてもとらえ、地域住民が多様な生き方を受け入れ、本人が社会参加できるような地域づくりのための福祉教育のあり方と視点について言及している。このように、福祉教育は、単に知識として福祉を学ぶだけではなく、人権意識や共生意識の醸成や、社会的課題に立ち向かう力を育成することで、「地域における共生の文化を創造」をめざすことが大きな目的であるといえる。

### （2）コミュニティ・スクール（学校運営協議会）と地域学校協働活動

二〇〇〇年に教育改革国民会議の提案をうけて、文部科学省が新しいタイプの学校について検討することを決定し、二〇〇二年コミュニティ・スクール導入のための実践研究の推進を閣議決定した。二〇〇四年に「地方教育行政の組織及び運営に関する法律」第四七条が改正され、各学校に学校運営協議会を置くことができるようになった。この学校運営協議会を設置している学校のことを、コミュニティ・スクールと呼ぶ。コミュニティ・スクールは「地域とともにある学校」へと転換していくために有効な仕組みであり、学校を応援し、地域の実情を踏まえた特色ある学校づくりを推進していく役割を明確化するとともに、その役割を具現化する機能として、地域等による学校支援に関する総合的な企画・立案を行い、地域等における連携・協力を促進していく仕組みとしていくことが提言されている。

また、二〇〇六年一二月に「教育基本法」が改正され、第一〇条では「家庭教育」、第一三条では「学校、家庭及び地域住民の相互の連携協力」がそれぞれ明文化された。さらに、二〇一五年の中教審一八六号答申では、学校運営協議会の努力義務化やその役割の充実などを内容とする、「地方教育行政の組織及び運営に関する法律」の改正が行われ、二〇一七年四月一日より施行された。

教育コミュニティづくりを一層推進するために、中教審答申第一八五号では「『支援』から『連携・協働』、個別の活動から総合化を目指す今後の新たな体制」として「地域学校協働活動」を提唱している。「地域学校協働活動」

とは、地域の高齢者、成人、学生、保護者、ＰＴＡ、ＮＰＯ、民間企業、団体・機関等の幅広い地域住民等の参画を得て、地域全体で子どもたちの学びや成長を支えるとともに、「学校を核とした地域づくり」を目指して、地域と学校が相互にパートナーとして連携・協働して行う様々な活動である。「学校支援地域本部」などの従来の地域の学校支援の取り組みとの違いは、地域による学校の「支援」から、地域と学校のパートナーシップに基づく双方向の「連携・協働」へと発展させていくことを目指している（「地域学校協働活動について」）。「学校と地域の協働体制」は、社会教育の実践の場であると同時に地域がきっかけを作ることで、子どもたちが学習を深化させるものである。特に、これから望まれる地域における学校との協働体制（地域学校協働活動）が、コミュニティ・スクールとも連携・協働することにより、学校教育を含めた子供たちの教育の質を格段に向上させることなども期待される。

このように、子どもたちのために、また、地方創生の実現のために、コミュニティ・スクールの機能、地域学校協働活動の機能のそれぞれを大切にしつつ、両者が相互に補完し高め合う存在として効果的に連携・協働し、両輪となって相乗効果を発揮していくことが必要である。こうした動きが進むことにより、コミュニティ・スクールと地域学校協働活動の相互の体制整備が進むことにつながる。

さらに、コミュニティ・スクールや地域学校協働活動の推進に当たって重要なことは、学校と地域の特色を生かし、学校と地域がともに考え、地域住民が当事者として参画していくことであり、従前の自律的・主体的な取組を活かしながら、学校と地域が協働して行う企画運営や活動への参画を大切にしていくことである。

### （3）学校と社会福祉協議会による教育協働実践事例

#### ①宮崎県都城市立中学校における教育協働実践事例

まず、私が、二〇一三年から関わっている都城市社協と都城市立中学校の福祉教育実践を紹介する。

宮崎県都城市社協は、二〇〇三年度に都城市地域福祉計画・地区（中学校区）活動計画区を策定した。その際、市内一五中学校区で延べ七五回の地区策定委員会を開催し、小中学生や教員が策定委員として参加した。まさに学校と地域との協働による地域福祉の推進とした福祉教育実践であった。二〇〇八〜〇九年度には、宮崎県社協の福祉教育推進事業の指定を受け、二〇一〇年度からは社協ボランティアセンターを「都城市ボランティア・福祉共育おうえんセンター」と改称し、積極的に学校と地域をつなぐ福祉教育実践に取り組んでいる。

一方、都城市教育委員会が、二〇一三年度から文部科学省初等中等教育局が主管する「コミュニティ・スクール」を都城市内五四校に設置した。同年度に文部科学省指定研究推進モデル校の指定を受けた山田中学校では、ネットワークづくりを推進するための基盤として、文部科学省生涯学習政策局が主管する「学校支援地域本部事業（学校支援ボランティアの会）」を「都城市ボランティア・福祉共育おうえんセンター」と協働で立ち上げ、学校と地域の協働化を図る教育支援人材が活躍している。

都城市における学校と社協・地域との協働実践のポイントは、学校経営の協働ともいえる「コミュニティ・スクール」と、学校と地域家庭による福祉教育・ボランティア学習実践の協働といえる「地域学校協働活動」の両者を学校教育に積極的に取り入れている点である。

② 三重県津市における高校と社協の教育協働実践事例

津市一志町は、町域の約五三％を山林が占め、高齢化率が現在四〇％をこえる山村である。一志学園高等学校（以下、一志学園）は、二〇〇五年に元県立高校の教員が中心となってＮＰＯ法人〝チャレンジスクール三重〟というフリースクールを設立したのが始まりであった。翌年、三重県との協働事業「高校学齢の不登校生、高校中途退学生、無就学者支援ネットワーク事業」を開始した。二〇一五年に学校法人玉村学園設立が認可され、二〇一六年四月に、「人は人の中で学び、成長する」とうい教育理念を基に一志町に不登校等で苦しみながらも学校生活に再チャレンジする高校生たちを応援する、通学を基本とした「境域通信制高校」として一志学園が開校した。同校との関わりは、津市社協が主催した福祉教育セミナーで社協との協働実践報告をしていただいたことに始まる。

同校の教育方針は、「広く地域社会の活動に参加し、高校生として貢献すること、その中で社会の一員として成長していくことを奨励しています。青少年の健全育成と地域の活性化をめざす、地域社会とともにある『新しいタイプのコミュニティスクール』として地域に根ざしていくことを目標としています。」（一志学園高等学校 2017）と示され、中長期ビジョンには「地域とともにある学校」を掲げ、「なりたい自分をめざし自分を磨く、夢を描き、実現の道を探る授業」として、学校設定科目「キャリアデザイン」を開講しサービスラーニングを実践している。

同校の協働実践は、まさに生徒達の豊かな学びを実現させたい「学校側のニーズ」と地域の活性化・創生を図りたい「地域側のニーズ」、その双方のニーズを充足するｗｉｎ‐ｗｉｎの関係づくりを学校と社協との協働により達成した好例であり、中教審第一八六号「新しい時代の教育や地方創生」の具現化を目指す教育実践である。

不登校や発達障害など、高校をさまざまな理由があって中退したりした生徒たちが、学び直しをすることを目的とした高校だったので、開講前は住民から開校を危惧する声もあったようである。

それが、高校と社協が協働して取り組んだ「キャリアデザイン」に授業で、地域のイベントや年間行事のお手伝いを始めると、最初は自信がなかったり、消極的だった生徒たちが、地域の人たちから「ありがとう！　助かるよ！」との感謝の声を聴き、自信をもち自主的にボランティア活動に参加する生徒たちが増えていった。「キャリアデザイン」等の授業や生徒たちの主体的なボランティア活動により、一志学園と地域との繋がりが深まり、今まで行事に参加しなかった高齢者も参加するようになり、高校生たちも自信をつけ、大学進学や就職に積極的に取り組むようになったという教育実践である。

筆者が最も注目したのは、今まで自信が持てなかった生徒たちが、住民の心からの「ありがとう」といった感謝の言葉やねぎらいの言葉と笑顔によって、自己有用感を醸成させ真の「生きる力」を自らが学修していく過程である。「住民が生徒ために」でもなく「生徒が地域のためにでもなく」、住民・生徒・地域・学校の四方良しの、win-winの関係づくりの教育協働実践である。

## 4　「教育支援人材・教育協働人材」とは

本節では、現在「HATO教育支援人材養成プロジェクト」で構想している「教育支援人材・教育協働人材」について紹介し、日本教育支援協働学会設立の経緯を概観する。

### (1)「HATO教育支援人材養成プロジェクト」における研究

HATOプロジェクトとは、北海道教育大学(H)、愛知教育大学(A)、東京学芸大学(T)、大阪教育大学(O)の教育系4大学連携によるプロジェクトで、文部科学省による国立大学改革強化推進補助金による事業の呼称である。HATOプロジェクトは、教育支援人材養成プロジェクトの含めて、現在約一二のプロジェクトが稼働している。「HATO教育支援人材養成プロジェクト(以下、本プロジェクト)」は、その一環として二〇一三年度に開設されたプロジェクトである。

当初、主に下記の三点について研究協議することを目的として発足した。

①　学校教育と社会教育の連携・協働による「教職員」「専門職的教育支援者」「ボランタリーな教育支援者」

の協働モデルについて調査・研究・開発を行うこと。

②モデル地域を設定し実践事例に基づいてモデルの評価を行うこと

③既存の取り組みを有効に活用しつつ、教員養成系大学における「教員支援人材」育成のためのカリキュラム開発を行い、それを通して地域と協働する教員養成系大学の具体的な在り方について実践的に検討すること。

本プロジェクトが開設された背景には、複雑多問題化する教育課題に対して、社会教育主事や教育支援員、生徒の心理面での支援を担うスクールカウンセラー（SC）、家庭や他機関との関係調整をおこなうスクールソーシャルワーカー（SSW）等の専門的教育支援者と、学習支援、行事支援、環境整備・安全確保支援等の地域参画を基本としたボランタリーな教育協働者が、協働して学校教育や社会教育に関わるといった「チームで教育を行う」スタイルを具現化するための教育支援・教育協働人材の役割や機能を検討し、その人材育成システムの構築のための具体的な方策を提案・企画していくプロジェクトである。

### （2）「教育支援人材・教育協働人材」の定義

松田恵示（2016）は、本プロジェクトでのさまざまな議論を踏まえて、教育支援を次のように定義している。「教育支援とは、子どもを支援する場合と教育者を支援する場合の2つを含む、学びに関わる他者の行為への働きかけであり、その意図を理解しつつ、支えたり、連携したり、協働したりして、そこでの行為の質を維持・改善する一連の活動を指し、最終的には、学びということがらをなす、子どもの力をつけることである」（松田 2016: 3、傍点筆者）。

さらに、松田（2016: 9-10）は、学校教育支援の種類を下記三つに整理している。

① 補助的教育支援：子どもの登下校の安全管理や、学校内外の環境整備（植栽・芝生の手入れ、修繕等）、行事等の手助けなど、教員の補助を行う教育支援活動

② 連携的教育支援：学校とは異なる活動主体（支援専門職、地域住民、各種団体、企業等）がそれぞれの活動を行うにあたって学校と連絡を取り合い協力して行う教育支援活動

③ 協働的教育支援：支援専門職、地域住民、各種団体、企業などが、学校教育を担う一員として教員と協働する教育支援活動

### （3）「日本教育支援協働学会」の設立

このように、「教育支援人材、教育協働人材」とは、「複雑多問題化する教育課題に対して、教師と心理・福祉・社会教育等の専門職や地域住民等が相互に支援・協働し、さまざまな分野の専門性・得意なことを活かし、子どもたちのすこやかな育成と、地域コミュニティの創生を様々な専門職と協働で創り上げていく人材」であり、学校と専門職・地域住民等による協働実践モデルであると言える。

このような議論を重ねた結果、「教育支援」と「教育協働」による新しい実践事例を集積・交流させ、より充実した実践を生み出すための知の創出は、急激な変化を迎えている現在において喫緊の課題であり、このような実践を先導できる人材養成の在り方を探究することを目的として、子どもたちを取り巻く諸課題に取り組み、新たな実践と研究と教育の循環を創出するために二〇一八年三月に日本教育支援協働学会を設立した。

## おわりに

学校教育や地域福祉実践を担うのは、教師や専門職だけではない。一般市民やボランティアの主体的な参画が必要不可欠である。市民が主体的に参画することなしに、現代の福祉課題や教育課題は解決できないことは明白である。個々の課題への対症療法ではなく十年先二十年先を展望した教育や地域福祉の実践研究が必要不可欠である。今後も、学校・地域・家庭が協働することで「相互実現型自立」の形成や「ｗｉｎ-ｗｉｎの関係づくり」の可能性について福祉教育学や教育支援協働学の視点から、実践と理論の乖離を埋めるための探索的アクションリサーチを行っていきたい。

### 参考文献


原田正樹（2000）「福祉教育プログラムの構造とその実践課題」阪野貢編『福祉教育の理論と実践――新たな展開を求めて』相川書房。

原田正樹（2014）「福祉教育の三領域とは？」『新　福祉教育ハンドブック』全国社会福祉協議会。

一志学園高等学校（2017）「平成29年度一志学園高等学校学校要覧「教育方針」」。

松田恵示（2016）「教育支援とは何か――教育支援の概念」松田恵示・大澤克美・加瀬進編『教育支援とチームアプローチ――社会と協働する学校と子ども支援』書肆クラルテ。

文部科学省・厚生労働省ホームページ「地域学校協働活動について」http://manabi-mirai.mext.go.jp/kyodo/about.html
岡村重夫（1976）「福祉教育の目的」伊藤隆二・上田薫・和田重正編『福祉の思想・入門講座3　福祉の教育』柏樹社。

岡本榮一監修、大阪ボランティア協会編（1981）『ボランティア＝参加する福祉』ミネルヴァ書房。

阪野貢（1998）「福祉教育とボランティア学習――その固有性と関連性をめぐって」『福祉教育・ボランティア学習研究年報』3、東洋堂企画出版社。

佐藤学（1999）『学びの快楽――ダイアローグへ』世織書房。

滋賀県社会福祉協議会（2006）「学校における福祉教育（福祉活動）の取り組みに関する調査」『福祉学習プログラム開発研究会中間報告』（二〇〇六年三月）。

冨永光昭（2011）「障がいを社会的問題としてとらえよう」『小学校・中学校・高等学校における新しい障がい理解教育の創造――交流及び共同学習・福祉教育との関連と5原則による授業づくり』福村出版。

山住勝広（2004）『活動理論と教育実践の創造――拡張的学習へ』関西大学出版部。

# あとがき

今日ほど地域共生社会づくりが求められているときはない。そして、ボランティア活動・市民活動への期待が高まっている。

本書は、日本におけるボランティア活動・市民活動の社会的価値を信じ、発展を願う者によって、執筆された作品である。ボランティア・市民活動は、時代状況によってその姿は変化するのであろうか、今、これらの活動、運動に求められるものは何であろうか？

私たち執筆者は、岡本榮一先生から何らかの影響を多く、豊かに受け、今日の社会における各自のポジションを築こうと努力している者たちである。何らかの影響とは、第一に実践者としてのパトスを大切にすること、第二に実践を世に広め、不条理なことに目をつぶらず世に訴え続けるということ、第三に実践を歴史観に支えられ、理論的に解明していく必要性（実践の理論化）を認識すること。そして、何よりも人間として生きていく姿勢の中に、ある時は実践者として、またある時は教育者として、そして研究者としてわたしたちに、影響を与え続けていただいていることに、感謝している。

岡本先生は、「このような本は、僕がいなくなってから……」と固辞されたが、必要な時に出版すべきと考えた。今こそボランティア・市民活動の本質を多角的に考えることが必要なとき、これから考えながら勇気をもって踏み出すとき、とにかく不十分でも問題提起しようということにしたわけである。

実は、日本におけるボランティア活動・市民活動に関する論文は、近年、学術学会の努力や市民意識の変容の中

第Ⅰ部-1の講座開催時の記念写真（2017年10月7日）

で、一九六〇年代、七〇年代に比べると比較にならないくらい量、質ともに充実してきている。しかし、それらは社会学的、経済学的、政治学的な観点からの研究者による執筆が多く、一方、各地の実践報告が活動者からなされている状態である。

私たち執筆者は、広義の社会福祉学を基盤としながら、それぞれの実践から導き出した思想・価値や信念、そしてよって立つ理論を表現しようと悩み、チャレンジを続けている。

一九九〇年以降、あらゆる分野で地域社会への関心が高まると同時にボランティア・市民活動への政策展開が始まった。その勢いは、今日の「地域共生社会づくり」へと急速にひろがり、福祉人材確保、養成という言葉の裏表として、ボランティア・市民活動にまで触手がのばされている。この状況をどのようにとらえるのか。私たちの仲間としてのボランティア・市民活動者とともにあるということはどういうことなのか。

本書を通して、皆で考えてみたい。本書は三部から構成されている。第Ⅰ部は、岡本榮一先生のボランティア人生について、第Ⅱ部ボランティア・市民活動論では、活動の価値、思想、歴史そして今日的意義について、第Ⅲ部では具体的な実践を参加・学び、そして協働という視点から論じている。いずれも、読み応えのある論文である。この時期、実践者、研究者のみならず、すべての市民に読んでいただきたいと考えたので、わかりやすく表現することに努めた。

岡本榮一先生の米寿を前に、発刊できたこと、そして、序として阿部志郎先生にお言葉をいただいたことは、喜びである。岡本先生のこれまでの著作集は、近くミネルヴァ書房から発刊されると聞いている。姉妹編としてお読みいただくと幸いである。編集にあたっては「ボランティアセンター支援機構おおさか」（一般社団法人・理事長上野谷加代子）が担ったが、とりわけ牧口明さんには細部にわたり資料作成等お世話になった。

出版事情が厳しい折、私たちの熱意をくみ取ってご協力いただいたミネルヴァ書房の浅井編集部長に感謝申し上げる。

ボランティア・市民活動の発展を祈って　　二〇一九年初春

執筆・編集者を代表して　上野谷加代子

名賀　亨（なが・とおる）　第Ⅲ部第10章

神戸大学大学院総合人間科学研究科修了

華頂短期大学幼児教育学科准教授・華頂短期大学附属幼稚園副園長

『ボランティア論――「広がり」から「深まり」へ』（編著，みらい，2010年）

『現代社会と福祉論』（共著，嵯峨野書院，2007年）

『市民参加でイベントづくり』（共著，大阪ボランティア協会，2002年）

【岡本先生とのかかわり】

現場でのさまざまな体験の面白さ，そしてそのプロセスに大きな学びの種があることを岡本先生に教えていただき，私の人生は大きく変わりました。感謝。

新崎国広（あらさき・くにひろ）　第Ⅲ部第11章

大阪教育大学大学院修士課程修了

大阪教育大学教育学部教育協働学課教育心理学講座教授

大阪教育大学大学院教育学研究科健康科学専攻（夜間大学院）教授

『なぎさの福祉コミュニティを拓く――福祉施設の新たな挑戦』（編著，大学教育出版，2013年）

『福祉教育のすすめ』（編著，ミネルヴァ書房，2006年）

『教育支援人材とチームアプローチ――社会と協働する学校と子ども支援』（書肆クラルテ，2016年）

【岡本先生とのかかわり】

肢体不自由児施設職員，大阪ボランティア協会で出会い，施設ボランティアコーディネーションやなぎさの福祉コミュニティ研究等で，御指導いただいています。

原田正樹（はらだまさき）　第Ⅲ部第7章
日本社会事業大学大学院修了　博士（社会福祉）
日本福祉大学　副学長
『地域福祉の基盤づくり』（中央法規，2014年）
『地域福祉の学びをデザインする』（編著，有斐閣，2016年）
『ボランティア論――「広がり」から「深まり」へ』（編著，みらい，2010年）
【岡本先生とのかかわり】
岡本先生のボランタリズムに魅せられてきました。筋の通った反骨精神を穏やかに纏う姿勢。今こそ，ボランティアの時代でありたいものです。

早瀬　昇（はやせ・のぼる）　第Ⅲ部第8章
大阪府立大阪社会事業短期大学専攻科修了
大阪ボランティア協会常務理事，NPO法人日本NPOセンター理事，NPO法人日本ボランティアコーディネーター協会副代表理事，日本ファンドレイジング協会副代表理事，大阪大学人間科学部客員教授。
『ボランティアコーディネーション力　第2版』（共著，中央法規出版，2017年）
『テキスト市民活動論　第2版』（共著，大阪ボランティア協会，2017年）
『「参加の力」が創る共生社会――自民の共感・主体性をどう醸成するか』（ミネルヴァ書房，2018年）
【岡本先生のエピソード】
「願えばお金は後から付いてくる！」という，一見，根拠のない，しかし実は体験に裏付けられた姿勢で，多くのボランティアをリードしてこられました。

石田易司（いしだ・やすのり）　第Ⅲ部第9章
京都府立大学文家政学部文学科卒業
桃山学院大学名誉教授
『体験するグループワーク』（エルピス社，2006年）
『体験するボランティア論』（エルピス社，2012年）
『体験するボランティアコーディネート論』（エルピス社，2015年）
【岡本先生とのかかわり】
大阪ボランティア協会の事務局長をされていた時，心斎橋の事務所でいろいろお教えいただきました。「若者を育てる」ことを学びました。

小野達也（おの・たつや）　第Ⅱ部第４章

龍谷大学大学院社会学研究科博士後期課程単位取得依願退学　博士（社会福祉学）
桃山学院大学社会学部教授
『対話的行為を基礎とした地域福祉の実践――「主体―主体」関係をきずく』（ミネルヴァ書房，2014年）
『教育福祉学の挑戦』（共著，せせらぎ出版，2017年）
【岡本先生のエピソード】
1983年，釜ヶ崎の『喜望の家』ににこやかな男性が訪ねてこられ，「君が１年間ボランティアか」と声をかけられました。それが岡本先生との出会いでした。

松岡広路（まつおか・こうじ）　第Ⅱ部第５章

東京大学大学院教育学研究科博士課程満期退学
神戸大学大学院人間発達環境学研究科教授
『生涯学習論の探究』（学文社，2006年）
『社会教育の基礎――転形期の社会教育を考える』（共編者，学文社，2015年）
『ボランティア論』（共著，みらい，2015年）
【岡本先生のエピソード】
阪神淡路大震災後に岡本先生とお会いして，ボランタリズムを具現化した実践的・学究的ライフスタイルから多くを学ばせていただきました。

小笠原慶彰（おがさわら・よしあき）　第Ⅱ部第６章

関西学院大学大学院社会学研究所博士後期課程満期退学　博士（人間福祉）
神戸女子大学健康福祉学部教授
『林市蔵の研究――方面委員制度との関わりを中心として』（関西学院大学出版会，2013年）
『福祉社会の再構築――人と組織と地域を結んで』（共編著，ミネルヴァ書房，2008年）
『福祉にとっての歴史 歴史にとっての福祉――人物で見る福祉の思想』（共編著，ミネルヴァ書房，2017年）
【岡本先生とのかかわり】
1980年に柴田善守先生（当時理事長）に連れられて初めて大阪ボランティア協会に行き，岡本先生とお会いしました。その頃は，事務局長をされていました。

## 木原活信（きはら・かつのぶ）　第Ⅱ部第１章

同志社大学大学院博士後期課程修了　博士（社会福祉学）
同志社大学社会学部教授
『J・アダムズの社会福祉実践思想の研究』（川島書店，1998年）
『社会福祉と人権』（ミネルヴァ書房，2014年）
『良心学入門』（共著，岩波書店，2018年）
【岡本先生のエピソード】
先生が日本キリスト教社会福祉学会会長のとき，韓国に同行させて頂いた際，「研究は惚れ込むこと，恋愛と一緒」と聞いた。賀川豊彦に叱られた話にも驚いた。

## 市川一宏（いちかわ・かずひろ）　第Ⅱ部第２章

東洋大学大学院社会学研究科社会福祉専攻博士前期課程・後期課程修了，ロンドン・スクール・オブ・ビジネス（LSE）に留学
ルーテル学院大学学長・教授
『「おめでとう」で始まり「ありがとう」で終わる人生——福祉とキリスト教』（教文館，2014年）
『地域福祉の理論と方法　第２版』（共編著，ミネルヴァ書房，2014年）
『知の福祉力』（人間と歴史社，2009年）
『生きる——「今」を支える医療と福祉』（共編著，人間と歴史社，2004年）
『社会福祉と聖書——福祉の心を生きる』（共編著，LITHON，1998年）
【岡本先生とのかかわり】
岡本先生には，ボランティア・NPO 活動，地域福祉に関してご指導を頂くと共に，先生が日本キリスト教社会福祉学会の時に副会長として，先生の思いを学ばせて頂きました。感謝。

## 岸川洋治（きしかわ・ようじ）　第Ⅱ部第３章

明治学院大学社会学部卒業
横須賀基督教社会館館長
『近隣活動とコミュニティセンター』（筒井書房，2004年）
『日本キリスト教社会福祉の歴史』（共著，ミネルヴァ書房，2014年）
【岡本先生とのかかわり】
西南女学院大学，日本キリスト教社会福祉学会で一緒でした。原稿執筆が楽しみと言われたことが印象に残っています。

## 執筆者紹介（執筆順，執筆担当）

### 阿部志郎（あべ・しろう） 序

東京商科大学（現・一橋大学）卒業
横須賀基督教社会館会長
『福祉の哲学』（誠信書房，1997年）
『社会福祉の思想と実践』（中央法規出版，2011年）
【岡本先生とのかかわり】
本書「序」に記したとおりです。

### 上野谷加代子（うえのや・かよこ） 第Ⅰ部1

大阪市立大学大学院修士課程修了
同志社大学社会学部教授
『福祉ガバナンスとソーシャルワーク――ビネット調査による国際比較』（共編著，ミネルヴァ書房，2015年）
レナ・ドミネリ『グリーンソーシャルワークとは何か――環境正義と共生社会実現』（監訳，ミネルヴァ書房，2017年）
『地域福祉の現状と課題』（共著，放送大学教育振興会，2018年）
【岡本先生とのかかわり】
ボランティア活動・市民活動の醍醐味を教えてくださった。「寝屋川市民助け合いの会」創設へと導いてくださった。

### 牧口　明（まきぐち・あきら） 第Ⅰ部2

同志社大学神学部中退
社会福祉法人高槻ライフケア協会理事，NPO 法人たかつき市民活動ネットワーク副理事長，社会福祉法人大阪キリスト教社会館評議員　ほか
主著
『日本ボランティア・NPO・市民活動年表』（共編著，明石書店，2014年）
『ボランティア・NPO 用語事典』（共編著，中央法規出版，2004年）
『知っていますか？　ボランティア・NPO と人権一問一答』（共著，解放出版社，2004年）
【岡本先生とのかかわり】
本文に書いたとおりです。

監修者

岡本榮一（おかもと・えいいち）

1931年生まれ。同志社大学大学院で社会福祉学を学び，大阪水上隣保館，大阪キリスト教社会館，大阪ボランティア協会等で勤務した後，聖カタリナ大学，西南女学院大学，流通科学大学で社会福祉原論等の教鞭をとる。また，日本キリスト教社会福祉学会第７代会長のほか，日本社会福祉学会・日本地域福祉学会などで理事等を務めた。現在は大阪ボランティア協会やボランティアセンター支援機構おおさかの顧問などを務める。

『日本ボランティア・NPO・市民活動年表』（共編著，明石書店，2014年）
『なぎさの福祉コミュニティを拓く』（監修，大学教育出版，2013年）
『自発的社会福祉と地域福祉』（共編著，ミネルヴァ書房，2012年）
『社会福祉原論』（共編著，ミネルヴァ書房，1990年）
『ボランティア＝参加する福祉』（共著，ミネルヴァ書房，1981年）ほか

編者

ボランティアセンター支援機構おおさか

ボランティア・市民活動実践論

2019年5月30日　初版第1刷発行　〈検印省略〉

定価はカバーに
表示しています

監修者　岡本榮一
編者　ボランティアセンター支援機構おおさか
発行者　杉田啓三
印刷者　江戸孝典

発行所　株式会社　ミネルヴァ書房
607-8494 京都市山科区日ノ岡堤谷町1
電話代表 (075)581-5191
振替口座 01020-0-8076



共同印刷工業・清水製本

ISBN978-4-623-08408-1
Printed in Japan